媒介社会学
Media Sociology

张宁 著

·广州·

版权所有　翻印必究

图书在版编目（CIP）数据

媒介社会学/张宁著. —广州：中山大学出版社，2019.12
ISBN 978-7-306-06696-1

Ⅰ. ①媒…　Ⅱ. ①张…　Ⅲ. ①传播媒介—文化社会学—研究
Ⅳ. ①G206.2

中国版本图书馆 CIP 数据核字（2019）第 239588 号

出 版 人：	王天琪
策划编辑：	熊锡源
责任编辑：	熊锡源
封面设计：	曾　斌
责任校对：	潘惠虹
责任技编：	何雅涛
出版发行：	中山大学出版社
电　　话：	编辑部 020-84110771，84113349，84111997，84110779
	发行部 020-84111998，84111981，84111160
地　　址：	广州市新港西路 135 号
邮　　编：	510275　　　传　真：020-84036565
网　　址：	http://www.zsup.com.cn　　E-mail：zdcbs@mail.sysu.edu.cn
印 刷 者：	佛山市浩文彩色印刷有限公司
规　　格：	787mm×1092mm　1/16　16.5 印张　315 千字
版次印次：	2019 年 12 月第 1 版　2022 年 12 月第 3 次印刷
定　　价：	45.00 元

如发现本书因印装质量影响阅读，请与出版社发行部联系调换

序　走进媒介社会学

"我看到了两个战争"

桥本是日本NHK电视台的驻纽约记者，在2003年3月美伊战争爆发的时候，他时刻关注美国媒体的战争报道，并将这些报道进行综述后发回东京。美伊战争最为激烈的前几个月，桥本一直在纽约工作，每天接触的都是美国的报纸和电视，尤其是CNN，ABC，NBC等知名电视新闻网的报道。几个月后，战事有所缓和，桥本也因休假回到东京。出于职业的习惯，他将日本NHK电视台有关美伊战争的电视新闻录像找来看了一遍，看后他有一个强烈的感觉，就是"我看到了两个战争"。

为什么桥本会有这样的感觉呢？这是一位资深记者比较美日两国媒体的美伊战争报道内容后的直觉。在美国的几个月里，桥本看到的是美国电视媒体的战争报道，例如，美军顺利进入伊拉克中心地区，部分伊拉克人夹道欢迎美军，美军路过的地方街道井然，很少战争死伤者、无辜受害的平民、被炸毁的街道和房屋、无家可归的人们和医院里的伤病员等画面；美军节节进攻，有序挺进伊拉克各个城市成为美国电视新闻的主要内容。

但是，在日本媒体有关美伊战争的新闻报道中，桥本既看见了美军进攻当地城市的画面，也看到了不少这样的镜头：在街边哭泣的妇女、失去孩子的悲伤父亲、无家可归的老人、医院里挤满的伤者、被炸毁的街道民房……桥本察觉到，在美国媒体的电视画面中，很少出现伊拉克的老人、妇女和小孩的镜头，基本以中青年男性为主。

同时，桥本还发现，NHK的电视新闻经常转播其他国家如英国、法国、中国、阿拉伯等国家的媒体报道和电视画面，这样日本观众在看到本国电视台拍摄的战争画面的同时，还可以看到其他国家的媒体从不同角度拍摄的战争画面。而美国的电视新闻基本是以本台拍摄、录制的画面为主，极少介绍、转播美国以外国家的媒体的相关报道和电视镜头，即使有，也是引用美国其他电视台的报道，阿拉伯地区半岛电视台的相关报道就看不到了。

为什么对于同一场战争，美国媒体和日本媒体的报道有上述画面上的差异呢？

媒体在报道特定的问题或事件时，是出于怎样的立场和角度？为什么会有这样不通的立场和角度？

这些特定的报道立场和报道角度会导致什么样的传播效果？

上述这些问题涉及大众媒体传播内容的结构特点和生产机制，在大众传播学领域里，这个问题属于媒体内容研究。但是，这又不仅仅是媒体内容构成和生产的问题，还涉及到传播者、传播组织、传播效果和传播环境的问题。所以，如果用以往的大众传播学的视角来探讨这个问题的话，很难分清问题的所属，也很难得到明确的答案。

这个问题其实是媒介社会学的一个中心课题，即：大众传播媒介的内容是如何构成的？有何结构上的特点？大众传播媒介的内容生产与各种社会因素有怎样的关系？有哪些社会因素对媒介的传播内容产生影响和制约作用？

本书将从这些问题意识出发，探讨媒体与社会的关系，以及大众媒介的传播内容生产与各种社会因素的相互作用，并介绍媒介社会学的研究起源，媒介社会学的学科定义和研究范围。

目 录

第一章 从社会学视角看大众传播媒介 ……………………………… 1
  第一节 现代社会与大众传播媒介 ………………………………… 1
    一、社会环境中的大众传播媒介 ………………………………… 1
    二、媒介传播行为的构成 ………………………………………… 5
    三、传播活动要素之间的关系 …………………………………… 11
  第二节 媒介社会学的理论渊源 …………………………………… 13
    一、什么是媒介社会学 …………………………………………… 14
    二、社会学发展视野中的媒介社会学 …………………………… 15
  第三节 聚焦媒介内容——休梅克的媒介社会学 ………………… 17
    一、什么是媒介内容 ……………………………………………… 17
    二、有关媒介内容的研究 ………………………………………… 18

第二章 大众媒介的传播过程与社会作用 …………………………… 22
  第一节 大众媒介与社会传播过程 ………………………………… 22
    一、媒介与信息 …………………………………………………… 22
    二、传播的社会过程 ……………………………………………… 26
    三、作为社会中介的大众媒介 …………………………………… 27
    四、社会传播系统的特点 ………………………………………… 29
    五、社会传播的媒介路径 ………………………………………… 31
    六、社会传播网络 ………………………………………………… 34
    七、传播的分类 …………………………………………………… 36
  第二节 媒介传播的社会作用 ……………………………………… 38
    一、社会体系的调整 ……………………………………………… 38
    二、确认社会状况 ………………………………………………… 40

三、促进政策决定 ………………………………………………… 40
　　四、促成社会的组织化 …………………………………………… 41
　　五、化解社会成员的紧张 ………………………………………… 41
　　六、维持传统和文化 ……………………………………………… 41
第三节　传播的基本模式 ……………………………………………… 42
　　一、申农的传播模式 ……………………………………………… 42
　　二、拉斯维尔的模式 ……………………………………………… 43
　　三、施拉姆的循环模式 …………………………………………… 45
　　四、竹内郁郎的模式 ……………………………………………… 46
　　五、拉里夫妇的传播模式 ………………………………………… 48
第四节　信息环境与虚拟现实 ………………………………………… 49
　　一、直接的信息环境与间接的信息环境 ………………………… 50
　　二、媒介的选择性 ………………………………………………… 50
　　三、媒介建构的虚拟现实 ………………………………………… 53
　　四、虚拟现实的扩张 ……………………………………………… 54
　　五、象征的现实 …………………………………………………… 57

第三章　大众传播媒介与社会发展 …………………………………… 59
第一节　现代社会的大众传播媒介 …………………………………… 59
　　一、大众传播媒介的传播特点 …………………………………… 59
　　二、大众传播媒介如何影响现代社会 …………………………… 61
　　三、大众传播媒介的社会功能和正负作用 ……………………… 63
　　四、报纸作为新闻媒体的特点和作用 …………………………… 66
第二节　传播与社会发展 ……………………………………………… 69
　　一、传播与社会发展的关联 ……………………………………… 69
　　二、传播媒介的发展与信息环境的变化 ………………………… 71
第三节　媒介的普及与社会的发展——欧美社会 …………………… 74
第四节　媒介的普及与社会的发展——日本社会 …………………… 77
第五节　媒介的普及与社会的发展——中国社会 …………………… 80
第六节　信息、媒介与社会发展 ……………………………………… 82

第四章　媒介与社会的相关理论 ……………………………………… 87
第一节　媒介的社会功能 ……………………………………………… 87
　　一、大众传播媒介功能研究的思路 ……………………………… 87

二、媒介社会功能的多种观点和发展脉络 …………………… 91
　第二节　媒介与社会的关系理论 ……………………………………… 97
　　一、大众社会理论（Mass Society Theory） …………………… 98
　　二、马克思主义理论（Marxist Perspectives） ………………… 99
　　三、功能主义理论（Functionalism） …………………………… 99
　　四、批判政治经济学理论（Critical Political Economy） ……… 99
　　五、现代化与发展理论（Modernization and Development） … 100
　　六、传播技术决定论（Communication Technology Determinism）
　　　　………………………………………………………………… 100
　　七、信息社会理论（the Information Society） ………………… 100
　第三节　标准媒介理论 ………………………………………………… 101
　　一、集权主义理论 ………………………………………………… 102
　　二、自由主义理论 ………………………………………………… 102
　　三、社会责任理论 ………………………………………………… 102
　　四、苏维埃理论 …………………………………………………… 103
　第四节　媒介与社会的其他理论 ……………………………………… 106
　　一、麦克卢汉的媒介观 …………………………………………… 106
　　二、建立世界信息传播新秩序 …………………………………… 107
　　三、信息社会 ……………………………………………………… 108

第五章　大众传播媒介的内容生产 ……………………………………… 112
　第一节　媒介内容的形成 ……………………………………………… 112
　　一、新闻生产 ……………………………………………………… 112
　　二、媒介内容产生的特点及相关研究 …………………………… 117
　第二节　新媒体环境下新闻生产过程的变化和挑战 ………………… 122
　　一、个人链接：内容生产要匹配技术文本 ……………………… 123
　　二、场景营造：内容生产满足沉浸式阅读 ……………………… 124
　　三、关系建立：内容生产激活社交属性 ………………………… 125
　第三节　休梅克的环状要素说 ………………………………………… 127

第六章　媒介组织内部对媒介内容的影响 ……………………………… 131
　第一节　媒介工作者与媒介内容 ……………………………………… 131
　　一、媒介工作者的职业特征 ……………………………………… 131
　　二、媒介工作者的文化人类学倾向 ……………………………… 138

三、媒介工作者对媒介内容的影响…………………………………144
　　四、媒介工作者及其价值观对媒介内容的负面影响………………148
　第二节　媒介组织与媒介内容……………………………………………154
　　一、媒介组织的编辑方针和经营导向………………………………154
　　二、媒介工作惯例与媒介内容………………………………………160
　　三、媒介内部因素与外部竞争对媒介内容的影响…………………164

第七章　媒介组织外部对媒介内容的影响…………………………………168
　第一节　政治权力对媒介内容的影响……………………………………168
　　一、政治权力影响媒介内容的必然性………………………………168
　　二、政治权力控制媒介组织的形式…………………………………179
　第二节　商业组织对媒介内容的影响……………………………………187
　　一、经济发展与大众传播媒介………………………………………187
　　二、商业组织的社会传播……………………………………………189
　　三、商业广告对媒介内容的影响……………………………………194
　　四、商业化趋势带来的媒介内容变化………………………………196
　第三节　社会组织对媒介内容的影响……………………………………199
　　一、社会组织的特点、功能和传播需求……………………………199
　　二、社会组织影响媒介内容的方式…………………………………201
　　三、社会组织影响媒介内容手段的变化与效果……………………205

第八章　受众、社会文化对媒介内容的影响………………………………208
　第一节　受众的性质与特点………………………………………………208
　　一、受众与大众传播媒介的关系……………………………………208
　　二、受众对大众传播媒介的意义……………………………………212
　　三、传播学理论中的受众观…………………………………………217
　　四、受众对媒介内容的影响…………………………………………219
　第二节　大众文化对媒介内容的影响……………………………………224
　　一、大众文化的定义和特征…………………………………………224
　　二、大众文化对媒介内容的影响……………………………………227

第九章　媒介社会与媒介素养教育…………………………………………232
　第一节　媒介素养的起源和发展…………………………………………232
　　一、提倡媒介素养的背景……………………………………………232

  二、媒介素养的定义和意义……………………………………233
第二节 媒介素养的理念与原则……………………………………234
  一、媒介素养的八大理念……………………………………234
  二、媒介素养的十八项基本原则……………………………236
第三节 大学生就业信息获取行为的媒介素养解读………………238
  一、大学生的就业信息获得与媒介素养……………………238
  二、如何提高当代大学生的网络媒介素养水平……………241
第四节 我国政府公务员的媒介素养…………………………………242
  一、我国政府公务员的媒介素养现状………………………242
  二、提升政府新闻发言人的媒介素养水平…………………244

参考文献……………………………………………………………247

第一章　从社会学视角看大众传播媒介

主要知识点

- 大众传播媒介与社会环境的互动关系
- 大众传播媒介活动的构成要素
- 媒介社会学的理论渊源
- 媒介社会学的重要关注点是媒介内容生产
- 有关媒介内容的理论视点

第一节　现代社会与大众传播媒介

一、社会环境中的大众传播媒介

现代社会可谓媒介社会，尤其是大众传播媒体，如报纸、杂志、书籍、广播、电视、通讯卫星，还有互联网上的各种社交媒体平台，都能作为信息传播媒介渗透到人们的日常生活中。所谓大众传播媒介一般是指以制作、加工和传播信息为主的专业组织，其特点是面向所有社会大众有规律地日复一日地发布、传播新闻信息和资讯信息。大众媒介传播的信息无疑成了人们认识世界，了解周围环境的不可缺少的东西，是许多人的日常固定消费品之一。各国的政府发布政策和指令，政党和政治领袖进行选举，企业的商业广告宣传，社会组织的信息沟通等都有求于传播媒介。教育的发展和媒介也有着密切的关系，人们的大部分知识是从印刷媒体和电子媒体上学到的。可以说，一个民族的文化传统和宗教习惯，一个国家的政治体系和经济发展，一个人的价值观和知识水准，都和它周围的传媒媒介以及传播环境息息相关。

在远古时代，书籍文章是重要的传播媒介，所以我国历史上有焚书坑儒、文字狱等事件，它说明政治与传播媒介的密切关系。20世纪初期，报纸是当时重要的传播媒介，中国的维新运动的维新派和辛亥革命的革命家都纷纷办报、办杂志来宣扬自己的主张，它说明报纸和杂志在当时作为信息传播工具发挥了重要作用。到了20世纪二三十年代，广播作为新兴媒介受到人们的青睐，因此有了轰动一时的"火星撞地球"事件①。到了六七十年代，电视的普及又带来了"电视的一代"，相关调查和研究表明，美国当时青少年犯罪率的上升和电视上的犯罪镜头泛滥有着密切的关系。90年代的海湾战争更是由于被CNN等电视台的直播而被称为"电视上的战争"②。

而从20世纪70年代开始发展的通讯资讯网络对社会的影响更是深远，人们实现了在短时间内跨国境的相互交流和知识资源的共有，实现了通过电脑的屏幕接触世界而又节省能源，实现环保。当下，互联网社交媒体和移动网络已经是人们日常生活中不可缺少的信息获取和人际沟通媒介了。但是，互联网同时也带来了不少社会问题，比如令各国政府大为头疼的黑客攻击，防不胜防的网络病毒，商业邮件的泛滥，个人隐私信息的泄漏，黄色网页对青少年的危害，等等。由此可见，不论是早期的还是现代的大众传播媒介，它与当时的社会生活环境和以后的社会发展都有密切联系，既能使人们迅速、便利、大量地得到信息，促使社会沟通和社会发展，也能引起各种各样的社会问题，导致社会关系紧张。

大众传播媒介的内容和传播方式对人类的影响，大到促进和推动社会的进步和发展，小到左右人们的生活方式和观点、观念，这些都是可以证实甚至可以目睹的。但是，是不是可以简单地说，大众传播媒介对人类社会产生了重大的影响呢？

学者们认为，这只是单方面、单个角度的认识和看法。其实，在社会这个大环境中，大众传播媒介与各种社会要素，如政治、经济、大众文化、宗教、

---

① 1938年10月30日，美国哥伦比亚广播公司的一个广播剧使用了新的播报风格，使许多听众误认为火星人真的侵略了地球，而导致很多人惊慌失措，逃离城市。这个案例被用来说明当时的大众传播媒介对公众影响力的巨大。希伦·洛厄里等著的《大众传播效果研究的里程碑》（中国人民大学出版社，2004年）一书中有描述。

② 2003年3月21日开始的美国对伊拉克战争是人类历史上首次完全由电视直播的战争。这既是战争的奇迹，也是电视的奇迹。通过CNN、BBC、FOX、半岛电视台等全球和区域电视媒介，全球百姓真真切切地"看"着从航空母舰上飞腾冲天的导弹、巴格达耀眼的炮火和燃烧的建筑物，亲耳"听"到巴格达刺耳的防空警报声，这一切都被电视媒体直播。

历史等都有密切的关系，大众传播媒介的内容生产和媒介的传播行为依赖于特定的社会环境，是在一定的社会环境中生存和发展的。也就是说，大众传播媒介的内容生产到传播方式、传播效果在一定程度上是受其所在环境的政治制度、经济水平、文化宗教等社会因素的影响的。如果从社会系统论的角度把整个社会看成是一个完整的有机整体，那么媒介组织可以看成是无数个社会子系统中的一个，媒介组织的制度、政策、方针、报道方向都是和社会这个有机整体相互联系的，同时也与其他各类社会组织相互影响、相互作用。图1-1表明了大众传播媒介作为社会系统中的一个子系统，与其他社会组织共处共存、相互影响作用的关系。

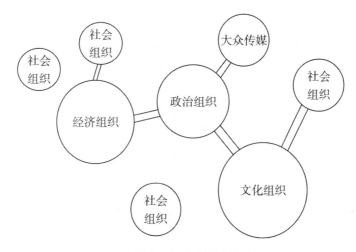

图1-1 社会环境中的大众传播媒介

一般来说，社会环境对大众传播媒介组织有制约作用，具体表现在三个方面：

（1）社会环境决定大众媒介的制度；
（2）社会环境决定大众媒介的发展水平；
（3）社会环境决定媒介的职业理念和经营方式。

作为社会系统中的一个子系统，大众传播媒介不能独立于社会环境而生存，社会环境首先决定媒介的性质。媒介的所有制一般可以分为国有、公有和私有三种形式，大众媒介具体以哪一种形式存在，取决于它所处的社会环境。具体来说是特定的政治、经济制度和社会文化决定一个国家采取哪种媒介制度。

民主国家的大众传播媒介一般有较高程度的独立性和自主权，而独裁国家的媒体则会被政府和其他威权组织牢牢控制。一个社会的经济发展程度会直接影响大众传播媒介的发展水平，在经济不发达的国家或地区，大众媒介的传播能力和传播水平也不会太高。例如在20世纪五六十年代，我国的大众传播媒介以广播和报纸为主，传播区域以都市为中心，边远山区很难为大众传播媒体所覆盖。而现在，由报纸、广播、电视和互联网构成的传播区域遍及我国的城市和农村，信息传播十分方便。这些媒体传播实力的提升都是伴随我国经济发展和经济制度改革的步伐的。

上面的几个案例都表明，对同一事件，美国媒体和日本媒体可以论调不同，英国电视和德国电视可以画面相异，中国网站铺天盖地而法国网站很可能不报。同样是新闻传播媒介，同样主张真实、迅速和公正，为什么报道的结果大相径庭呢？最直接的原因是由各国的传播媒介所处的社会环境、政治制度和经济发展水平、文化宗教背景、传播媒介的制度和体制以及传播者的价值观和判断基准的不同而导致的。这些社会因素的存在，是大众传播媒介采用不同的观点报道同一事件的主要原因。

媒介社会学主张一种从社会学的宏观角度研究分析媒介的内容构成及其传播行为的分析视角。所谓从社会学的角度分析媒介的传播行为，是指将传播媒介及其传播行为放在媒介所处的社会生态背景中，与特定的社会政治制度、经济发展、文化、历史和宗教等因素结合起来，分析媒介的传播行为在各种社会行为中所起的作用。在社会系统里，媒介的传播行为更适合作为一种从属变数而非自变量来看待。不同的社会形态中有不同的传播形态，如果将大众传播媒介的传播活动和影响力脱离这个大背景来分析的话，那无疑是一种将媒体放在真空状态下进行的研究。同时，研究大众传播媒介的各种传播行为，必须首先了解媒介传播行为的构成。

你对重大信息的第一反应是什么？

如果某一天你从网络上得知一个消息：一种医学上尚未查明、无法治疗的新型病毒在你所在的城市蔓延，城内各大医院已经涌入多名患者，情况危急。你读到这条信息会怎么办？你的第一反应是什么？

二、媒介传播行为的构成

大众传播学是以研究大众传播媒介传播行为为中心的学科，起源于20世纪20年代，是一门社会科学。大众传播是指专业传播组织面向广大受众的进行的有规律的、快速、广域的信息传播行为，一般来说，报纸、杂志、书籍等印刷媒介，广播、电视、电影等电子媒介，卫星电视、互联网、移动网络等新型通讯媒介都可被称为大众传播媒介。

大众传播媒介的传播活动由五个部分构成，即传播者、传播内容、传播媒介、传播对象和传播效果，如图1-2所示。这五个部分处于一个相互联系、相互作用的闭环过程中。而处于中心位置的传播内容则是一个连接体。传播内容既是传播者和传播组织的产品，又是连接受众，促成传播效果的直接因素。所以，媒介的传播内容可以看成是代表或者反映大众传播媒体传播活动的标志。

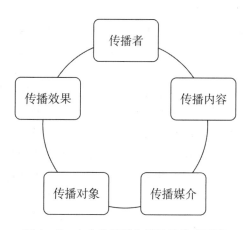

图1-2 大众传播媒介活动的构成要素

1. 传播者

所谓传播者，传统意义上是指媒介组织中的专业工作人员，如记者、编辑、媒体经营者和媒体控制者。但是在互联网时代，传播者的范畴发生了很大的改变，使用互联网传播手段向不确定的众多人群发送信息的非专业传播人员大量出现，不但有个人经营的微博账号、微信公众号，还有政府、企业、社会组织等基于所在组织进行的各种新闻信息或商业信息的发布活动，从广泛的意义上来说，他们也是传播者。

传播者是传播活动的第一要素，也是最为活跃积极的要素。传统的新闻学和传播学的理论认为，专业的新闻工作者的世界观、价值观和事物判断的基准都会体现在新闻制作中。和一般人相比，专业的新闻传播者应该具有独特的职业素质，具备专业的能力和新闻敏感，真实、迅速和公正地报道各种信息以满足读者的知情权是他们的工作准则。他们必须遵守新闻工作者的职业道德，有自律意识。新闻工作者的新闻选择和判断基本上决定了公众看什么和听什么。这是因为传播者在传播过程中具有信息选择上的优先权和决定权。同时，传播工作者也是有个性的个体，有其特定的新闻选择标准和价值观，所以，对于同一事件，不同传播者的新闻焦点不尽相同。例如，由于记者个人的资历、专业知识和对职业道德的认识把握的不同，他们采写和编辑的新闻内容也有所不同。一般来说，一名新闻记者的采写能力会受其资历、知识水平和职业道德三方面的限制。

以专业的新闻记者为例，新闻记者有职业"准入"规定。据相关规定，获得《新闻采编人员资格培训合格证书》是从事新闻采编工作的基本资格，也是核发新闻记者证的必要条件之一。只有获得资格证书后才能在新闻单位从事新闻采编工作，即有三点基本的职业资格要求：①要具备从事新闻工作的基本业务能力；②必须了解国家法律和有关新闻出版的法规规章、宣传纪律；③要遵守新闻职业道德规范。

新闻记者也有知识结构上的要求。记者知识结构要素可以概括如下：①新闻记者必须学会用更快的速度来完成采编任务，因此，必须掌握新闻专业的基本技能和技巧；②新闻记者必须具有高度的分析能力和概括能力，善于分析各种问题；③精通一至两门专业知识，特别是文学和自然科学方面的传统学科知识；④综合能力强，能综合各学科知识，对发生的新闻事件作出判断；⑤广而专的知识面，在传播的环境里对新闻与传播学有透彻的了解，并熟悉政治学、社会学、经济学、历史学、哲学等等。从以上要素来看，信息时代对记者的知识结构要求不但要求"专"与"博"，能灵活熟练地掌握新媒体技术来完成采编和发布工作也是一项重要的能力要求。

新闻记者还有职业道德上的要求。新闻职业道德是一种主要针对新闻传媒及其从业者的职业行为的道德原则和道德规范。它是用于调整新闻行业内外的矛盾关系，规范新闻传播职业行为的一种道德。新闻记者应具备的职业道德有：①遵循客观事实；②揭示并展现事实真相；③社会责任感；④献身新闻事业。这也是新闻职业精神的集中表现。

而互联网时代给专业传播者带来的巨大挑战也体现在专业性和职业化这两个方面。传统意义上的传播者是受过专业技术训练和能力培养的、有技术要求的专业人士，但是互联网时代人人都可以成为信息的制作者、发布者和传播者，他们有时并不具备专业能力和素质，也并不清晰传播者的职业规范和道德要求，这也是互联网时代社会信息鱼龙混杂、真假难辨的原因之一。

与一般的政府、企业或社会组织的传播者相比，大众媒介的传播者具有以下几个特点：第一是专业性。由于大众媒介是专业的传播组织，它的工作人员大多数都是具有专业传播知识和技能的专业人员，他们一般来说具有较高的社会科学或者自然科学的知识修养，能较好地掌握信息传播的具体工作。第二是组织性。大众媒介的传播者一般情况下是以传播组织的形态展开传播活动的，不像人际传播活动那样多数情况下传播者是个人，大众传播是一种专业传播组织对不特定的个人或者人群的传播活动，传播的内容是集体工作的产品。第三是技术性。作为大众媒介的传播组织一般都拥有较为先进的传播通讯工具和较为雄厚的资金，可以达到人际传播等其他传播方式所难以达到的传播速度、广泛的传播范围和深入的传播效果，这也是大众媒介的影响力所在。由于上述三个特点，大众媒介传播者的传播地位比其他类型的传播者地位更为权威和优越，所发挥的影响力也更强大。

2. 传播内容

传播内容是指由传播者选择和制作，符合传播组织方针的各种信息，这些信息包罗万象，应有尽有。有的传播内容瞬间即逝，立刻被读者遗忘，没有持久性；有的传播内容却可以引起强烈的社会反响，甚至危及到社会的安定和政治体系的存续。传播内容可以分为政治信息、经济信息、社会信息、文化信息、海外信息等类型，其中政治信息作为传播内容对社会公众来说是最重要的。

2005年德国《镜报》有一篇新闻《扫地出门仅用了50秒》，报道了德国国防部长沙平被撤职的事情。原来德国《明星》杂志的一篇名为《国防部长不同寻常的生意》的报道揭露了沙平与法兰克福一公关公司的老板有私下经济来往，有几笔来路不明的大宗汇款无法解释，虽然当事人说明这是沙平的"演讲费"或"稿费"，但是按照德国的法律，政府的官员们的任何社会活动都是不能收费的。报道引发了社会关注，德国总统施罗德在离大选还有9周的时候，召开新闻发布会简短宣布沙平"在联邦政府中已丧失了基础"，请求撤销其国防部长的职务。这可谓是德国历史最迅速的一次政府高官被撤职的事件，整个事件中，媒体报道引发社会舆论关注、导致政局发生变化的力量不言而喻。

从社会影响力的角度来说，传播内容可以大致分为新闻信息和资讯信息两种。新闻信息时效性强，对社会的影响力大但是维持力短，很快能被新的新闻信息所代替；资讯信息一般是知识性和讯息类内容，有效期相对长，对社会的影响力也相对地弱。

在现代信息化社会里，媒介的传播内容对社会的影响越来越明显，由于媒体报道而发生的政治、经济、社会突发事件比比皆是。然而，人们的注意力往往集中在媒介报道所引起的社会波动上，对媒体报道内容是如何形成的，媒体为什么会这样报道，以及传播的社会效果是否单纯来自媒体自身之类的问题却缺乏思考。

3. 传播媒介

传播媒介的传统意义一般是指报社、电台、电视台、通讯社等专业制作新闻信息的新闻生产机构，但是在互联网时代，传播媒介的范畴被扩大、被泛化了，除了专业的新闻机构，能自主发布新闻信息的社会组织和个人运营的传播平台，尤其是基于互联网进行传播的信息中介平台，都可以被泛指为传播媒介。

传统意义上的新闻机构有突出的专业性，表现在有其特有的新闻准则、编辑方针和制作程序上。这些准则、方针和程序一方面反映了传播组织的专业性质和社会功能，一方面又是媒介组织对自己传播活动的定义和定位，这种定位往往决定了读者能看到、读到什么样的新闻。一般说来，传播组织的方针是指经营方针，它主要包括媒介的性质、宗旨、传播立场、经营方向等根本性的问题。传播组织的编辑方针则是根据媒介经营方针对新闻传播活动作出的决策，它规定了媒介的受众、传播内容、传播的水准和风格特色，是媒介编辑工作必须遵循的准则。编辑方针既以媒介定位为依据，又是媒介定位在编辑工作中的落实。

有不少传播媒体特地为自己设定一个定位或口号，表明自己的传播立场和观点。这说明在新闻报道必须遵守真实、客观、公正等原则的大前提下，大众媒体组织还持有自己的报道、编辑主张，有自己选择新闻的标准和风格。

你身边的媒介

1. 请列出自己平常所接触的所有类型的传播媒介。
2. 请举出自己父亲或者母亲平常所接触的所有类型的传播媒介。
3. 比较一下两者媒介接触的不同之处。

《纽约时报》有一句箴言闻名天下："All the News That's Fit to Print."该

报的创办者之一的奥克斯决意用"简明动人的方式"和"慎重的语言"来办一份严肃的报纸,来"讨论一切与大众有关的重大问题"。这句"刊印一切适于刊印的新闻"表明一种新闻报道品质需立意高远的精神气质,至今为止天天出现在《纽约时报》的报头上。同时,该报尊重新闻自由和美国公众的知情权,在报刊广告上也同样保持内容的高尚和真实,反对有人身攻击意味的广告,不刊登有涉及种族、宗教、性别、年龄和婚姻歧视的广告。

4．传播对象

传播对象又称受众,是指传播媒介的读者、听者或视听者,又称受传者,或称阅听人,是对大众媒介信息接收者的总称。具体而言,包括报刊书籍的读者,广播的听众,电影电视戏剧的观众,网络的浏览者,等等。一般说来,受众可以分为两类:一是根据对信息的关注程度和内容的范围,分为一般受众和专门受众;一是根据接触媒介方式的差异,分为读者、听众、观众以及网络的浏览者。

受众在英语中表述为audience,原意为戏剧的观众或者演讲的听众,现有信息传播的接收者的意思。有人认为,当报纸、广播和电视三种不同性质的媒介陆续出现后,这三种媒介的信息接受者分别被称之为读者(reader)、听众(listener)和观众(viewer),但是现代社会的信息接受者是读、听、看同时进行的,所以对现代媒介信息的接收者就用audience来统称,中文译为"观众""阅听者"或者"受众"。

受众是接受大众媒介传播信息的人群,因此他们有这样几个特点:人数多、群聚,但是不确定、不知名。也就是说,大众传播的传播者一般来说无法确定他们的传播对象的具体情况,与他们的传播对象是缺乏沟通的;大众媒介的受众的阶层、职业、社会背景是千变万化的,所以大众媒介的传播活动的针对性一般来说不能与人际传播和组织传播相比。

从大众社会理论的角度出发,大众传播媒介的信息接受者被称之为"受众",还有另外一层"被动"的意思。大众社会理论认为,大众传媒的出现和普及使社会成员失去了统一的行为参照系,成了彼此孤立、分散、缺乏组织性的群体,他们在大众媒介的强势传播活动中不是信息的挑选者而是被动的接受者,社会精英阶层可以通过大众媒介对大众进行控制和操作。大众社会理论认为受众是一种被动的存在,他们主要从大众传媒那里接受影响,而缺乏自我判断和分析的能力。麦奎尔也归纳出大众具有庞大的集合体、没有差异、主要是负面形象、缺乏秩序、组织化程度低等特点。但是,这种观点也遭到传播学其他一些学派的批评,有不少学者认为,针对大众媒介传播活动,受众是有分析和批判能力的。

5. 传播效果

传播效果是指大众传播媒介的传播内容在受众身上引起的心理、态度和行为的变化。具体来讲，它是指报刊、广播、电视等大众传播媒介的传播活动对受众和社会环境所产生的一切影响和结果的总体。这些传播效果可能是有意的、直接的、显在的，也可能是无意的、间接的、潜在的。从社会影响上看可能是明显的、突如其来的、影响广泛的，也可以是微妙的、不为人们所感知的。

有一个有趣的比喻可以形容大众传播媒介的传播效果的巨大，这就是"蝴蝶效应"。美国麻省理工学院气象学家洛伦兹为了预报天气，用计算机求解仿真地球大气的13个方程式。为了更细致地考察结果，他把一个中间解取出，提高精度再送回。而当他喝了杯咖啡以后回来再看时竟大吃一惊：本来很小的差异，结果却偏离了十万八千里。计算机没有毛病，于是，洛伦兹认定他发现了新的现象："对初始值的极端不稳定性"，即"混沌"，又称"蝴蝶效应"。也就是说，亚洲的蝴蝶拍拍翅膀，将使美洲几个月后出现比狂风还厉害的龙卷风。1979年12月，洛伦兹在华盛顿的美国科学促进会的一次讲演中提出，一只蝴蝶在巴西扇动翅膀，有可能会在美国的德克萨斯州引起一场龙卷风。他的演讲和结论给人们留下了极其深刻的印象。从此以后，所谓"蝴蝶效应"之说就不胫而走，名声远扬了。

网络蝴蝶效应

1. 美国一名23岁大学生曾在网上发放有关Emulex科技公司的虚假消息，使其股价在一天之内大幅下跌六成。新泽西州一名15岁男孩列别德用8000美元做本钱，低价买入一些不受注意的股票，再以多个假名在Yahoo BBS上吹捧它们，最后高价卖出，获利24万美元。

2. "非典"期间的愚人节，一名停课在家的14岁香港少年将新闻组、ICQ上流传的"香港将宣布成为疫埠"的谣言复制成《明报》即时新闻网页的形态，并上传至近似明报网站的网址，导致当天下午香港居民抢购风潮；政府有关部门当天采取紧急措施辟谣，并当晚以"不诚实使用电脑罪"将涉案少年拘捕。

请分析上面两个案例中的"蝴蝶效应"，具体说明网络传播效应的不可控性，以及网友不具备传播者应有能力和素质的时候，这种传播行为带来的后果。

这种蝴蝶效应可以用来形容当代大众传播媒介的传播效果。即任何一点小小的浪花都有可能借助媒体发达之便利和媒体传播的威力演变成轩然大波。2003年，中国某著名日报网站发出《微软总裁比尔·盖茨在洛杉矶遭到暗杀身亡》的假新闻。文章中甚至有盖茨出席慈善活动、被两枚发自附近的子弹袭击、立即被救护车送往附近的文森特医疗中心、于12点46分死亡等细节。很快，新浪、搜狐、人民网等各大网站相继转发，新浪网、搜狐网也向手机用户也发出了新闻短信，但最后CNN证实这是一则假消息。不可思议的是，6天后韩国众多电视媒体和网络媒体再次重演了这一假新闻闹剧。类似事例不胜枚举。

一般来说，大众传播对社会公众产生的效果具体可以表现在三个层面上。媒介传播的信息首先作用于人们的知觉和记忆，引起人们知识量的增加和知识结构的变化，这是在认知层面上产生的效果；其次，媒介传播的信息作用于人们的观念或价值体系，继而引起观念、喜好的变化，这是在心理和态度层面上产生的效果；最后，前两层的变化表现在受众的行动上，就成为行动层面上的效果。媒介的传播效果是从认知到态度再到行动，是一个不断积累和深化的过程。媒体的传播效果是媒介传播者，传播组织的传播行为和受众接受传播内容的一个结果，但不是终极结果，每一次的传播效果都可以看成是一种传播回馈，继而对传播者和传播内容再次产生影响。

三、传播活动要素之间的关系

作为传播活动的五个组成部分——传播者、传播内容、传播媒介、受众和传播效果，它们彼此之间是什么关系呢？五者之间无疑是有密切联系的，同时，这五个部分还会相互作用和互相调节，这种相互作用和相互调节的最终结果则是传播内容。

传播者是一个社会里的当然的一分子，他首先是社会的一员然后才是媒介组织的工作者。在进入媒介组织之前，传播者已经有了自己的社会化过程，学习了这个社会的基本知识和规则，对社会环境有自己的亲身感受和分析判断，也形成了社会的价值观和世界观。这些事前拥有的知识和经验会不知不觉地被运用到新闻生产工作中去，也就是说，传播工作者个人的社会经验和知识结构等会对其新闻敏感和新闻写作产生影响。

媒介组织是社会系统里的一个组成部分，它不能脱离社会主流文化和政治结构，也不能无视社会现实而独立存在。例如，一些国家的政府机构对媒介内容有审查权和管辖权，大多数国家的社会经济水平决定了媒介组织的报道能力和受众的层次，一些地区的文化和宗教背景也限定了新闻报道的内容和导向。

所以，比较一下不同的社会制度下的传媒组织就可以看出，他们的新闻主张是完全不同的。

受众作为社会的一员具有自己的信息接受方式，他们喜欢看自己感兴趣的东西，听自己听惯了的音乐，接受符合自己价值观的信息。也就是说，受众不是盲目地接受任何信息，而是有选择地接触媒介，有选择地消费信息的。这就使传播媒介在传播方式、传播风格、传播内容和媒介商品价格上不能随心所欲，媒介组织不得不每时每刻地考虑来自受众、来自市场的影响因素。

最后，传播效果是检验传播内容是否符合社会需要的根据。具有较好反响的传播内容会被一传再传，或者被模仿传播，不受欢迎的传播内容则会减少。这都说明传播效果对传播内容具有反作用。

那么，传播者、传播组织、传播内容、受众、传播效果五者之间的关系如何定义？一般说来，传播内容由传播组织和传播者决定，传播内容会在某种程度上影响受众，反过来，受众对信息的反馈又受到传播组织和传播者的密切关注，继而对今后的传播内容产生影响。五者的关系密不可分，息息相连，是一种相互连动的关系。

日本媒体的一个报道案例就很好地说明了上述五个要素之间互相联动的关系。2001年，中日两国为促成双方公众的文化交流，达成了两国间的自由观光旅游协定。第一个由中国人组成的日本自由行旅行团于6月到达东京，由于这是中日历史上第一次中国公民以旅游者身份来日，日本的各家媒体都纷纷报道了这个新闻，包括旅行团成员在成田机场接受到献花和欢迎、东京都政府设宴宴请了旅行团成员的消息。为期一周的旅行顺利结束后，旅行团启程回国。这一天日本媒体的报道就明显不同了，《朝日新闻》的新闻标题是《第一次中国人自由旅行团顺利结束访日 今天回国》，而《产经新闻》的新闻标题则是《第一次中国人自由旅行团结束旅程 无一人脱团》。

同一个新闻，正负两种不同的报道角度，可见《朝日新闻》与《产经新闻》的传播者在新闻价值观上的不同，这种不同，往往导致媒体传播内容上的差异。前则新闻从正面肯定了中日两国的文化交流，而后则新闻则刻意从负面角度显示新闻的卖点。这同时也反映了这两家报纸的立场和价值观。

同一新闻事件由于不同媒体采取了不同的报道角度和报道手法，而形成不同的传播内容的案例还真不少，非常值得我们从各个角度去分析。

外国媒体的中国新闻标题

1976年10月，中国政坛发生了一件重要政治大新闻——"四人帮"被捕。中国国内媒体用"巨大的胜利""金色的十月""粉碎四人帮"等词语来报道形容这次政治变动。这个事情同时也被外国媒体积极报道，《英国每日电讯》在10月12日发布了一条新闻，眉题是《华粉碎极左分子》，主题是《毛的遗孀被捕》，副题是《四个领导人被指控策划北京政变》。你认为《英国每日电讯》为什么会定出这样的新闻标题？英国媒体看中国政治事件的角度有什么特点？如何从政治文化的角度解释这样的新闻标题制作？

第二节 媒介社会学的理论渊源

在传播活动构成五要素的相互关系范畴里，每个要素的存在和作用对媒体传播活动本身都是举足轻重的。但是在至今为止的大众传播学研究领域里，有关传播效果的研究最受到重视，研究成果最多。这是因为媒介的传播效果研究往往反映了一种控制与被控制的因果关系，这种研究最能引起各种社会控制机构的兴趣和投资。例如，广告商对媒体传播广告信息的效果感兴趣，商业利益集团对如何利用大众媒体传播商业信息、取得商业利益感兴趣，政治机构对如何传播政治信息、保证社会的安定感兴趣：所有这些问题意识都涉及到媒介传播效果的研究。

但是，研究者和研究的支持者们往往忽视了这样一个问题，即传播效果是基于传播内容，也就是媒介传播的信息而产生的，离开传播内容的研究，单纯地追求传播效果的研究，只能是陷于一种舍本逐末式的研究。大众传播媒介对社会的影响不应该只看传播效果本身，同时也应该将研究的视野转向传播内容。传播内容也不仅仅是人们所认为的那样，是传播者和传播组织制作的单纯的产品，而是多种社会因素参与制作的一种社会的制品。重视社会环境中各种因素对传播内容和传播活动的影响，正是媒介社会学研究的起点。

一、什么是媒介社会学

近年来与媒介社会学（Media Sociology）类似的概念很多，如"传播社会学""媒介与社会""传媒与社会研究""新闻社会学"等。在我国，以《媒介社会学》为名的著作除了英国学者戴维·巴特勒 1986 年的译著以外，好像还没有其他的出版物。戴维的《媒介社会学》虽然是以讨论媒介传播内容如何受各种社会因素影响为中心的，但是在这本著作中并没有正式提出并定义、探讨"媒介社会学"这个学术概念[①]。塞伦·麦克莱的《传媒社会学》也算一本媒介社会学的专著，与戴维一样，塞伦并没有关注从学科的角度讨论什么是媒介社会学，而主要分析了大众传播媒介对社会的影响力，正如其书名可以直译为"媒介的力量"那样[②]。

另一位美国的传播学者休梅克在其《信息中介》中明确主张媒介社会学的研究角度，她对媒介社会学仅有一些说明，并没有对其下定义。休梅克认为，媒介社会学这一术语多数情况下是出现在关于媒介内容的社会影响方面的研究中的，但实际上媒介社会学本身的意义不一定总是社会学意义上的。譬如，对新闻记者成为专业人员的社会化过程及其个人态度的研究，更多的是属于心理学的范畴而不是社会学的范畴。无论学者们将这类研究称为媒介社会学还是社会心理学，它们都反映出一个日益流行的研究领域。休梅克强调的也许是希望更多的学者关注媒体内容的形成，她认为，许多原先研究媒介效果的研究者现在都纷纷质疑，为何在承认媒介内容是形成媒介社会影响力的重要要素之后，对媒介内容的研究却迟迟未能得到学者们的重视[③]。

有学者对近十多年来有关媒介社会学的研究做了梳理，发现了这样一种现象，所谓的与"媒介社会学"有关的研究大致可以分为三类[④]。第一类是把媒介社会学作为一种明确的学科来树立、建设，视其为社会学、传播学、新闻学的边缘学科。第二类是倾向于讲解关于大众传播的社会学原理，基本的立足点多偏向于社会学。最后一种是从较为广泛的角度研究大众传播媒介与社会的相互关系的研究，这种研究视角不仅仅局限于从社会学角度解读各种媒介行为和

---

① 参见戴维·巴特勒《媒介社会学》，赵伯英、孟春译，社会科学文献出版社 1989 年版。
② 塞伦麦克莱著，《传媒社会学》，曾静平译，中国传媒大学出版社 2005 年版。
③ P. J. Shoemaker & S. D. Rees, *Mediating the Message*: *Theories of Influences on Mass Media*. NY: Content Longman, 1991.
④ 黄成炬：《媒介社会学》，见鲁曙明、洪浚浩主编《传播学》，中国人民大学出版社 2007 年版，第 57 页。

传播现象,也没有很强烈的视"媒介社会学"为一门独立学科的观念,上述戴维和休梅克的研究角度和成果都可以大致归为这一类。

对媒介社会学的定义也存在不同的角度。有学者认为应该以一种更为积极甚至是超前的方式把关于媒介与社会之间关系的研究都归入到"媒介社会学"门下。基于这样的想法,如果从狭义的角度给媒介社会学下定义,那就是"一门主要运用社会学原理和方法来研究大众传播媒介这一特定社会组织的性质与功能的传播学分支学科";而从广义的角度,则可以将其定义为"用社会理论和方法研究媒介与社会相互作用规律以及媒介内部组织运行原则的传播学分支学科"①。

本书同意上述定义,但是也认为从目前为止的相关研究成果来看,休梅克所主张的"社会因素对媒介内容的影响"的有关研究最为丰富,而基于这一角度的研究也最有现实意义。因此,本书认为,媒介社会学是一门把媒介研究和社会学研究结合起来,从社会学角度研究媒介行为和传播现象的学问,它主张媒介研究不能脱离社会制度和社会结构,不能把媒介单独地视为一个独立变数来分析其社会效果,而应该把媒介组织及其传播活动放在广泛的社会文化、政治制度和经济发展的背景里来研究。

你对媒介社会学感兴趣吗?

1. 如果你是新闻传播学学科的专业学生,请你举出你上过的最有趣的一门专业课程,并说明为什么你对这门课感兴趣。
2. 如果你不是新闻传播学学科的专业学生,请说明你为什么对"媒介社会学"这门课感兴趣。
3. 比较一下两者媒介接触的不同之处。

二、社会学发展视野中的媒介社会学

英国传播学家麦奎尔认为,从 20 世纪初期开始,大众传播学的研究中的社会学角度就很明显了。在他的 1983 年版的《大众传播理论》中,这位知名

---

① 黄成炬:《媒介社会学》,见鲁曙明、洪浚浩主编《传播学》,中国人民大学出版社 2007 年版,第 58 - 59 页。

学者还专门设置了《媒介理论和社会理论》这一章,主要阐述大众媒介与社会的关系和介绍有关大众传播的最具影响力的社会科学理论,并用框架说明它们的分类及相互联系。这本知名度很高的专著的亮点之一就是对媒介与社会关系做了深入而体系的探讨。例如,麦奎尔首先讨论了作为社会过程的大众传播媒介所具有的中介功能,然后将大众传播媒介的中介功能置于社会框架中,进一步探讨社会的主要组成机构、媒介与公众的相互联系。他还对媒介与社会理论做了细致的归纳整理,把媒介和社会的理论先放在一个三维空间上探讨媒介理论的主要议题,然后在此基础上介绍有关大众传播的最有影响的社会科学理论,并说明它们的分类及相关联系,通过阐明所提出的整体框架,来确定大众传播的基本过程和各种关系。总之,麦奎尔在这本论著中将媒介社会学的主要课题的研究发展脉络梳理归纳得十分完美,麦奎尔可谓是媒介社会学研究的大家,他的不少论著都可以看成是媒介社会学的经典专著。

正如麦奎尔展示给我们的那样,媒介研究的基本研究视角就是社会学,这可以从传播学的发展历程中得到证明。传播学的系统研究开始于第二次世界大战后,被称为传播学四大先驱的拉斯威尔、卢因、拉扎斯菲尔德和霍夫兰的研究形成了传播学的学科基础。这些关注、分析媒介传播行为和效果的研究是从政治学、社会心理学和社会学的角度出发的,研究方法也基本都是心理学和社会学的实验法和调查法。而20世纪中期以后的欧洲的社会批判学者也有不少媒介研究成果,但这些研究与上述美国学者的研究角度不同,他们更想借助社会学的各种社会批判理论来分析传播媒介与社会系统之间的关系,更注重媒介组织内部的权力构造和分析媒介组织在社会体系中承担的角色问题。

传播学家休梅克曾从"社会科学语境"(Social Sciences Context)的角度说明从社会学角度研究媒体内容和作用的意义。她认为,新闻传播学与社会科学都是信息搜集的系统,这二者有许多相似之处,它们都尽力去真实地展现世界,都要求客观性,但却都由于本身的特性而导致其提供的对于世界的观点和看法是受到限制的。传播学的研究者无法脱离产生媒体内容的文化背景来理解它们。

例如,媒体内容的产生有其特定的职业惯例,也就是那些被认为是习惯性的、正在进行的、模式化的新闻生产程序。对于新闻记者来说,这些惯例包括了诸如把关、采访路线、采访时各信息源的平衡,还有对于权威消息来源的依赖。对于社会科学家来说,惯例包括了进行系统性的观察、提出假设,以及依据数据对其进行验证。社会科学与新闻学的惯例有助于其实践者认清世界,解释模糊不清的状况。这样的惯例可以帮助新闻记者确立正确性和客观性,帮助研究者确立科学的可靠性和有效性。例如,新闻记者如果采访可靠的信息来源，形成他们的评论，可以显示他们的作品的客观性。社会科学家则运用可以从这种被重复使用的方法上入手展开研究，在这种情况下，由于两者都遵循了专业的程序，其研究结果可以说是有保障的。

课堂互动主题
1. 十分钟小讨论：你印象最深的一次突发事件新闻报道是什么？有什么印象？ 2. 反转课堂：分组讨论，各组举出一个例子来说明外国新闻媒体对中国报道中的明显的错误所在，并分析一下原因。

第三节 聚焦媒介内容——休梅克的媒介社会学

之所以要对休梅克的相关研究作专节介绍，是因为这位传播学者在媒介内容形成方面的研究比较受到关注。帕麦拉·休梅克（Pamela J. Shoemaker）是美国纽约锡拉丘兹大学纽豪斯大众传媒学院的约翰·本·斯诺基金会教授。她撰写《大众传媒把关》一书时任美国俄亥俄州立大学的新闻学院院长，之前曾是得克萨斯大学的新闻学副教授。现在，她担任著名学术刊物《传播学理论》杂志的主编以及美国《新闻学季刊》的副主编，是传播学方面的知名学者①。

一、什么是媒介内容

休梅克的研究焦点是媒体内容。她认为媒介内容就是指各种各样的大众传播媒体所提供的语言方面和视觉方面的信息，简单地说就是大众媒体上出现的一切事物，例如，新闻、评论、资料、个人作品、图片、广告等。出于一个研

---

① 休梅克的主要著作有：《不同政见群体的媒介覆盖范围》（Media Coverage of Deviant Political Groups, 1984），《建构新闻内容的理论》（Building a Theory of News Content, 1987），《大众传媒把关》（Gatekeeping, 1991），《讯息中介：大众媒介内容影响的理论》（Mediating the Message: Theories of Influence of Mass Media Content, 1991）等。

究者习惯的角度,她还指出媒体内容的另一个特点,这就是可以从定量或者定性的角度给与测量,这个特点给媒体的内容研究带来了很大的方便。休梅克还举例说明,从数量上看,数量范围的媒介内容包括一则电视新闻所持续的秒数,或者是一篇报纸文章所占用的版面的面积。另外,还可以这样计算媒介内容,例如:在一段既定的时间内关于一个特定国家的新闻的数量,在汽车广告中女性出现的次数,过去的10年内儿童剧播放的数量,某个政治人物在政治新闻中出现的次数和图片数量,或者一个特定事件报道中媒体对某个特定词汇的使用次数,等等。

休梅克认为这样的计量统计能够提供报道数量方面的重要信息,以及一些预见性的洞察。但是它们无法显示出这些报道的性质,也就是说媒介内容的倾向性特征。两份报纸报道某个国家的新闻数量可能接近,但是对于这个国家中所发生的事情的观点或者评论却大不相同。某个政治人物在政治新闻中出现的次数和图片数量,或者是一个特定事件报道中媒体对某个特定词汇的使用数量并不能直接表现媒体对某个政治人物的偏爱或者偏见。这就是说,媒介内容虽然可以测量,但是仅仅是单纯的测量并不能反映媒介内容的性质特征,因此,媒介内容的分析和研究必须是数量上的和质量上的。

休梅克认为,媒介内容研究的意义在于通过媒介内容来推测社会的真实状况。社会上存在许多关于社会本身的信息来源,如从业人员的档案、办公室备忘录、商业财产清单、书籍、民意测验、媒介报道等。人们对于这个世界上真实发生的事情的推测或者说是对社会真实的评估都是运用了他们所能接触和支配的数据得出来的。但是一般而言,社会事实太过复杂,通过单纯的任何一种资料来源都难以将它客观地描述出来。媒介内容是反映社会的一个数据体系,它既可以帮助社会研究者去理解媒介的传播动向,也可以帮助普通的社会人从特定的角度了解社会的概况。

印象最深的新闻是什么

请举出你最近看到的印象最深的一条新闻,陈述新闻的主要内容,并举出2~3个理由来说明你为什么会对这条新闻留下深刻印象。

二、有关媒介内容的研究

休梅克认为,从众多的传播学的研究成果来看,不少研究者都承认了媒介内容是形成媒介社会影响力的重要要素，但是，对媒介内容的研究却迟迟未能得到学者们的重视。其实，针对媒介内容的初期研究在20世纪早期已经出现，但是对于媒介内容形成科学研究，则是第二次世界大战之后才广泛发展起来的。较为现代的研究当数怀特在1950年提出的把关人理论，他提出新闻记者是媒介信息的"把关人"，因为他们从即将成为"新闻"的当天事件中选择信息[1]；同时也开始于Warren Breed对于新闻记者如何社会化以适应其工作的描述[2]。从此以后，越来越多的研究关注媒介工作者和他们的雇主，以及组织架构和整个社会本身对媒介内容的影响方式和结果，然而，虽然此类研究的数量增加了，它们之间的理论联系却很少被注意到。

于是，休梅克决定做一件事，这就是对媒介内容形成的相关研究做一个整体的梳理和归纳。她认为，对于媒介内容的研究过去几十年中形成的内容研究成果已经提供了很多的数据，但是这些数据的积累并非代表着媒介内容研究的理论体系的形成，尤其是与大众传播学的效果理论体系相比，可以说关于媒介内容的正式的定义和理论体系都还处于未定阶段。确切地说，相关成果的作者只是代表性地对他们所期望发现的事物做出一个简要的描述，然后检验一个或多个假设，或者是求证影响某些现象的一个或多个变量之间的关系，但是对多个被证实的理论假设之间关系的理论确定却没有完成。

一般的媒介内容研究都有研究假设，如这样一个假设：一个事件被判定得越具新闻价值，大众媒体就可能越显著地报道它。这个假设中的两个主要变量是事件新闻价值和报道显著性。在某种程度上，这二者都是可以计量的，例如，全国性的政治事件客观上比某个城市的政治事件更具新闻价值，对这两者的新闻报道的安排和数量是可以计量的。这个假设预测，具有极高内在新闻价值的事件会得到更显著的报道，也许是在报纸的头版，或者是在电视新闻广播的开始；只具有普通新闻价值的事件虽然也会被报道，但通常是在报纸的内页或是新闻播放的中间；而缺乏新闻价值的事件可能根本就不会被大众媒体报道。

休梅克认为，检验几个相互关联的假设可以带来理论上的突破，从而帮助我们更好地对媒介内容进行预测。随着理论的完善，它们也典型地包括了研究者关于其课题的设想、关键概念的定义，以及对它们如何进行测量的建议。然而，在对数据的关注之中，大部分的媒介内容研究都缺乏此类理论联系，结果

---

[1] D. M. White, The Gatekeeper, in *Journalism Quarterly*, 1950, 27: 383 – 390.

[2] W. Breed, Social Control in the Newsroom: A Functional Analysis, in *Social Forces*, 1955, 33, pp. 326 – 355.

导致其中的普通线索被大量忽略，理论的发展受到限制。

其实，一些学者已经围绕着许多种理论视角展开了关于媒介内容的研究，收效颇丰。下面这些观点就是其中较为受到关注的。

1. **媒体如镜**：媒介内容没有歪曲地反映社会现实

这种"镜式"理论认为大众媒体所发布的信息向受众传达了准确的社会真实，就像一架面对世界的电视摄像机，直接地反映了社会现实的真实情况。这个观点主张媒介内容很少歪曲现实，大众媒体所发布的信息向受众传达了准确的社会真实——犹如一架在世界上开着的电视摄像机。但是很显然，这种观点没有能长时间地站住脚，目前几乎没有人再相信媒介如镜这种"幻想"了。

2. **媒体工作者决定论**：媒介内容受媒体工作者的社会化及其态度的影响

这种传播者中心论假定，传播人员专业的、个人的、政治性的态度和他们所接受的专业训练等这些内在的心理因素，会较多地影响他们对事实的解读和新闻产品的形成。例如，新闻会主张遵守服从社会集团之间的协议和规范，而一个新异的想法和行为大多数情况下是不受欢迎的。

3. **媒介工作惯例决定论**：内容受到媒体制作惯例的影响

从组织学的研究角度出发，有人认为媒介内容是受到传播人员及其公司组织工作的方法所影响的。比如说，新的记者会被教导把文章写成倒金字塔结构，把他们认为的最重要的信息放在最前面，然后按照重要性的递减来安排剩下的内容。记者的这种思维和工作方式决定了新闻的内容。

4. **社会制度决定论**：媒介内容受社会制度和社会组织的影响

这项研究的观点认为，经济、文化力量以及受众、市场等这些因素，虽然处于传播者和传播组织的外部，但是也能决定媒介的内容。比如，主张市场决定论的人认为，媒体为了保证广告商的产品信息有大量的观众读到，会倾向于为受众提供他们所想要的信息；而社会责任论的主张者则认为，传播者给予受众的应该是他们需要的信息（如社会管理和公共事务方面的信息），而不是他们所感兴趣的信息（如庸俗八卦的信息）。

5. **意识形态决定论**：媒介内容反映并维持社会意识形态

这是出于霸权主义角度的一个假定。有人认为，媒介内容明显受到社会中当权的意识形态的影响，由于掌握了经济权力的组织控制着经济制度，大众媒体作为其中的关键部分，不得不保持与那些组织保持一致的意识形态，而这种结果有助于整个社会维持现状，在其目前的状态中继续运行。

上述理论假设虽然关注的角度不相同，但是都有一个共同点就是，媒介的信息本身不是自变量而是因变量，不是原因而是结果。这些理论提供了媒介社会学研究的一个基本点，即在这门学科里，媒介内容被定义为因变量。媒介内容或者说媒介上的各种信息内容,都是受到媒介组织内部与外部众多的社会因素影响而形成的(如图1-3)。

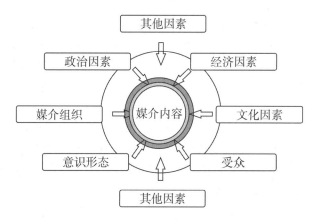

图1-3 作为因变量的媒介内容

- 情景教学名称:讲一个你经历过的有关传播的小故事。
- 教学目的:学会发现社会生活中的传播行为,并能观察、陈述传播行为的发生、发展和结束的整个过程。
- 教学步骤:

1. 启发:教师可以先讲一个小故事,如:"过春节回到家乡,你是如何与爷爷奶奶聊天的?聊了一些什么内容?哪些内容你觉得最有趣?"

2. 陈述:鼓励学生完整陈述一个传播行为的过程,从开始到结束,并作评论。

3. 互动:请学生回答这个传播小故事中的关键要素,如传播者、传播内容、传播媒介、受众及其效果,并谈谈自己的切身感受。

第二章 大众媒介的传播过程与社会作用

主要知识点

- 大众传播媒介的传播过程五要素
- 大众传播媒介的社会作用
- 直接的信息环境与间接的信息环境
- 媒介与外部世界的关系
- 虚拟现实的形成及其现实化
- 象征的现实

第一节 大众媒介与社会传播过程

一、媒介与信息

在本章开始的部分，有必要首先把媒介社会学常用的几个基本概念，如媒介、大众媒介、信息等整理说明一下。在一些有关传播学的论文和教材中很明显地存在着概念混乱和混用的现象，这种概念混用现象会妨碍我们对相关事务的理解，例如，"媒介"一词的意义就非常广泛，加上多种不规范的用法很容易引起理解上的困难。

首先，什么是媒介？《辞海》把媒介定义为"使双方发生关系的人或事物"，这是一种较为广义的宽泛的解释。而在社会的各个领域里有各种各样的对"媒介"一词的不同释义（如图2-1所示），例如：在物理学范畴内，媒介是"介质"；在生物学意义上，媒介是"载体"；在社会学意义上，媒介更多的是"中介物"。在传播学范畴里,媒介的含义被大大地限制了,传播学里的"媒介"不是宽泛意义上无所不包的"中介"或者"载体",而是社会环境中人与人之间、人群与人群之间用于信息运载、交流的工具。而传播行为一般又被分为人际传播、组织传播和大众传播三种,按照不同的传播形式的功能和属性,其使用的传播媒介也有所不同。例如,人际传播是人与人之间一对一进行信息传递,其传播媒介是电话、书信、邮件等;组织传播是一定规模的群体或组织内部的信息交流,其传播媒介则是组织内部的印刷物、广播电台、电视台、企业杂志、群发电子邮件等;大众传播是专业的传播组织面向不确定的社会成员运用先进的通讯传播技术进行的广范围的信息传播活动,其使用的媒介一般为报纸、广播、电视、杂志、书籍、电影等,新媒体的出现也增加了大众传播媒介的种类,如网络、手机等。

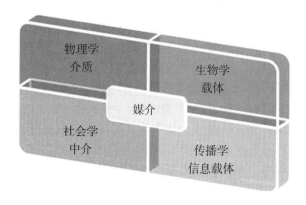

图2-1 媒介的学科分类和定义

媒介一词还被分为技术范畴和传播范畴两种意义层面(如图2-2所示)。在技术范畴内,如国际电信联盟所定义的媒介分别有感觉、表述、表现、存储、传输媒体五个层面。其中,属于感觉类媒体的有声音、文字、图形、图像等,表述类媒体有语言编码、图像编码等,表现类媒体是感觉媒体被通信电信号转化后的媒体,存储媒体有硬盘、光盘等。传输媒体则是用于物理传输,如各种通信电缆等。

从传播范畴出发的媒介又可以从"信息承载体"和"传播组织体"两个层面来分别定义。第一种指的是具有承载信息传递功能的物质,例如,人们为接受信息而经常接触的电视、广播、报纸、互联网等借助新兴的电子通信技术的媒介;第二种指的是从事信息的采集、加工制作和传播的专业组织,即传媒机构,譬如报社、通讯社、电视台、电台、出版社、网站等。后者又被人们统称为"媒体"。人们一般认为，媒介（medium）指的是语言、文字、印刷、声音、影像内容信息，而媒体（media）指的是书本、报纸、杂志、广播、电视等传播媒介及其发行机构。

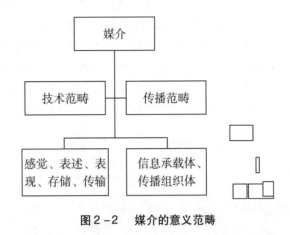

图2-2 媒介的意义范畴

还有学者从媒介的历史发展角度把媒介分为三类（如图2-3所示）。第一类是即时表现的媒介，即人们面对面传递信息的媒介，由人体本身的感觉器官来执行，如口语、表情、眼神、动作等。第二类是用于再现的媒介，信息的生产者和传播者需要使用物质工具或者机器来从事传播，这些媒介包括绘画、文字、摄影和印刷等。第三类是机器媒介，这类媒介不但需要传播者随使用机器，接受方也必须使用机器，譬如电信、电话、唱片、电影、广播、电视、网络等。

图2-3 历史发展角度的媒介分类

现代大众传播学之父施拉姆给媒介的定义是："媒介就是插入传播过程之中，用以扩大并延伸信息传送的工具。"他认为媒介就是大众传播流程的渠道和工具，起着承载、传递信息给大众的作用。这个定义的范围比较广。而麦奎尔的《麦奎尔大众传播理论》一书开篇的第一句话就是对"大众媒介"的说明和解释。他认为,大众媒介是对以大规模的方式运作,在或多或少的程度上能触及并影响社会中每一个人的传播方式的简称。比如报纸、杂志、电影、广播、电视和留声机,还有互联网等新媒介。

由于上述定义媒介的角度和立场各不相同,"媒介"一词在现代社会生活中还是会被多角度理解,或者习惯性地被当成是大众传播媒介的代名词。在媒介社会学里,出于研究和关注的课题的需要,我们把媒介的定义限定为用于"大众传播"的信息载体,具体地说,媒介就是报纸、杂志、广播、电视、网络等大众传播的信息载体,而对从事大众传播活动的报社、通讯社、电视台、电台、出版社、网站等,我们则称之为媒介组织。

十分钟小讨论:关于微信

1. 你是微信的使用者吧?请你结合自己的微信使用经验,分析一下微信作为一种社交媒体,其信息传播的特点(如传播者、接受者、传播内容和表达上的特点等)。
2. 你认为微信之后,未来可能会出现什么样的新型社交媒体?

其次,什么是信息?

简单地说,信息是媒介的被载体。传播学家申农认为,信息就是在一种情况下能减小或降低的不能确定的任何事物。这个定义说明信息是客观存在的,但既不是物质,也不是能量。信息是指带有意义的符号或符号的集合体。人与人相互传播的时候,信息可以是声音、表情、动作,也可以是借助媒介的文字、画像或数据,是媒介担负或运输的内容。

在人类社会里发生的传播,也就是社会传播,一般是由信息的生产(包括搜集、处理、加工、积蓄、传达)、流通、消费(包括接受、处理、加工、积蓄)这一连串的过程来实现的。这个过程是循环的,被消费的信息可以被再生产、再流通、再消费。只是,在循环流通的过程中,信息会不断受各种要素的影响而变化,不断改变原有的意义,产生新的意义。

现代社会还被称为信息时代,这是因为生产、传递信息的产业拥有巨大的生产力,而大众传播事业也是其中发展迅速、影响较大的一支力量。大众传播事业运营操作的信息有其独特的特点,表现在:第一,信息内容的公开性,即信息通过在社会上的流通而显示其价值和影响力;第二,由于大众媒介组织的权威地位和专业性,其信息更具有可靠性;第三,大众媒介由于其传播上的迅速和范围广泛，与其他媒体相比，它的信息更容易被关注，即更容易成为被关注的社会议题；第四，由于大众媒介对高科技的使用，它比其他人际传播渠道更具有传播上的有效性，可以迅速、广泛、深入地被各个阶层的公众所接受。大众媒介的这些传播上的特点使它成为社会信息传播的主要担当者，在影响社会舆论、引起社会关注等方面拥有巨大优势。

总之，媒介、信息都是媒介社会学里经常使用并反复讨论的关键词，这些关键词虽然都有明确的学科定义和分类，但是社会的发展和媒介事业的不断进步也会促成这些词汇的内涵和外延的更新。

二、传播的社会过程

一个人作为社会的一员，和他人之间有着千丝万缕的关系，社会正是因此而成立、而维持，同时因此而变化。换而言之，社会正是这样的人与人之间的相互关系的产物。人们因为相互的志向、信赖和依存而联结在一起，围绕某种权利关系而组成相互依存的网络或关系，国家、社会阶层、城市、学校、家庭都是各种关系的组合体。

人和人之间的相互关系，也就是刚才所说的相互依存的网络和关系构造，是以信息传播和交换以及人和物的移动来维持的。这种信息交换和人物交流正是一种社会的相互作用，也可以称为社会过程。如果把人和人之间的相互关系称为社会关系的话，那么，社会关系正是通过社会过程来更新和变化的。

社会关系和社会过程是分析传播现象时两个极为重要的概念。首先，简单地说，社会关系是指行为者之间持续存在的、反复发生的、明显或不明显的相互行为。或者说，社会关系是按着规定的或自然发生的行为规范，使某种社会行为不断持续的一种关系。社会关系既是行为者之间相互关系的结果，又是维持这种相互行为的一种静态关系。而社会过程则是指信息传播和人物移动的动态的过程，是随着社会关系的成立而成立的。当然，由于信息的传播和交换，人和物的移动也可能产生新的社会关系。

那么，大众媒介传播的社会过程又是怎样的呢？

传播的社会过程是指由于信息的传播和交换而使社会关系动态化、活跃化的过程。传播活动可以看成是社会信息系统的传递或社会信息系统的运行；人类社会的传播过程有别于其他类型的传播过程，它具有几个特点（如图2-4所示）。

第一，人类社会的传播活动是一种信息共享活动，一般情况下是把少数人拥有的信息化为多人共有的信息的过程，是一个趋于信息共享的过程，这种传播活动意味着社会信息的不断交流、互换和扩散。第二，由于传播是在一定社会关系中进行的，反映了一定的社会关系的现状，所以在这个社会过程中传播者和受众的传播方式和接受方式都具有各自社会阶层的特点，或者反映了特定的社会地位和角色，传播者和受众都可以通过传播维持既有的社会关系，或者通过传播建立新的社会关系。第三，传播的社会过程反映了一种双向的社会互动行为，即传播者和受众之间存在信息的反馈，信息的流动也有强弱之分，正是这种信息的传受和反馈导致了人们的社会互动行为。第四，社会传播过程的成立需要一个重要的前提条件，就是传播者和受众双方要有共同的意义空间，即人们拥有大体一致或接近的生活经验和文化背景，这样社会信息传播经过符号的传递和符号的解读才能得以实现。

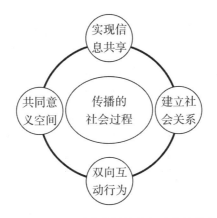

图2-4　大众媒介传播的社会过程的特点

手机的信息传播

　　你认为移动媒体如手机的信息传播是双向沟通还是多向沟通？请举例说明手机作为一种信息传播媒体的特点。

三、作为社会中介的大众媒介

　　在社会传播过程中，大众媒介扮演怎样的角色？麦奎尔认为，大众媒介在广泛的社会过程中开展社会传播活动，提供的是一种中介的角色，起到的是中介社会关系的作用①。他指出，大众媒介的中介作用表现在两个过程中：第一，大众媒介中介了人们与他们无法亲身体验、亲眼观察的事物间情况的传递。例如，大众媒介上播放的人类探索宇宙的信息就是把大多数人无法亲眼观察的宇宙现象传递给他们，互联网上有关南极的信息对没有去过南极的人来说也是一种状况传递。第二，社会组织出于自我的目的与其他社会组织之间，或者社会组织与他们的传播对象之间的关系传递。例如，政府向社会公众传播新的政策法令，商业机构向消费者传递商品信息，教育机构向他们的传播对象普及社会知识，等等。

这种有关其他事物的状况的传递其实也帮助人们形成了一种社会关系，这种关系比起人与人之间的家族关系、朋友关系或者工作关系来说是比较薄弱和遥远的，但是这种由媒介搭建起来的关系的存在更加广泛，更加深入持久。也就是说，大众媒介把人们与社会现实连接起来了。从本质上说，大众媒介是在传播一种最为广义的知识，借助获得这种知识，人们获得了对社会的认识和对社会事物的理解。可以说，大众媒介的传播在很大程度上构建了人们对社会的认知和定义，不少传播学者直接认为，媒介就是社会生活标准、模式和规范的主要来源。

麦奎尔把媒介的中介角色归纳为六个要点②（如图2-5所示），这种归纳应该说是基于大众传播媒介的社会活动的主要形态。

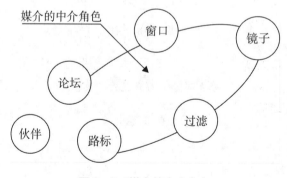

图2-5 媒介的中介角色

---

① 麦奎尔著，崔保国、李琨译：《麦奎尔大众传播理论》，清华大学出版社2006年版，第54-55页。

② McQuail, *McQuail's Mass Communication Theory*. London：Sage，2000，pp. 66-69. 或参见麦奎尔著，崔保国、李琨译：《麦奎尔大众传播理论》，清华大学出版社2006年版，第55-56页。

窗口角色犹如人们观察外部世界的窗口，不停地给人们提供各种信息；镜子角色暗示媒介可以真实、客观、公正地反映现实社会的百态；过滤角色指出媒介不但通过信息筛选形成特定的信息，传播的同时也忽略了其他媒介认为没有传播价值的信息；路标角色指明媒介的报道对公共舆论和人们对社会现实的认识有导航作用；论坛角色说明媒介的报道可以提供多种意见，供人们进行选择和反馈；最后，伙伴角色是指媒介不但要为公众提供信息，同时也负责为公众解疑。

四、社会传播系统的特点

多种多样的社会传播行为错综交叉，形成了复杂的社会传播系统。现代社会的传播系统具有以下几个特点（如图2-6所示）。

（1）开放性。社会传播系统是一个开放型的系统，其主要功能是保持社会内部的联系和协调，即通过信息传播来达到各阶层的沟通和社会和谐，这个系统对内来说具有有效的传播渠道，对外来说具有信息发布功能。

（2）联系性。由于是一个完整的社会系统，各个子系统相互连结，相互交织，构成一个整体。

（3）多变性。政治经济制度和社会文化的复杂性导致任何社会的信息系统都会是一个多变量的系统，社会发展制度更新等诸变量的变化都会促成信息传播的新发展，或者引起社会传播障碍，导致传播隔阂。

（4）创新性。社会传播系统是一个可以自我创新和自我完善的系统，正是由于社会传播系统的创新和可塑，人类社会才能不断发现和克服各种传播上的障碍和问题，得以新的发展。从传统媒体时代进入互联网时代，人们的日常沟通传播工具和方式发生了巨大的变化，这种社会传播方式的创新甚至改变了社会关系和社会结构。

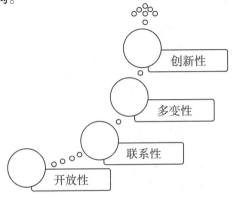

图2-6 社会传播系统的特点

综上所述，传播的社会过程是以信息的传播和交换为主的相互作用的过程。如果把传播当成一种社会现象来看，那么传播就是指相互影响和相互联系着的社会行为者之间的信息传达，信息交换和信息共有。

在这里，信息共有是一个很重要的概念，在传播过程中的每一个人都是基于自己的经验和知识来传达、交换、理解并积蓄信息的，而人和人的经验与知识水准参差不齐，这样一来，对同一信息的理解必然是因人而异的，所以，所谓传播过程中的信息共有，其实只是部分的共有。在传播的社会过程中，信息一般来说会正常地得以传播，基本正常地被接受、被理解，但是，得以传播的信息没有被正确接受、正确理解的时候也很多，这种状况被称为非传播（miscommunication）（如图2-7所示）。

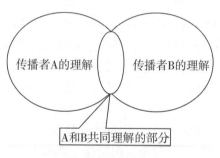

图2-7 传播与理解

- 情景教学名称：讲一个你经历过的有关"非传播"的小故事。
- 教学目的：学会观察、陈述并分析日常生活中的传播行为及其效果，并能分析导致这种效果的原因。
- 教学步骤：

1. 启发：教师可以先问问题，如"你到国外旅游的时候，因为不懂当地语言和生活习惯，有过哪些有趣或者尴尬的小经历？"
2. 陈述：鼓励学生完整陈述一个传播故事，重点描述"非传播"的经过和结果，并指出导致"非传播"的关键要素或者环节。
3. 互动：请学生尽可能多地找出导致"非传播"的原因，并谈谈自己的切身感受。教师最后作归纳总结。

五、社会传播的媒介路径

作为社会传播活动的基础单位,是由个人或者组织等传播者把自己内部的信息通过适当的渠道或者媒介传播出去,并获得反馈信息的一个循环的过程,这个过程也被称为传播的路径。社会传播活动可以发生在任何一种社会环境中,其传播形态和路径也是多种多样的,按传播者的种类来分大致可以有人际传播、组织传播和大众媒介传播三种。这三类传播形态从各自传递信息的不同手法来看也有具体的区分。例如,人际传播活动是通过传播者向对方传递声音、表情、动作等符号来完成的,大众媒介传播则使用文字、音频、图片、画像等含有技术要素的符号来展开的,至于组织传播则兼有人际传播和大众媒介双方的特点。这种通过传载信息时使用符号的特点不仅可以用来区分不同的传播形式,也可以用来分析不同的传播路径的特点。

一般来说,通过传载信息时使用不同的符号,我们可以把社会传播的路径大致分为"人际路径"和"媒介路径"两种。我们可以通过对比分析媒介路径的三个特点(如图2-8所示)。

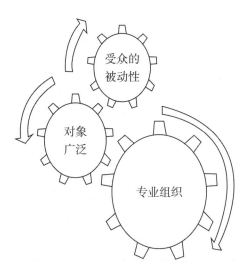

图2-8 媒介路径的特点

第一,媒介路径的传播者不是个人或者小群体,而是具有专业传播水平的组织,一般来说,报社、电台、电视台、网站等都是代表。但是虽然都是专业组织,并不是所有的传播组织都有类似的专业程度和技术能力,组织规模也非常不同,既拥有庞大传播集团的业界巨头,也有不起眼的小型传播组织。第二，由于媒介路径是面向广大的社会成员的，并且以获得最大程度的受众的关注为市场目标，这样媒介路径的传播内容的标准就不会是面对少数人的，或者是面向持有特殊经验的人群的。媒介路径的传播内容是面向社会最广泛人群传播最一般层次的社会信息，它的信息选择标准是最广泛人群的知识经验的最大公约数。第三，媒介路径与人际路径最明显的不同点在于，后者的信息传播基本上是平等的，而前者的传播由于被专业化、组织化和技术化了，一般的人不能轻易地成为媒介组织的传播者，而社会权势力量则可以相对容易地利用传播媒介、介入传播内容、控制传播效果。受众在使用媒介路径的传播活动面前，一般来说只能在接受信息、选择信息方面发挥自己的主动权，而在传播内容的选择、把关和构成方面一般来说是被动的（尽管网络媒介等新媒介的普及部分地改观了这种现象）。

而从社会传播行为所处的社会位置上来看，传播行为还可以被分类为"公共路径"和"私人路径"。日本传播学家竹内郁郎曾论述过"公共路径"和"私人路径"不同层次的内涵和如此分类的意义。他认为，首先，所谓的"公共路径"和"私人路径"并不是人们所想象的那样，上述的人际传播就是"私人路径"，组织传播和大众传播就是"公共路径"[①]。例如，在组织内部，把会议的文字资料分发给组织的各个部门的成员就是公共路径，而一个部门的成员私下谈论这次会议的内容就是私人路径，公共路径和私人路径是可以同时出现在大众传播和组织传播行为中的。同时，也应该认识到，在复杂的社会传播实践中，公共路径和私人路径有时是互相混载的，有时是无法严格区别的，之所以提出公共路径和私人路径这两个名词，其意义在于我们关注社会传播行为中的这些问题。

有效的社会传播一般都是由公共路径和私人路径共同完成的，如果要提高一个组织（如企业）的内部效率，首先要有企业内部的公共路径的传播，例如企业的各种组织规则、生产目标和指标、管理层的指示和监督等；也需要有私人路径的传播，例如上级与下属的关系、同事同僚之间的合作和协调等。不同的情况下难以确定两种传播路径哪种发挥的作用更大，但是组织内部的有效传播肯定需要公共路径和私人路径的同时存在并发挥作用。

同时，公共路径的传播内容的基准是一个被抽象化后的东西，如上所述是一个对于社会大多数来说的最大公约数，这样一来，公共路径的传播基准就会重视公共层面上的结果而忽视个人的感受，重视结果的平均值而轻视个人个性

---

① 竹内郁郎：《大众传播的社会理论》（日语版），东京大学出版社1996年版，第18－19页。

和感情的因素。作为一种补充，私人路径的传播往往就能起到对社会问题中个人的具体结果的重视。近年来，以居住地域或者特定的消费者为中心的社会组织积极通过小型的印刷媒体或者网页来传播其组织的观点，引起社会的关注，这些组织的传播对于大众媒介的传播来说是私人路径，但是也能起到一定的社会影响力。

还有，当公共路径遗漏了某些社会信息，或者说故意不公布某个社会需要的信息时，私人路径就会发挥较大的作用。例如，公共危机事件发生时，有的大众传播媒介因各种人为因素不能及时传播事件信息时，人际传播中的流言蜚语或者手机短信、网络信息等就会补充社会上所需要的这些信息空间，有时会给公共危机处理带来管理上的不便。

另外，从信息流动的方向来看，社会传播可以分为"单向路径"和"双向路径"。前者指的是以大众传播为主的传播行为，由于是一个专业组织面向不确定的受众进行的传播活动，传播者无法立刻知道受众对信息的反馈，即使在特殊的情况下可以较快地了解反馈信息，这种反馈信息也只是极少的部分受众的，不可能是所有人的。网络媒介的互动性似乎可以改变传统的大众媒介的这个弱点，但是，通过网络媒介与传播者交流的也是部分的受众而不是全部的受众。后者的双向路径是指人际传播那样的传播行为，传播者在发送信息后可以立即知道对方的反馈，并进一步进行新的传播，这种即时地有来有往的信息交流过程就是双向路径的写照。

综上所述，传播的路径可以从不同的角度进行分类，同时，这些不同的路径在现实的社会传播中都不是单独被使用的，多种路径被同时使用是一般的现象，下面的分类表（见表2-1）就表明了这一点。

表2-1 传播路径的交叉使用案例[①]

传播的路径			传播的案例
人际路径	公共路径	单向路径	组织内部的上令下传、指令的口头传达
人际路径	公共路径	双向路径	组织内部的会议、小组讨论
人际路径	私人路径	单向路径	流言蜚语、小道消息
人际路径	私人路径	双向路径	人际交谈、各种集会中的讨论、交流
媒介路径	公共路径	单向路径	大众媒介的传播、公共政策法制等的传播

---

① 改编自竹内郁郎《大众传播的社会理论》（日语版），东京大学出版社1996年版，第24页。

续上表

传播的路径			传播的案例
媒介路径	公共路径	双向路径	政府间、社会组织间的信息公布、交流
媒介路径	私人路径	单向路径	特殊目的的信息收集
媒介路径	私人路径	双向路径	使用电话、电子邮件的交流、小众杂志，网络论坛

社会传播正如上表一样是多种路径交叉使用的活动。例如，在以前社会成员之间最广泛的传播活动是人际路径、私人路径和双向路径的交叉使用；而在通讯技术普及后的现代社会，社会成员间的交流活动则多使用电话、电脑等通讯媒介，媒介路径成了主要路径之一。要说明的是，在不同的社会背景下，在不同的社会组织内部，虽然传播的路径多种多样，但是一般来说有主次之分，例如，现代社会通讯技术发达，大众媒介的传播覆盖面和影响力是社会传播的主要力量，但是即使在大众传播媒介十分发达的社会也存在公共舆论的论坛，引导公共舆论方向的意见领袖的作用依然明显。

六、社会传播网络

社会传播的最小单位是各种各样的传播路径，无数个传播路径组成了社会传播网络。简言之，社会传播网络就是无数条传播路径相互交接、相互感应、相互作用而形成的覆盖社会传播系统。而社会传播网络也有各种形态。例如，组织内部至上而下的传播网络一般是直线式的；小型组织以领导者为中心的传播网络是十字型的；而较为平衡且沟通的自由度较高的是五角星式；另外还有Y字形传播网络，多存在于复数领袖执政的组织内部；而A字型传播网络也被称之为"秘书把关"型，组织的领袖通过助手传播各种指令。社会流言和街谈巷议的传播网络多具有随意性和不稳定性，其特点是不规则性。

构成上述各种形态的传播网络的要素主要是作为信息的传播者或信息的接受者的社会成员彼此之间的社会关系，社会关系是不断变化的，传播网络的形态也可能随社会关系的变化而变化。例如，在一个组织的内部，如果领导者比较专制独裁、高高在上，他与部下的关系是指令和被指令的，那么这个组织内部的传播网络很可能是直线式的，或者是A字型的；如果一个组织的领导者比较民主，重视与员工的交流，那么这个组织内部的传播网络很可能是五星式的。

而从社会系统的整体来看，社会传播网络可以有垂直方向的和水平方向的（如图2-9所示）。垂直方向的传播网络代表社会管理权力至上而下通过信息传播的实施，例如，一个国家由中央到省、市、地、县、乡、村等行政级别的信息传播就可以看成是垂直式传播，这种传播网络多显示了社会管理体系中的下级对上级的从属关系；而水平方向的传播网络代表相同的社会管理层面不同部门之间的信息沟通，例如，一项新的政策在市级单位的各部门传达，要求各部门领会政策要点，具体实施。这种传播网络显示了相同层次的社会阶层之间的沟通、协调、合作关系。

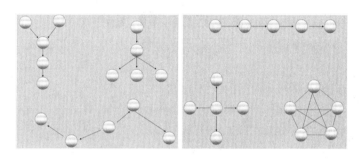

图2-9　各种社会传播网络的形态

社会传播网络的密度也有"疏"和"密"之分。从行政体系架构来说，位于社会管理中心部以及中心周围的范围内，传播网络是比较密集的，例如，以中央行政机关为中心，为了与其他部门和下属机关保持良好的信息交流，它周围的传播网络会比较密集。在组织内部根据部门职能的不同其传播网络也会不同，例如，企业的管理部门和销售部门就比生产部门拥有更密集的传播网络。从地理位置上来说，大型城市的传播网络比中小型城市和乡村的传播网络要雄厚，沿海开放性地域的传播网络比内陆较为封闭地域的传播网络要密集。从社会发展的程度上来说，发达国家由于有公众和市场的信息需求，有先进的通讯技术的支持和保障，也由于社会信息化程度的需要，其社会传播网络会比不发达国家、发展中国家更为密集。

同时，从社会传播网络的"密""疏"问题还可以延伸至社会传播网络的"软""硬"程度问题。社会传播网络的密集点一般都会有一个中心点，这个中心点如果只有一个的话，整个社会传播网络都会被笼罩在这个中心的指令之下，传播网络会因此变得单一、固定和僵化，整个传播网络可能只传播一个观点、一种声音。而占据这个传播中心点的权力拥有者可以轻易通过社会传播网络传达自己的指令，行使自己的权力，实行社会信息控制，这样的只有一个中心的社会传播网络是不符合社会民主化进程的。也就是说，社会传播网络需要有多个、多层次的信息中心点，可以提供多样的意见和声音，平衡社会信息的流量和流向。多个社会传播中心的存在可以丰富社会信息的内容，保证社会信息传播网络的"柔软"。例如，在一个民主社会里，作为社会管理者的政府可以成为社会传播网络的一个中心点，同时，大众传播媒介、其他社会组织或者非政府组织、代表社会公众意见的社会舆论等都应该成为社会传播网络的中心点之一。简单地说，大众传播媒介在报道社会问题时，应该同时报道政府、社会组织、社会公众等多方的意见，而不能只提示一种社会主流的意见。

课 堂 小 互 动

画一个传播网络图

1. 参照"图2-9各种社会传播网络的形态"，请你自己画一个图，展示一下自己日常的信息传播网络状态。
2. 参照"图2-9各种社会传播网络的形态"，请你自己画一个图，展示一下一个网络大V的信息传播网络状态。

七、传播的分类

那么，传播活动又有哪几种类型呢？

首先，传播的分类标准很多。比如，以传播者与受众的距离来分的话，有面对面的直接传播和使用媒介的间接传播；以传播者与受众有没有相互作用来分的话，有双方传播和单方传播；以传播范围的大小来说，有私人传播和公共传播。一般来说，将传播分为人际传播、组织传播、大众传播和网络传播四类的分类方法比较普遍（见表2-2）。

表2-2　传播的分类

分类	传播者	受众	利用的媒介	传播者和受众的相互作用程度
人际传播	个人	个人	语言、动作、电话、纸、笔、网络	高
组织传播	地区、企业、组织、团体	所属成员	地方报、地方杂志、机关报、企业杂志、有线广播、地方电视、有线电视	一般
大众传播	媒介组织	大众	报纸、广播、电视、网络	较低
网络传播	组织、个人	大众	互联网技术、移动携带客户端	高

人际传播是最为原始的传播方式，一般来说是指特定的个人之间，或互相相识的少数人之间的信息交流，在这种个人传播中，信息传播者和信息接收者并不确定，两者不断地对换角色是个人传播的特征。同时，利用电话、纸、笔、网络来帮助传播也是其特征之一。

组织传播与人际传播相比，传播者的身份更确定，面向的受众更多，受众的全员都有一个或一个以上相似的社会身份，其中由于地点（居住地、工作地）而被归属为一类的人比较多，比如，一份地方报纸或地方杂志一般只面向本地区的读者，一份企业通讯只有企业的职工才能看到，一个地方电台、电视台只以将本地新闻告诉本地听众和观众为目的。

大众传播是指专业的媒介组织面向不特定的大众进行的信息传播，比如，向全国发布的报纸，在全国各地有转播网的电台、电视台，都是大众传播的典型媒介。还有面向全球的英特网和利用卫星向全世界同时转播的电视节目，可以说是大众传播里的新型媒介。在这三种传播行为里，大众传播媒介组织里的传播者最具有专业传播知识并拥有较高传播技术设备。

网络媒体是通过互联网技术进行多向信息传播沟通的媒体，其传播速度、范围、信息承载量和影响力都是远远高于上面三种传统的传播方式的。在学术上，网络媒体如大型新闻网站、大型社交媒体平台等由于是网络企业开设、面向所有受众人群，有时也被归于大众传播媒介。但是近年来由于网络媒体技术的不断提升，网络已经是人际传播、组织传播和大众传播三种方式同在的传播方式了，应该被作为一种具有特性的传播方式单列出来。网络媒体与上述三种传统传播方式相比，最大的特点就是传播的互动性高，其由技术支持的传播路径的多元化可以打通群体和个人之间所有的传播渠道，成为信息传播和互动效果最高的媒体。

十分钟小讨论

请你举一个亲身经历过或者知道的传播案例，说明网络传播速度的"快"，并指出该传播案例的具体传播路径。

第二节　媒介传播的社会作用

大众传播媒介与社会体系之间存在怎样的关系？这可以从媒介的传播行为对社会体系产生怎样的作用及其互动方式上表现出来。日本传播学家竹内郁郎认为，大众传播媒介的传播活动对社会的作用主要表现在六个方面①（如图2-10所示）。

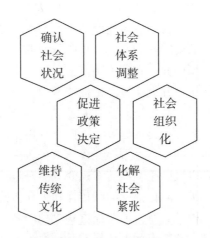

图2-10　竹内郁郎主张的大众传播媒介的六大社会作用

在其《大众传播的社会理论》这本代表作中，竹内郁郎显然比较重视大众传播媒介在维护社会体系方面的作用，例如，对于整体的社会环境的调整和监视作用，对社会各个组成部分的协调和缓和作用，以及通过传播文化来达到的传承社会文明的作用。他的着眼点可以说是社会系统论，比较重视大众传播媒介对社会体系和内部组织的作用。

一、社会体系的调整

社会不是一个单纯的体系，而是由许多大大小小的集团或组织构成的，大的集团里面会包容许多小的集团，就像国家与省市、总公司与子公司一样，这些下属集团自成体系，同时作为上级集团的一员，它和其他下属集团一起构成

---

① 竹内郁郎：《大众传播的社会理论》，东京大学出版社1998年版。参见第三章。

上级集团的体系。也就是说，为了构成一个相对独立的上级集团，众多的下属集团之间要有一种相互关系存在，并且不断发生相互作用。社会也一样，社会成员之间的相互关系的紧密与否关系到一个社会是否会向前发展。在这里，社会体系内部的各个集团、一个集团内部的成员之间的关系调节和维持一般来说都是由传播行为来进行的。而大众传播媒介对社会体系的具体作用可分为五个方面（如图2－11所示）。

第一，提示重要性。当社会体系内部出现某种变化，或发生某种事件的时候，媒介的报道会把最重要的信息传播给社会成员，告诉他们事件的性质和目前他们所处的状况，给与他们相对正确的认识。

第二，提示解决方法。媒介会在危急时刻提醒社会成员紧急对策，介绍专家的意见，帮助社会成员制定解决危机和问题的方法。

第三，进行内部动员。为了调节社会成员之间的关系，使之共同应对社会变化或突如其来的危机，媒介的传播活动提醒各个社会成员自己的社会职责，动员他们相互调节，相互帮助。

第四，舒缓社会成员的紧张情绪。媒介传播的信赖性和娱乐性会给与处于紧张状态的社会成员一定程度的休息，防止社会体系的僵硬化。

第五，维护社会体系。媒介传播的内容一般都基于特定社会的基本规则，对违反社会准则的人和事进行批评、制裁，同时还会张扬社会的道德、法律和纪律，使社会得以平稳地发展。

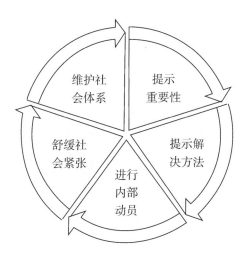

图2－11 大众传播媒介对社会体系调整的具体作用

二、确认社会状况

一个社会集团的成员要想在集团内部生存下去,就得不断了解自己周围的情况,对自己所处的环境有个比较正确的判断。同样,这个集团要生存,也得知道其他社会集团的情况,对地区、全国甚至全球的情况都得有个把握。而媒介日复一日提供的信息正好可以帮助各个阶层的社会成员对自己周围,或远离自己的外部世界有一个大致的认识和判断。特别是在战争、灾害、疾病、事故或无法定义的危急时刻,人不知道外界的状况,或无法确认自己周围的情况就会陷入紧张、不安,判断错误和精神崩溃,少部分人的不安和非正常行动往往会对整个社会产生大的影响,严重的话还会形成社会暴动。所以说,媒介的报道一方面可以稳定社会,另一方面,隐瞒事实或错误的报道也会动摇社会。

如果你是一个微信群群主

1. 如果你是一个微信群的群主,请分析一下群主在日常管理微信群的过程中发挥了哪些作用?
2. 你认为微信群的群主在群管理方面应该承担哪些社会责任?

三、促进政策决定

一个国家、一个地区或者一个社会团体,为了生存下去,都得不停地将自己的状态调整到最佳状况,人们为达到最佳状况而制定方法、树立计划的过程可称为政策决定的过程。制定政策是每个社会集团最为重要的活动之一,比如说,国家有五年经济计划,省市有环保计划,公司有财政计划,个人有自己的学习工作计划。在制定政策的过程中,媒介的信息传播有两个作用。一是媒介的信息传播为社会集团提供了极为重要的参考,它可以帮助社会集团了解周围的情况,获取最新的资料。二是把下属集团成员的意见上达领导阶层,把上层集团的决策下达给下属集团。一般说来,上级领导阶层在制定决策时如果无视下级成员的意见,很可能会导致不满、涣散或内部分裂,决策不为下级成员理解也无法实行。所以说,一个社会集团内部的上通下达,意见沟通非常重要。同样,一个社会中信息畅通,政策决定者了解民意,大众懂得国情,才可算是一个健康的社会。也就是说,我们应该期待传播媒介更好地传达民意，反映舆论。

四、促成社会的组织化

社会体系是由数不胜数的大小各异的社会集团组成的。以国家为例，下面有省、市、县、乡镇、村；以企业为例，有部、处、科、组。要为了同一目标协调起来统一行动，单单上情下达，传达指令是不行的，必须对各个层次的负责人详细讲明计划，做好必要的准备，调节和其他各部门的关系。这时，大众媒介也好，企业内部的自营媒介也好，通过传播信息来沟通上下里外是很重要的。比如说，利用媒介对人们进行宣传、鼓励互相协作，或者发放印刷品、说明书，张贴海报，在媒介上做广告，进行公关活动。媒介的传播活动能使社会体系上下沟通，上下一致，统一步骤。

五、化解社会成员的紧张

社会集团为了达到某个目标，上下调节共同行动是必须的，但是，集团内部也会因此产生各种摩擦和紧张。对于社会集团来说，需要一种工作与休息、紧张与松弛的调节。也就是说，娱乐活动是很重要的。利用媒介来传播娱乐信息是很多社会集团提高工作质量和数量的途径之一。不但是社会集团，以地区为范围的娱乐活动、节日庆贺、民俗活动、文艺表演、旅游节、展销会等都可以说是一种传播活动。这种娱乐信息的传播活动使人们比较均等地得到，或享用了文化信息，也使某些高级文化平民化，解除或者缓解了由于社会阶层差异而引起的摩擦。

六、维持传统和文化

现实社会里的个人和集团是基于对某种行动准则和价值观的共同认识而建立起相互合作的关系的。没有这种对行动准则和价值观的共同认识，社会、集团都会面临解体。而行动准则和价值观一般来源于社会文化。媒介的传播行为就有维持社会文化的作用。文化维持有两个方面，即继承与批判。媒介在传播信息的时候，将违反社会道德和准则的人和事诉诸公众，给人们树立对照或警戒的例子。同时，在信息中通过赞扬某种行为和观念来肯定一种文化意识。反过来，由于大众媒介的普及、媒介的内容深入人们的日常生活，而且人们对大众媒介有很高的信赖感，维持社会文化的任务也只有藉着媒介的传播活动来实施了。

关于大众媒介的六方面的作用要明确以下两点：第一，这几个作用不是互相独立、互不干涉的，而是密切联系、相互关联的，彼此之间也会存在互补作用。环境监视告知社会成员社会环境的变化和面临的危机,社会成员之间会统一认识更加团结,这也间接地促成了社会组织化作用的发挥;而政策决定在新的政策形成时如果能达成下情上达和上令下传,就会保证社会组织之间信息流畅、沟通畅顺,社会组织之间的合作和协调就会更好,社会成员对新政策就会有较好的理解,从而减轻个人的焦虑和紧张。第二,这些作用有可能会同时兼在。比如说,揭露贪官的新闻,既有维护法律、巩固社会规范的作用,也有提示周围状况的作用。娱乐新闻既有缓和紧张的作用,同时也传播了社会文化。

———课 堂 小 互 动———

你需要怎样的媒介?

1. 请你说明一下你使用最多的信息接受媒介是什么?你为什么较多地使用该媒介?它满足了你怎样的信息需求?
2. 分组讨论:全班分成若干个小组,各组举出一个最近发生的新闻案例,说明新闻中的信息给社会或者人们带来了怎样的影响,以及为什么这条新闻会引发社会关注。

第三节 传播的基本模式

综上所述,传播是人与人之间的一种基本的社会行为,也是人类集体和组织之间的基本行为之一。那么,这种人类的基本行为有没有什么规律可循呢?下面我们介绍几种主要的媒介传播模式。

一、申农的传播模式

传播学家申农和韦伯在20世纪40年代,基于电话的信息传播方式描绘了一种传播模式。这种模式是这样的:打电话者(即信息源)选择一种信息,这种信息通过电话(即媒介)被转换成某种信号,通过电话线(渠道)将这种信号传往接电话者的电话机,电话机再次将电话信号转为信息,使接电话者可以接受。同时,在信息传播的过程中,还有一种阻碍信息传播、降低信息清晰度的破坏因素存在着,这就是杂音(如图2-12所示)。

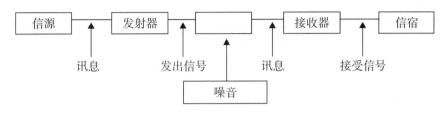

图 2-12　申农的传播模式

申农的传播模式指出了传播过程中的几个基本要素，即信息源、信息、传播媒介和受众，这是基于通讯工程学的原理而导出的模式。现在看来这个模式是单程的，只有一个方向，不能体现传播的多向性和循环性，但是它在指明传播过程的基本途径和要素这一点上，为后来的模式导出奠定了基础。另外，这个模式还指明了一个其他模式不具备的要素，这就是噪音。它告诉我们，在传播的过程中会存在阻碍传播活动的各种要素，如两个人在大街上谈话时周围的声音。对阻碍传播的因素的关注其实非常重要，要达到好的传播效果，可以通过加强传播力度、改善传播方式等各种手段来回避或者对抗噪音。

二、拉斯维尔的模式

20世纪60年代初，另一位传播学者拉斯维尔[①]在申农的基础上导出了一种新的传播过程模式。拉斯维尔继承了申农的信息源、信息、传播媒介和受众这几个概念，又提出了一个媒介效果的概念，这个概念将人们的注意力转到媒介的社会效果上来，导致了后来媒介效果论研究的扩大和成果的丰收。

1948年，拉斯维尔发表了《社会传播的结构与功能》一文。这篇论文成为早期传播学研究的经典成果之一，其重要意义主要体现在两个方面：一是从内部结构上分析了传播过程中的诸要素；二是从外部功能上概括了传播活动的

---

① 拉斯维尔是现代传播学奠基人之一，他在传播学领域做出了许多贡献，例如，他提出了5W传播模式，指出了大众传播三功能，还开创了内容分析法，发明了定性和定量测度传播信息的方法论；他关于政治宣传和战时宣传的研究则代表着一种重要的早期传播学类型；他将弗洛伊德的精神分析理论引入到美国社会科学，并使其与政治分析相结合，从而在社会层面上运用了个体内部的弗氏理论；他还帮助创办了政策学。因此，虽然拉斯维尔并不认为自己是一位传播学学者，但在今天的传播学研究领域中，拉斯维尔的思想和作品对后来的研究者影响巨大。他的许多开创性的工作奠定了传播学研究的基本范围和层面。

社会作用。在这篇文章中，拉斯韦尔明确提出了传播过程及其五个基本构成要素，即：谁（who）、说什么（what）、对谁（whom）说、通过什么渠道（what channel）、取得什么效果（what effect），这就是著名的拉斯维尔5W模式（如图2－13所示）。这个模式简明而清晰，可谓传播过程模式中的经典，这个模式还为传播学或媒介学研究提供了基本的领域划分。

图2－13　拉斯维尔的模式

按照拉斯维尔的模式，传播学研究大致可分为五个部分，即传播者研究、传播内容研究、传播媒介研究、受众研究和传播效果研究。特别是传播效果研究，注目于媒介与社会的相互关系，为后来的研究者测定和评估媒介的传播实力提供了研究方向。

拉斯维尔的这个模式在传播途径上和申农的模式差不多，同样只是提示了一个单程的、只有一个方向的传播过程。这个模式来源于他对第二次世界大战中媒介的战争宣传的巨大影响力的认识，那时由于各国的主流媒介都鼓吹战争，在以爱国的名义激起人们参战上效果颇为显著。因此，拉斯维尔的模式将重心放在以传播者为主要变数、以受众为次要变数这样一个关系上，即是说，在传播过程中，传播者是决定性的，受众是被决定的，传播者传什么，受众就接受什么。他的这个模式提出于20世纪40年代，从那个时代的特征来看，他把传播活动看成是由传播者主导的、将信息直接传给受众的简单过程，是有其特殊意义的。

上述申农和拉斯维尔的模式都把传播过程中的传播者和受众放在同一个水平线上，这样看来，在传播过程中，传播者与受众应该是平等的，你认为传播者与受众是平等的吗？如果你认为他们不平等，请举出理由。

教师上课为什么要站在讲台上？大会的主席台为什么一般都高于观众席？

从传播的物理效果来看，传播者的位置如果比较高的话是利于传播的。这就有了传播者与受众在物理意义上的不平等。

除此之外,传播者与受众在信息接触上也是不平等的,前者由于职业关系,在时间上、信息量上、信息深度上都比后者有优势。另外,传播者与受众在传播的高度上也不平等,信息的传播犹如流水,一般是从信息高地流向信息低地的。所谓信息高地是指信息大量生成和聚集的地方,例如,世界各国的首都、各大城市、信息工业的聚集地、政治信息、经济信息和文化信息的生成地等都是信息高地。传播者的社会地位一般相对来说都是信息聚集的地方。最后,传播者和受众在信息的接受方式上也不平等,前者是主动传播信息,后者是被动接受信息。但是这种情况在现代信息社会也有例外,例如,近年来发生的多个由网络受众首先树立的传播议题后来被报纸和电视媒体追踪报道的案例都能说明这一点,如江歌案、疫苗事件等。

三、施拉姆的循环模式

传播学家施拉姆[①]在1954年提出了一个主张传播是传播者和接受者之间不断循环相互作用的过程的模式(如图2-14所示)。他的模式把传播者看成是一个圆,有"编码""解读""解码"三个部分,信息接受者也是一个圆,也有相同的内容但是秩序不同。传播者和接受者通过"信息"相互连接、相互作用,这种过程循环往复。而施拉姆设置了"编码""解读""解码"三个部分也是有其深意。以一个信息接受者为例,当他读到一则新闻时是"解码",即通过阅读文字和图片获得外部信息,而"解读"则是读者根据自己的知识和经验对获得信息的进一步理解和思考。如果他想把自己的思考结果告知他人,他则需要把思考结果编译成对方能接受的符号来传递,这就是"编码"了。

同时,这一模式也突出了信息传播过程的循环性,即信息会引起反馈,并

---

① 威尔伯·施拉姆(Wilbur Lang Schramm,1907—1987)是传播学科的集大成者和创始人,被称为"传播学之父"。他建立了第一个大学的传播学研究机构,编撰了第一本传播学教科书,授予了第一个传播学博士学位,也是世界上第一个具有传播学教授头衔的人。施拉姆对传播学的巨大贡献在于他把美国的新闻学与社会学、心理学、政治学等其他学科综合起来进行研究,在前人传播研究的基础上,归纳、总结、修正并使之系统化、结构化,从而创立了传播学。他创立传播学的标志是1949年由他编撰的第一本权威性的传播学著作——《大众传播学》的出版。这本书收录了政治学家、心理学家、社会学家、语言学家以及许多其他学科的专家对传播学的研究成果。施拉姆当时还仅限于挖掘前人和他人的传播研究成果,并加以整理,使之系统化。(资料来源:http://baike.baidu.com/view/716823.htm)

为传播者和接受者双方所共享。这就打破了传统的直线单向模式一统天下的局面。另外,这个模式对以前单向直线模式的一个突破在于更强调传受双方在发送、接收信息时的信息转化、消化过程。但也有人指出,这个模式适用于人际传播,不适用于大众传播,因为大众传播中传受双方平等的情况在现实中很难出现,同时还缺乏对社会环境影响因素的考虑。

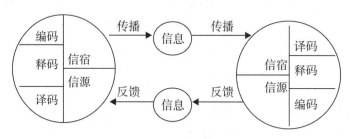

图 2-14 施拉姆的传播模式①

四、竹内郁郎的模式

日本传播学家竹内郁郎针对社会系统中的传播活动绘制了传播模式图。他比较重视传播者和受众之间的相互作用,而不是将传播过程僵硬地视为传播者对受众的强硬灌输。他认为,受众是具有选择能力的主体,对接收到的信息不是盲目地全盘照收,而是有选择地接受。并且,受众对信息的反应也会对传播者产生反作用,这就是所谓的回馈(feedback)。

一般来说,回馈是指回馈传播者与受众之间的信息回流。首先,传播者将信息传播给受众,如果这个信息在受众中引起反响,就说明这个信息是受众比较关心的,这次传播是成功的。密切注视受众反映的传播者得到这个消息后,就会在以后的传播中有意多传达这方面的信息,这就是受众对传播者的影响。

同时,回馈不但是传播者与受众之间的事,不论是传播者还是受众,作为一个个人,都有可能进行自我回馈。自我回馈是指一个人发出去的信息不但传给了他人,同时对自己来说也是一次接受信息的过程。即是说,一方面向他人传播了信息,一方面自己对这个信息也进行了再思考。反馈的类型可以分为四种(见表 2-4)。

---

① 改编自 W. Schramm, How Communication Works, in W. Schramm (ed.), *The Process and Effects of Mass Communication*, Univ. of Illinois Press, 1954, p. 3.

表2-4 反馈的类型

类型	特　点
正反馈	反馈信息与传播信息基本一致
负反馈	反馈信息与传播信息有偏差
自我反馈	传播者在输出信息过程中产生的自身心理反应，也可以是组织内部人员的信息反应
外部反馈	受传者对接收信息的理解与反映

竹内郁郎认为，如果把传播看成是一个动态的模型的话，人们是在通过自身的活动接近这个模型，同时又有各种各样的力量阻止或促进人们的活动，而这一切的最终结果才是传播。即是说，传播是一个复杂的多因素同时相互作用的过程。而他对传播模式最为重要的理解有两个：一是一般的学者为了提出简单明了易于理解的模式图，都把传播模式图画成一个封闭的图式，而在社会现实中，传播应该是开放式的，因为社会中的个人，不但从他的传播对手，而且会从社会环境里接受各种各样的信息。二是传播模式中的行为主体不仅仅是个人，同时也可能是多人团体、组织、集团、民族或国家。

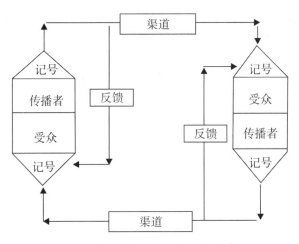

图2-15 竹内郁郎的传播模式①

---

① 改编自竹内郁郎《大众传播的社会理论》（日语版），东京大学出版社1996年版，第12页。

你遇到过的"负反馈"

就上面的正反馈、负反馈、自我反馈和外部反馈，各举一个你亲身经历过的例子来说明一下。

五、拉里夫妇的传播模式

拉里夫妇的传播模式也是在拉斯维尔的模式上得到了启发，其主要目的是为分析媒介的传播过程提供一个有用的道具。这个模式注重人与人以及社会集团之间的关系，它先将传播者和受众分别划入各自的领域，再考虑它们的传播方式（如图2-16所示）。对这个传播模式可以有以下的说明。

（1）传播者与受众相互依存，他们的关系不是由传播者到受众这样的单方面的关系。

（2）多数的传播者与受众之间的关系都从属于他们各自所属的社会集团。由于社会集团的存在，传播活动变得间接而又复杂，所以说，传播内容是由传播者集团的传播者向受众集团的接收者流动的。

（3）无论是传播者还是受众，在社会体系里都有自己明确的地位，因此传播者自身也会被各种社会因素所影响，而且，传播者和受众在同一社会体系里也会相互影响。由此可见，传播行为与其说是无规则的，不如说反映了一个特定社会中一个集团与另一个集团之间的相互关系。

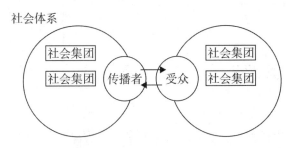

图2-16 拉里夫妇的传播模式

综上所述，我们从申农的传播模式到拉里夫妇的传播模式，看到了这样一个发展趋势：最初，人们认为传播是信息传播者和信息接收者两个当事人之间的行为；后来，信息的社会效果和人的自我回馈也被考虑进来；接着，传播者和受众所属的社会集团、社会体系也与传播活动有关的观点也形成了。传播模式的变化说明了传播学者问题意识上的变化，这就是说，传播不是脱离社会的行为；恰恰相反，传播是发生在社会体系里，与各种社会关系密切相连的社会行为。

同时，我们也应该认识到，传播模式不过是我们认识分析传播现象的一个角度、一种工具，不同学者提出不同的传播模式一般来说都是基于他对特定的传播问题或者传播现象的关注和思考，因此不能说那个模式就是最为科学的。每个模式都反映了社会传播活动的一种状态，这种模式并不能概括所有的传播现象，只能帮助我们认识传播活动的某个方面。同时，社会是不断发展的，人类的传播活动也随着人们的信息需求和传播媒介的变化而变化，因此，所有的传播模式不管当时有怎样的代表性和影响力，都不能说是永远正确的，也不应该是传播学的研究者和学习者生搬硬套或死记硬背的，而应该结合当时的社会传播的背景和特点，理解这些模式所关注的传播活动的实质，从而更好地分析、解读目前的传播现象。

十分钟小讨论：911事件发生后

2001年美国发生911事件，恐怖组织炸毁世贸大厦，令几千人丧生。世界各地的人们都深感震惊和悲伤的同时，中东某地也有人上街庆祝胜利。你能解释这种情况为什么会发生吗？

第四节　信息环境与虚拟现实

下面我们再来看看作为信息消费者的个人与传播媒介和社会三者之间的关系。应该说，每个人都有自己的信息环境。每个人都在不断地接受各种各样的信息，同时也向周围的人传播各种各样的信息，这种个人的信息行为和信息状况构成的物理的环境就是他的信息环境。

一、直接的信息环境与间接的信息环境

信息环境狭义上讲是一种通过信息而在大脑里形成的主观的环境,是人与信息相互作用而构成的。而广义上,信息环境还包括个人亲身经历过的环境。即是说,信息环境由两部分组成,一是个人亲身体验过的直接的环境,二是通过媒介认识到的间接的环境。人们的信息环境一般都由这两部分组成。

直接的信息环境是指人们通过亲眼所见、亲耳所闻、亲身经历而获得信息的环境,例如,一个土生土长的北京人对于有关北京的信息,特别是自己生活区域的相关信息有着较高的兴趣、较多的拥有量、较高的判断能力和分析能力,能对这些信息有较好的理解能力。而间接的信息环境则是指人们不能通过自身的体验而获得感知的信息,如有关宇宙、未去过的国家、不了解的民族和他们的语言文化等信息,这些如果要靠我们自己的亲身经历去获得恐怕是不可能的,所以一般来说我们都是通过大众媒介的信息传播来获取这些信息的。对于这些信息,由于没有亲身经验或者相关的学习,人们的判断分析能力比较弱。一个人获得信息的状况一般是与他的直接的信息环境和间接的信息环境密切关联的。

现代社会大众传媒事业不断发达,各种信息传播技术普及到社会各个角落,古人谓要了解社会必须"读万卷书,走万里路",现在的人们不用"走万里路"就可以轻松地了解到自己难以亲身经历的各个领域和地域的事物了。大众传播媒介的技术简单地提供了各种各样的信息,人们在信息获得行为上越来越依赖通过媒介获得信息,而不是通过自己亲身的体验来获得信息,因为前者有着明显的优势,如传播的快速、信息的广泛和海量、成本低廉等。也就是说,现代人的信息环境中,通过间接的信息环境获得信息的比例越来越高,大众传播媒介成为人们了解外部世界的主要通道。

二、媒介的选择性

每个人都有信息需求,这种需求源于一个社会成员在复杂的社会中的生存需要。但是,很多人们需要的信息不是他们通过自身体验可以得到的,这些信息或者离他们太远,超出了他们的活动、经验范围,或者是人们不可能涉足的领域。这时,通过专业的信息收集发布媒介来获得信息就是人们最为普遍的选择了。现代的传播媒介成为人们了解、获知社会信息的主要渠道,同时,媒介传播的信息也对人们认识外部世界有一定的影响。对于媒介的信息如何影响受众,或者说媒介的信息在人们的社会认知和行为上造成了怎样的后果,早期的社会学家和传播学家有如下两种相对立的看法。

一种为"媒介如窗"或者"媒介如镜"。这个观点认为,媒介是人们观察外部世界的窗口,这个窗口直接地、没有遮拦地展示了外部世界。或者说,媒介如一面镜子,真实直接地回映了人们所无法亲身体验的社会面貌。这个观点无疑是基于新闻传播活动的基本原则而形成的;新闻传播活动是在真实、客观、中立的基础上展开的,所有新闻工作者都必须遵守这个基本原则。一般说来,人们也是在默认新闻工作者遵守这项准则的基础上把自己的信任感托付给传播媒介的,他们相信媒体信息的真实性和客观性。

但是,人们可能同时忽视了新闻传播工作的另外两个特点。一个是信息选择。由于媒介信息负荷的有限,即使是目前号称"信息的海洋"的互联网媒介也是无法承载世界上所有发生的信息的。媒介负荷空间的有限导致新闻工作必须设置"信息选择"这个把关程序,例如,从当天发生的所有新闻中挑出最重要的、最为受众所关注的新闻,而其他小信息则不被登载。媒介选择信息的标准很多,如新闻价值、受众需求、公共利益、媒介立场等,还有很多潜在的选择标准。这就引出了很多社会学家所指出的一个事实——媒介对外部世界的报道是一种选择性信息发布,而不是对外部世界的笔直的全面描绘。

同时,新闻传播工作还有另外一个特点,这就是媒介信息发布的选择性既表现在内容上,也表现在形式上。内容上的选择标准如上述的新闻价值、市场需求等,而形式上的选择则是对信息发布形式的轻重设置。例如,一条新闻可以被放到头版头条,附上大幅图片,还有相关的背景信息和评论,新闻文本较长,标题字号较大;也可以被删减字数,放到报纸不起眼的版面。前者会引起读者的关注和仔细阅读,后者很可能被忽略。这种通过发布形式来增加或削减读者对其重要性判断的做法也是一种媒介拥有的选择权。

如上,我们可以认为"媒介如窗"或者"媒介如镜"的观点是过分乐观了。另一种对立的看法是,客观条件和主观需要使媒介的传播活动从一开始就是一种有选择的信息发布活动,媒介组织在信息选择上有一定的自由裁量权。如果说"媒介如镜",那么这面镜子可能如相机上的镜头,有时会放大一个场景,有时会缩小一个画面;如果说"媒介如窗",那么这个窗口的朝向、窗口的大小可能会是特定的,你只能通过窗口看到事物的一面,而看不到事物的另一面。

媒介在信息发布时的选择性可以表现在多个方面,主要是在内容上。以媒介上的犯罪报道来说,有一项研究表明,按照官方的统计,在西方国家发生的主要犯罪方式是财产犯罪,如绑架或者抢劫约占95%。但是,当地媒介更愿意报道攻击性犯罪,如在街道上发生的人际暴力事件。尽管这些案件的发生几率和影响范围都比较小，但是媒介愿意持续报道，还出现了大报报道后小报跟风报道的现象。研究者认为媒介在犯罪报道的内容选择上是有特定的偏好的①。而在更多的有关政治报道中，由于媒介组织特定的政治倾向，其报道内容和主题上具有的倾向就更加明显了。

综上所述，日复一日地给人们提供信息的传播媒介在报道有关外部世界的信息时并不是"如窗如镜"的，而是有选择地进行信息发布的。媒介的这种对信息的选择性发布正是媒介的影响力所在，正如塞伦所述：

> 传媒的力量源泉来自于选择性地告诉我们世界的情况。它告诉我们一些事情和事件，而不是别的东西。这样，它控制那些传媒受众能够得到的信息，从而潜移默化地形成或限制受众的社会知识，构建他们生活世界的影像②。

传播学界颇为著名的议题设置理论（Agenda-setting Theory）主张的也是一种源于媒介选择行为的影响力。这个理论认为，某条信息如果被大众媒介所强调，那么它在受众的认知过程中也相对会被重视。理论的提起者马科姆斯和肖认为，受众一般来说是根据大众传播媒介的报道来判断世间事物的重要性的。也就是说，大众传播媒介在报道中设定各种议题的重要性，使受众认识到社会环境中的各项事务的大小轻重，同时根据这种重要性来把握对社会的认识。媒介传播活动中具有的这种选择性对通过媒介信息来认识社会的人来说是非常重要的，这种现象很早就被一些学者所关注，如著名的传播学家李普曼。

李普曼认为，人们对自己不能直接看到感觉到的外部世界，首先是在自己的头脑中为其勾画一副图像，用这幅图像指导自己的行动。这幅图像被李普曼称为"虚拟现实（pseudo-environment）"。人们用以勾画自己头脑中虚拟现实的材料，不用说多是取之于大众传播媒体的报道的。李普曼认为，媒体通过向人们提供新闻信息，为人们定义外部世界的状况而积极地参与了人们头脑中图像的构成，所以说，在人们形成对外部世界的认知过程中，媒体的作用不容忽视。

---

① R. Reiner, Media Made Criminality, in M. Maguire and R. Reiner (eds), *The Oxford Handbook of Criminology*, Oxford University Press, 1997, pp. 189–231.

② 塞伦·麦克莱：《传媒社会学》，曾静平译，中国传媒大学出版社2005年版，第14页。

你会依赖手机吗？

你会依赖手机吗？想象一下如果暂时没收你的手机，十分钟后你感觉如何？一个小时后你会感觉如何？如果让你一天不用手机，你会如何？为什么会这样？用亲身感受和体验来分析一下人们对手机媒体的依赖性。

三、媒介建构的虚拟现实

最早从虚拟现实的角度观察大众传播媒介对社会的影响的学者是李普曼。在他的《公众舆论》和《自由与新闻》等著作中，他对新闻的性质及其选择过程进行了深刻的分析，提出"虚拟现实"一词并做出解释。一般来说，人们必须根据对环境的认识和判断来调节自己的环境适应行为。在传统社会里，由于人们活动的环境狭小，人们与周围事物保持着的经验性接触，都是依据自身的体验而得出对社会的认识和判断，根据是第一手材料。而现代社会越来越巨大化和复杂化，人们由于自身的活动范围、时间、精力和注意力有限，不可能对与他们有关的整个外部环境和众多的事情都保持经验性接触，对超出自己亲身感知以外的事物，人们只能通过各种"新闻供给机构"去了解认知。这样，人的行为已经不再是对客观环境及其变化的反应，而成了对新闻机构提示的某种"虚拟现实"的反应。也就是说，人们的认识和判断（头脑中关于外部世界的图像）已不再是对客观环境的直接反映，而成了对传媒提示的某种"虚拟现实"的反映。

但是，"虚拟现实"并不是现实环境的"镜子"式的再现，而是传播媒介通过对象征性事件或信息进行选择和加工、重新加以结构化之后向人们提示的环境。然而，由于这种加工、选择和结构化活动是在一般人看不见的地方（媒介内部）进行的，所以，通常人们意识不到这一点，而往往把"虚拟现实"作为客观环境本身来看待。也就是说，虚拟现实是传播媒介通过新闻和信息的选择、加工和报道活动来形成的，而传播媒介大多具有特定的倾向性，因而虚拟现实并不是客观环境的再现，只是一种"象征性的环境"。

人们经常会认为大众传播媒介具有改变社会、推动社会的力量，也正是因为大众传播媒介是"虚拟现实"的主要营造者。可以说，大众传播媒介通过日复一日的信息传播促使人们在自己的头脑中想象了一个"外部世界"，虽然这些想象有可能与我们经历的外部世界完全不同，但是这些想象直接关系到人们对外在世界的认识。大众传播媒介就是现实世界的某个事件和我们头脑中对这个事件的想象之间的主要连接物。虚拟现实这个观点不仅指出了大众传播媒介的巨大社会影响，而且揭示了现代信息环境具有"真实"和"虚拟"的双重性。

四、虚拟现实的扩张

如上所述，信息环境是由个人或群体接触可能的信息及其传播活动的总体的构成环境。在过去的年代里，形成信息环境的传播渠道是多样的，包括人际的、组织的、群体的等等，这些渠道的作用可能旗鼓相当。但是在现代社会，大众传播媒介是信息环境的主要营造者。信息环境可以说一是由人们周围的客观环境，二是由大众传播的新闻报道和信息传播活动提示的"虚拟现实"来构成的。

情 景 教 学 方 案

- 情景教学名称：媒体上的流行色
- 教学目的：理解媒体制造的"虚拟现实"
- 教学步骤：

1. 介绍背景：报纸、电视和杂志上经常报道时尚领域里每年的"流行色"，如天空蓝、高级灰、玫瑰粉等，这本来是时尚专家的推测或者是国际流行协会的指定，但是由于这种信息是通过传播媒介广泛报道出来的，许多人便认为这是现实中的时代潮流而纷纷效仿，很多时尚企业也用"流行色"作为产品的颜色进行市场营销，表明自己的产品是最时尚的。于是预言中的"流行色"也就变成了现实的流行色。
2. 陈述：请学生也举一个例子说明什么是"虚拟现实"。
3. 互动：通过案例陈述和分析，讨论一下在现代社会中，大众媒介营造的虚拟现实为什么会在现实环境中成为现实，虚拟现实又是如何影响或者引导着人们在生活方式和价值观层面的变化的。

在李普曼提出"虚拟现实"的概念之后，日本学者藤竹晓在1968年提出了"虚拟现实的扩张"的这个问题。他认为大众传媒提示的是由信息勾画出来的"虚拟现实"，它们并不是客观世界的原有状态，可能是客观世界的一个侧面，或者是一时的状态，而并非全面的，应该说是与客观环境有着或大或小的差异的。但是,由于现代社会中人们在很大程度上依赖媒介提供的信息来判断周围环境的变化,并采取与变化的环境相适应的行动,这些行动的结果反映在现实环境中,就使得现实环境越来越带有了"虚拟现实"的特点,以至于人们也很难判断哪个是真实的环境,哪个是虚拟的环境。

如果把个人亲身体验过的直接的环境看成是"现实环境",把通过媒介认识到的间接环境看成是"虚拟环境"的话,就可以发现,现代信息环境具有这样一个特点——虚拟现实的扩张。

虚拟现实的扩张是指由媒介报道信息构成的虚拟现实在人们认识外部世界的过程中占有越来越大的比例,起了越来越大的作用。在现代社会里,由于传播媒介无处不在,新闻事业蓬勃发展,人们时时刻刻都被淹没在信息的海洋里。渐渐地,人们接触到的来自虚拟环境的信息比通过自己体验获得的现实环境的信息要多得多。而且,由于迅速、方便,人们对来自媒介的信息更为依赖,对媒介的专业素质和重要信息源也比较信赖,于是在人们脑海里构筑外部世界的图景时更多地使用的是媒介的信息,而不是通过自己的眼睛看到、听到和触摸到的世界了。

十分钟小讨论:媒体上的新闻为什么会雷同

美国有三大电视新闻网,彼此之间竞争激烈,但是ABC的记者萨姆·唐纳森却说:"CBS、NBC、ABC……反正都一样。"他指出,美国媒体的报道内容趋于类似,电视新闻尤其如此,各电视网播出的新闻不仅内容雷同,画面相似,甚至播出次序也相同。在晚间新闻时间,有91%的可能性至少有两家电视台报道的主要新闻雷同。根据一项在两家芝加哥报纸和六家晚间电视新闻节目的调查,这几家新闻机构都报道了同一个题材的新闻,新闻题材的重复率很高。全国电视网注重联邦政府新闻和国际新闻,对体育新闻则不大重视。报纸将更多的版面报道非政治性的新闻。事实上,有一半以上的版面刊登非政治性新闻。虽然刊登的版面比较不同,但所有报道的新闻题材却非常一致。

思考一下,为什么不同的新闻媒体间的内容会出现类似或者雷同的现象?

虚拟现实之所以会环境化,具体归结一下可以有这样几个原因。
(1)媒介不间断地向人们提供周围环境的信息;

(2) 媒介将相同的环境的信息向社会的所有人传达；
(3) 媒介传播活动的不间断性使人们习惯了接受媒介的信息；
(4) 基于对新闻媒介的信赖，人们一般不会怀疑媒介信息的准确度。

人们对媒介信息传播活动的依赖也许很难被察觉，但是有这样一个例子：1962年，纽约的9家媒体员工为抗议薪酬太低而联合举行为期一天的罢工，这天由于所有的报纸媒体都罢工了，所以全城买不到一份报纸。你可以猜想一下纽约人为此做出了怎样的举动？很多人驱车几十公里到最近的一个城市里去买一份报纸！为什么？人们难道不能忍受没有报纸的一天吗？事实上正是如此。长期以来的阅读习惯使人们把定时接受信息视为一个固定的生活动作，没有完成这个动作就无法结束自己的一天。同样，在电脑个人化的今天，电脑这个传播媒介越来越介入到我们的日常生活中来了，人们对电脑的依赖程度很多人都有同感——如果电脑坏了或者停电，我们几乎所有的工作都无法进行了！

出于这种依赖感和其他各种主客观原因，现代社会的人们在认识外部世界时越来越依赖于媒介构筑的虚拟现实了。也就是说，媒介信息构筑的虚拟现实对人们的认知形成影响越来越大，人们甚至分不清什么是真实的现实，什么是媒介构筑的虚拟现实了。

新闻主播是否会带来"虚拟环境"

美国三大商业电视网的新闻主持人往往是电视台的"面孔"，与其他一些商业电视台的新闻主持人不同，三大电视网的主持人往往长达几十年不换面孔。例如，CBS的新闻主持人拉瑟担任主持29年。可以这样想象，一个美国少年如果从高中时开始看拉瑟的新闻主播，那么，在他成长为40多岁的社会中坚的过程中，拉瑟主播的新闻通过拉瑟的声音、语调、动作、形象乃至观点、角度对他产生的影响是不可忽视的。你认为这也是一种"虚拟环境"扩张的一种表现吗？同时，人们每天必看的新闻联播类节目是否也会形成这样的"虚拟环境"呢？

在人与人的交往过程中也会有这样一种现象：由于一个人不能独立于社会，他与周围的人、人群、组织、团体等有着千丝万缕的联系，他与周围的人在很多时候共有相似或相同的信息活动和信息环境，例如，同龄人都会去类似的学校接受类似的教育，都通过相同的传播媒介去认识世界，接受类似的信息。自然而然，人们的信息环境，不管是狭义的还是广义的，都变得相似起来。一个人的信息环境和社会其他成员的信息环境有很多共同的地方,这就是为什么我们和周围的其他人经常看到相同的社会风景的原因。由于近现代社会里人们生活环境的特点,一个人与自己周围的其他人拥有类似或者相同的信息环境、采用类似或相同的信息获取行为的倾向越来越强,这被称为"信息环境的共有",也是虚拟现实的扩张的一个侧面。

一般来说,由媒介信息描绘的世界应该是基于新闻事业的基本准则——即正确、迅速、重要、新鲜而形成的,是值得信赖的。可是随着媒介的商业化,片面追求发行量而无视新闻准则的媒介越来越多,同时,媒介的信息制作要通过多种加工程序,信息在各种加工程序中未免会出现不同程度的失真。还有一些人为的因素,例如,外界情况变化太快、传播组织对传播速度有更高的要求导致确认不足的信息失误,或者说记者特定的眼光导致的信息偏差。所以说,通过媒介看到的世界应该说并不是真实的世界样态,与真实的世界是有差距的。

这就是为什么有人强调,越是在媒介信息唾手可得的时代里,人们越是要用分析批评的眼光去看待媒介的原因。

十分钟小讨论

你玩过网络游戏或者手机游戏吧?请以亲身经历和感受说明分析一下游戏中的"虚拟环境"给你带来怎样的体验。

五、象征的现实

人、媒介和社会现实的关系,还可以从以下三个方面进行分析。即是说,人们对现实社会有三种描绘方法(如图2-17所示)。这就是:

(1)客观的现实:客观的现实是指人们用亲身体验直接感受到的事物和在社会里发生的各种各样的事情。

(2)主观的现实:是指人们通过周围的信息而在自己的大脑里形成的对外界的认识,是人们自己描绘的现实。

(3)象征的现实:是指人们通过媒介的描述而认识的现实。即是所谓的疑似环境。

一般来说,人们对现实社会的认识,是这三种现实相互作用的结果。换句话来说,人们认识现实社会的时候,一方面基于自己对社会的亲身体验,另一

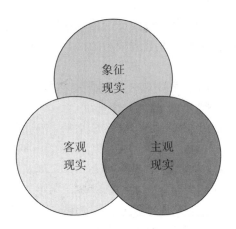

图2-17 人类对社会现实的认知构成

方面对远离自己、无法亲身体验的东西，或来不及亲身体验的东西，都会借助传播媒介的信息去认识。同时，自己的脑海里也会有基于主观判断而形成的认识。这三种认识相互作用，不断变化，所占的比例有大有小。所以有的研究者认为，人们对现实社会的认识，其实是由经验、信息和各种主观因素组成的。其中媒介传播的信息，对人们在认识了解社会时所起的作用越来越大。越来越多的人是以象征的现实来代替现实社会的。

如果说媒介传播的信息直接影响人们对世界的认识的话，那么媒介的信息稍有偏差，人们对现实的认识也有偏差；对自己周围的现实，人们还可以用亲身体验的直感去修正，而对远离自己的、无法取得直接经验的东西，媒介的信息几乎就是唯一的依据。所以说，对于与自己有地理距离和时间距离的东西，人们的认识几乎和媒介的信息等同。一旦消灭了这种距离，人们也最容易感觉到客观现实与象征现实之间的差距。

有一位英国媒体的高层主管第一次来中国北京出差，由于不懂中文，在京期间他只能通过中央电视台的国际频道接收英语新闻信息。一周之后他将回国，中国同行问他收看感想——你认为中央电视台国际频道和英国的BBC有什么不同？他回答：没有什么不同。中央电视台与英国的BBC，不论是地理位置、体制还是传播特点都应该很不相同，为什么这位英国媒体的主管如此回答呢？

你能分析一下他这样回答的原因吗？

第三章　大众传播媒介与社会发展

主要知识点

- 大众传播媒介的传播特点
- 大众传播媒介与社会发展的关系
- 欧美社会大众传播媒介的普及与社会的发展
- 日本社会大众传播媒介的普及与社会的发展
- 中国社会大众传播媒介的普及与社会的发展

第一节　现代社会的大众传播媒介

在现代社会里，大众传播媒介是一个耳熟能详的词汇，简单地说，它是指从事大众传播活动的专业媒介组织。传统的大众传播媒介组织包括报纸、杂志、书籍等印刷媒介和广播、电视等电子媒介；新兴的大众传播组织主要是通过互联网技术从事大众传播的网站等。至于微博、微信公众号等通过移动网络进行信息发布的信息平台是不是属于大众传播媒介，目前还是一个仁者见仁、智者见智的问题。

一、大众传播媒介的传播特点

正如其名，大众传播媒介最主要的传播特征是面向大众，而不是少数的个人或小群体。它是通过一个媒介组织，运用有力的传播工具来进行的，同时，这些传播工具都是用先进的通信技术来保证其传播速度、传播量和传播范围的。

大众传播媒介是一个社会信息循环流通、公共决策透明、社会管理得以民主运作的保证,可以说,由大众传播媒介组成的社会信息网络的发达与否表明了一个社会的发展与进步的程度。这是因为大众传播媒介从诞生开始就被赋予了一种社会使命,即沟通社会上下的信息交流,保证社会管理者与公众之间的对话,促使公众参与社会管理和社会舆论的形成。正是由于这种使命,大众传播媒介具有与生俱来的权威性、公共性和公正性。为了履行自己的社会使命,大众传播媒介视客观、公正、中立和为民代言、维护社会公共利益为自己的报道原则。

基于其权威性、公共性和公正性,受众一般都在对大众传播媒介的信息不加怀疑的前提下接受媒介的传播内容,接受其社会议题的设定,默认其信息重要程度的排行。这些都是大众传播学多年研究的成果所证实的。

那么,大众传播媒介在传播上有什么特点呢?一般来说,与其他媒介如人际传播媒介的电话、书信,或者组织传播媒介的内容刊物等相比,大众传播媒介有以下五个特点(如图3-1所示)。

1. 传播速度快

大众传播媒介总是积极利用最先进的通讯科学技术,以最快的速度传播最新的信息。每当一项新的通讯科学技术问世,都会导致新型的大众传播媒介的诞生,如利用了无线电技术的广播、利用了视频通讯技术的电视等。有先进的技术作为基础,大众传播媒介的信息传播速度就得以保证。

2. 传播范围广

报纸以其数百万份的发行量,广播和电视以其电波的覆盖区域为大众传播媒介传播范围之广提供了保证,这是除互联网以外的其他任何媒体所望尘莫及的。

3. 传播量大

报纸有不断增加的版面,广播和电视有24小时的时间和空间,这些都能保证大众传播媒介可以传递大量的信息。

4. 受众广泛、稳定

正如大众传播媒介这个名称所指,大众传播媒介是面向社会大众的,受众人数多、涉及阶层广是它的特点。同时,经过较长的发展历史,报纸、广播和电视都有了较为固定的读者、听众和观众,尤其是较为有名的大众传播媒介,已经拥有一批忠实、稳定的受众,这对于获得稳定有效的传播效果是很重要的。

5. 传播效果佳

大众传播学的研究表明,现代大众传播媒介的传播效果是有效的,尤其是在传播社会公共信息、设定社会议题、引导和形成公众舆论、促进社会各阶层的交流和沟通方面卓有成效。

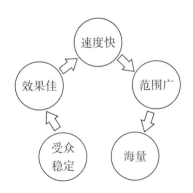

图3-1　大众传播媒介的传播特点

由此看来，大众传播媒介与人际传播媒介和组织传播媒介相比，具备后两者不具备的传播范围广、传播信息量大、专业性等特点。

麦奎尔从社会学角度描述大众传播媒介的特征，特别强调大众传播媒介与其受众的关系。他指出，作为一个社会组织，大众传播媒介有正式、专业和技术性强的特点，尤其是大众传播媒介的受众，也具备特殊的群体特征[①]。例如：①大众传播媒介的传播对象是不确定的、广大的阅听大众。②大众传播是属于社会公众的，它的内容对社会公众开放，公众的信息需求就是媒介的需求，媒介要满足公众的信息需要。③大众传播媒介的受众由多层次、多职业、多地域的人群组成，他们具有无名、分散、处于社会的各行各业的特征。④大众传播媒介通过信息传播联系了分散的、相互之间难以联系的受众，电子媒体和现代社会的网络媒体更能发挥这样的作用，例如，不同国家的受众同时观看事件或者赛事的实况转播，可以在不同地域感受同样的事实，网络媒体上沟通交流更加方便。⑤大众传播媒介的传播者与受众的关系不是个人关系，而是一种公众关系，受众不应该被看成是个人，而应该是一个独特的集群。

二、大众传播媒介如何影响现代社会

大众传播媒介的传播活动给社会带来了什么样的影响呢？传播学家麦奎尔认为，大众传播媒介在现代社会里具有独特的活动特征，也因此能发挥独

---

① Denis McQuail："Chapter 1：Towards a Sociology of Mass Communication" in *Mass Media and Modern Society*. England：Penguin，1972.

特的社会作用①。首先,在现代社会里,大众传播媒介的传播活动可以说是一种符号传播,这种符号传播具有复杂性;其次,大众传播媒介的传播内容一般来说都是维护或支持现有的社会制度的;大众传播媒介的传播活动对社会大众的影响力会越来越大,越来越有弹性;同时,由于大众传播媒介日复一日的传播活动,其传播倾向会渐渐渗透到受众的思考和观点中去,促成社会意见的一致化;最后,大众传播事业的发展与社会生活的重要领域有着重要的联系。

很多传播学者都认为,难以想象现代社会里会没有大众传播媒介也能正常运作。大众传播媒介对现代公众来说具有多种意义,也可以提供多种功能,当然,这种功能要视社会的政治经济制度、社会发展的不同阶段和人们的兴趣与信息需要而定。这种观点也可以这样理解:在以前的社会阶段,人们没有电视也不觉得生活中有什么不方便之处,但是在现代信息社会,人们对信息的需求量较大,电视媒介除了提供信息外还可以供人们娱乐。如果在一场世界关注的大型体育赛事前突然停电而无法看电视,人们对此的抱怨和感到的不便可想而知。

现代社会的受众对大众传播媒介的依赖感也被不少学者所讨论。有人称,这种依赖会导致受众盲目接受和相信来自大众传播媒介的信息,他们对此不加分析和判断,从而渐渐失去信息辨别和批判的能力。更进一步,有人担心社会统治也会因媒介信息中的引导走向集权。有一种观点认为,大众传播媒介的传播活动会使社会上的个人日益孤立,彼此之间缺乏联系;媒介的信息传播导向会偏向社会统治阶层,提倡符合统治阶层的观点,而无视其他观点;社会领袖可以运用大众传播媒介树立自己的威望并加强影响,一旦其统治地位形成,还可以运用媒介宣传维持统治。

以新闻传播为例来分析。在不同制度的国家,一般来说新闻媒介都是政治经济掌权人的代言机构,不管媒介的生存状态表面上如何独立,他们传播的价值观都不是独立的;而且新闻的内容反映其新闻集团的利益。这其实正是媒介社会学所关注和研究的重要问题之一。所以,我们提倡一分为二地看待大众传播媒介的功能。大众传媒和言论自由的作用是可以有不同方面的,一方面,它可以促进民主社会的进步和发展,另一方面,如果它被恶用,其结果也令人担忧。

---

① Denis McQuail, *Mass Media and Modern Society*. England: Penguin, 1972.

新闻传播的负面影响

大众传播媒介通过新闻传播监督社会，协调公众，促进社会进步和发展的案例你可能知道很多，你能举一个可以说明"大众传播媒介被恶用"或者"新闻传播导致负面社会影响"的案例吗？

三、大众传播媒介的社会功能和正负作用

从社会学的角度来说，任何事物都有其显在的功能和潜在的功能。显在的功能是指事物的内部体系正常运作的结果，这种结果是能为事物的参与者所认识到。潜在的功能是指不为事物的参与者所认识的事物内部体系的运作结果。比如电脑游戏可以为人们带来游戏的乐趣，可以得到放松和娱乐，这是它的显在功能；而在游戏中，人们通过非对面的交流展开竞争，既能获得主宰世界的满足感，同时也是一种逃避社会的行为，这是它的潜在功能。而网上交友这种行为除了交结朋友外，还可以使人产生另立人格的快感。电视连续剧在提供娱乐的同时，还可以进行社会文化遗产的传播。

媒介的社会功能一般来说有五种，即信息传播、维系整合、持续教育、文化娱乐和社会动员。第二章讲的是"媒介的社会作用"（即竹内的观点），从社会学的角度来说，"作用"和"功能"是有区别的，"功能"是指事物应该发挥的作用，而"作用"一般来说是实际发生的后果。第三章是陈述大众传播媒介的社会功能（即作为理论研究定论的观点和内涵——即五功能说）。第四章是介绍有关"媒介社会功能"的研究脉络和理论渊源（展示不同学者的观点），这是传播学领域对 20 世纪大众传播媒介社会功能的总结。五项功能的具体内涵将在第四章介绍。

同时我们应该认识到，媒介的社会功能是可以产生正负两方面的作用的，同样一个功能，由于作用的环境和主客观因素的不同，有时能起正面作用，有时又起了负面作用。这种正负作用是相对的，也是同时存在的（见表 3–1）。

表3-1 大众传播媒介的正负作用

社会功能	正面作用	负面作用
信息传播	提出警告，报道自然灾害、战争、危机和事故	过多的不合适的危机报道会引起社会混乱
	提供政治、经济、社会发展的有关信息，保证公众的知情权	信息量过大可使人们无所适从，变得被动
	提示社会规范，在信息中表露社会行为规范和公德、法律	过分强调社会规范会导致社会整体的僵化
维系整合	强化社会规范，公表遵守或违反社会公德的人和事	过度的报道会使社会变得统一、意见一致和声调的共同化
	赋予人和事社会地位	形成虚假的媒介印象和人格
	阻止社会危机，维护社会安定	阻止社会革新或变革
	监视或调整民意	控制诱导公共舆论，形成多数意见
	传达政府的政策法令，维护社会稳定	固守现有权力
持续教育	加速个人的社会化	社会化过程中的非人格化
	社会化的继续，学校教育的继续	使个人相同化，抑制文化成长
文化娱乐	传承社会文化，传播主流意识形态，增加社会的凝聚力	亚文化、非主流文化减退
	可脱离现实地休息、休闲	促使人们脱离现实，不关心现实
	通过接触文学和音乐，促进大众文化成长	使高级艺术低级化
	提高人们的文化艺术修养	减少对传统古典艺术的兴趣
社会动员	社会危机和重大突发事件发生时的社会动员、团结和应急作用	多元观点和利益、立场的消失

例如，以"信息传播"中的"提出警告，报道自然灾害、战争、危机和事故"为例，这种功能在现代社会里发挥的作用尤为重要并受到关注。现代社会的各种事业一般都是密集型的大规模生产合作，使用高科技，蕴含着高危机，媒介通过每时每刻的社会瞭望把各种信息及时地告诉人们，让人们对社会变化有所了解、认识和准备，避免对新问题、新情况惊慌失措。媒介的传播活

动在这个意义上是起了非常重要的作用的。但是，这个功能也有相反的一面。例如，如果危机信息过急、过多，人们无法对突如其来的危机有所理解和承受，就会发生紧张和惊慌的情绪，甚至引起社会混乱。这就是为什么媒介的危机报道和政府的公共危机信息公开经常都是受争议的课题，媒介如何理性地传播危机信息，政府如何把握公开公共危机信息的方法，都是现实中的难题。因为危机信息传播的尺度和方式、方法都因具体情况而不断变化，很难有参考的先例和标准。这个尺度和方法把握不好，危机信息传播就很容易走向负面。

再如，"维系整合"中的"监视或调整民意"这个功能，从社会管理的角度来说，媒介的信息传播上情下传，揭示政策，引导人们理解政府的主张，协助社会管理的协调和组织化，提高社会管理的有效性，这无疑是正面的作用。但是，这个尺度的把握也很微妙。在现代民主社会里，通过媒介传播控制诱导公共舆论的形成和走向，通过特定的议题设置引导人们关注特定问题，忽视其他问题，归拢多种意见形成多数意见，是违反社会民主化原则的，也是被专家和学者密切关注和批判的行为。媒介如何在前后两者之间把握好报道是很重要的问题。

还有以"持续教育"中的"加速个人的社会化"功能为例来说明一种功能的两个方面。媒介的信息越来越多，涉及范围越来越广泛，而人们接触媒介的年龄也越来越小。在以前，人们会要求小学生定期阅读少儿报纸和杂志。而现在由于电视媒介和互联网的普及，很多孩子在上小学前就开始每天观看电视好几个小时了，而互联网媒介上海量的内容和把关的淡化，有可能会让孩子们过早地接触到现实环境中所不能接触到的内容。这些媒介上的图景较早地让孩子们了解了成人的社会，加速了他们的社会化过程，比如有的孩子通过媒介接触，很早就对金钱的价值、社会上的人情冷漠和性知识有所了解，这也是一种社会化的过程。而一些青少年由于过早地接触到这些信息，而尚未有较为成熟的生理、心理机制来消化、了解这些信息，因此会产生一些"社会化过程中的非人格化"现象，例如，拒绝到学校上学，拒绝与其他人交往，性格上的自闭，以及一些暴力行为，等等。

"文化娱乐"是很多人都能体会和理解的一项媒介传播作用。大众传播媒介在"通过接触文学和音乐，促进大众文化成长"方面起了较大的作用，不管是文学还是音乐一般来说都有进入的门槛，但是网络媒介的普及由于门槛较低，使很多作者可以在网上发表自己的文学作品、音乐作品和视频作品，极大地促进和丰富了大众文化的成长。但是，由于电视、网络媒介的低门槛，它的受众也是多层次的，在这里，高级艺术由于要迎合大多数人的喜好而被低层次化，如高深的古典音乐被改变成节奏欢快的乐曲，艰深的哲学巨著被以漫画形式重新演绎,这些都是媒介娱乐功能的不同方面。

四、报纸作为新闻媒体的特点和作用

下面以报纸为例,来具体说明一下报纸在信息传播方面的特点(见表3-2)。

表3-2 报纸作为新闻媒体的特点和作用

作用	特 点	说 明
报道	速报性	把信息在第一时间传播给人们
	详报性	调查报道,深度报道把新闻的要点和重点告诉受众
	解说性	挖掘新闻的社会意义
评论	社论	通过社论把媒介独自的理解和判断告诉人们
	专栏	通过投稿和专栏提供多方面的意见和看法
教育	提供社会基本知识	向社会提供一般知识和基本的社会教养
娱乐	提供娱乐素材	通过相片、小说、漫画等为人们提供娱乐
	提供娱乐导向	提供现时的可直接消费的娱乐信息,引导娱乐潮流
广告	全国广告	在全国范围内树立商品形象和供求关系
	地方广告	重视活跃某个地区的商品文化生活

速报性是指报纸必须重视新闻的时效性,争取在第一时间内把新闻传递给公众的功能。新闻媒介对新闻时效性的重视应该是不言而喻的,新闻行业最为激烈的竞争之一就是报道时间的竞争,争分夺秒,不计成本,这是很多媒介公认的做法。在多种媒介并存的时代,报纸在时间性上的竞争力已经比不上广播电视媒介,更无法与网络媒介相比了。但是,报纸之间的时效性竞争还是存在的。虽然新闻记者和新闻组织都会特别重视新闻的时效性,争取把新闻在第一时间内告诉读者,但是我们从新闻媒体上看到的新闻都是第一时间的吗?并非如此,现实生活中有很多因素阻碍着新闻工作者在第一时间里发现新闻,尤其是某个新闻涉及到某个社会组织的利益时,新闻采访工作往往在时间上受到很多的阻碍因素。这些因素包括:

● 信息源刻意隐瞒相关的事实而拖延时间;
● 信息源通过公共关系组织间接地、有选择地发布新闻;
● 新闻事实由于客观条件难以被发现,或者接受采访;
● 由于新闻记者的主观判断失误而延误时间。

尤其是最后一点，由于现实生活非常复杂，情况的变化往往出乎意料，这给新闻工作者的新闻判断带来了一定的困难。下面这个例子就说明了这种困境。在香港，新闻记者每当4月1日来临都会十分小心，因为这一天也是西方的愚人节，很多虚假的"新闻报料"会来扰乱他们的新闻信息收集工作，在多次的"狼来了"的事件后，记者们变得十分谨慎。而在2003年4月1日，香港著名歌星张国荣跳楼自杀，很多记者们开始收到这个信息时都认为是假的，因为当天是西方的愚人节，所以并没有马上赶赴现场采访。然而当警方完成现场工作正式发布死者姓名后，记者们才相信这是真的。这个例子说明，新闻记者们虽然重视新闻的时效性，但是能否做到这一点，新闻发生的现实环境也有很大的限制作用。

假新闻是如何出现的?

每年一些新闻学术杂志或者媒体上都会评出"本年度十大假新闻"。选择一则假新闻，尝试分析一下假新闻产生的原因和背景。

详报性是指报纸发挥自己的优势，在新闻调查报道的深度上下功夫，把新闻的要点和重点告诉受众的功能。报纸在时效性上由于印刷时间的限制很难与电子媒介和网络媒介一比高低，但是在详细报道事件的经过和背景、展开深入调查上却能较好地发挥它的作用。报纸的特点在于使用文字和调查手段详细地报道新闻，其对新闻记者的文字水平和分析能力有更高的要求。例如，一个专门做新闻调查的记者不但要在知识结构、新闻敏感和分析能力上胜人一等，还要在采访能力甚至勇气上出类拔萃，这样才有可能获得新闻信息，写出调查新闻。

解说性体现在报纸对新闻事件的背景和社会意义进行进一步的发掘并向读者做出说明和解释、定义事件、分析原因、寻找对策等方面。例如，在报道一个看起来很普通的市民安全问题时，可以从多个角度如社会安全、制度保障、犯罪心理、个人自卫等方面来展开分析这个问题，让读者通过一个新闻获得更多的启示和启发。

报纸的新闻评论是通过社论和专栏文章来呈现的。社论是通过评论的形式在媒体上发表媒介组织自身对特定的新闻事件的观点和看法的方式。社论与新闻的最大的区别在于新闻重视对事实的描述，而社论重在拿出对新闻事实的观点，通过评论文的形式把媒介独自的理解和判断告诉人们。

而专栏则是报纸邀请本组织以外的专家学者或者知名人士对新闻事件发表评论的地方。一般来说，媒介组织都会建构一个专家学者或者知名人士的合作网络，请他们定期或者不定期地在媒体上发表自己的观点，通过专栏文章提供多方面的意见和看法。设置专栏文章意在从多个角度展示对特定问题的不同见解，丰富并拓展读者的视野，加深对问题的专业分析程度。优秀的专栏作者不但具有丰富的专业知识和深刻的分析能力，同时写作能力和表达方式也独具一格，可以让报纸的版面多姿多彩。

报纸的教育性则表现在向读者提供社会基本知识和社会教养方面，例如，任何新闻不但是对事实的陈述，同时也传递了不少相关的社会知识，如文化传统、法律知识、道德规范、科技常识等等。读者可以在一个犯罪新闻中了解到相关的法律知识，也可以得到在日常生活中如何防范犯罪的相关知识。一个成长中的青年人经常接触媒体，通过阅读新闻他可以在无形中获得很多社会规范和文化知识。近年来社会危机多发，媒介的危机报道其实也向读者们传递了很多如何应对危机以及在危机中如何自救、互救的做法等。例如，2008年5月汶川大地震后，媒体的很多新闻报道中都涉及了国内、国外预防自然灾害的应急管理知识和经验，成为人们接受应对自然灾害知识相关教育的一次好机会。

报纸的娱乐性表现在提供娱乐信息方面，例如，通过新闻图片、小说连载等文学作品以及漫画等为人们提供娱乐信息。这种信息不但能提供娱乐导向信息，也可以提供现时的可直接消费的娱乐信息，引导娱乐潮流。

最后，报纸也具有传播广告信息的作用。一般来说，报纸上的广告分为全国广告和地方广告。前者是在全国范围内为广告主树立商品形象和供求关系，后者则是以活跃某个地区的商品文化信息为传播目的的。

在这里作为对比，可以提一下电视的娱乐和广告作用。一般来说，电视信息不同于印刷的相片和文章，它以生动的画像和真实的声音来传播信息，尤其是直接转播的信息能令观众产生身临其境的感觉，对电视传播的信息持有强烈的信赖感。电视的娱乐信息更是用活动的画面和动感的声音来传播信息，受众不会因为自己的文化程度而存在接受困难，还可以多人共同欣赏，可谓老少皆宜的多层次的传播方式。在国外，电视节目的黄金时间绝大多数被娱乐节目所占。而且，电视的新闻节目、社会专题节目的制作标准也开始有娱乐化的倾向，许多新闻节目不但要传播信息，而且要主持人表演，主持人的相貌、衣着、手势、音调都艺员化了。而且，新闻转播室的设计、布置、装饰、场景都日益复杂多样，以求给人耳目一新的感觉。

第二节 传播与社会发展

一、传播与社会发展的关联

从经济发展的角度来看，人类社会的发展可以分为四个阶段，即前农业社会、农业社会、工业社会和信息社会（如图3-4所示）。

第一，前农业社会。这是以狩猎和采集为主要生活手段的时期，人们群居在一起，口头语言是主要的传播方式。也有用符号或记号来传达信息的，但是还没有书面语言。这种传播方式是人类最为基础的传播方式。

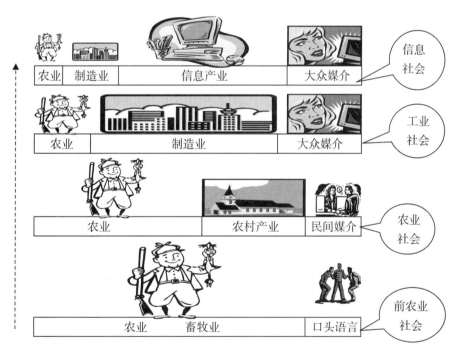

图3-4 社会发展各阶段的职业模式和媒介

第二，农业社会。这个社会的主要职业模式是农业和一些为数不多的农村产业。人们以耕作为主，也有矿工、渔夫和伐木工人等。这时的社会结构比前农业社会变得稳定和复杂，因此出现了书面语言。社会阶层也产生了，有了专门的宗教神职人员、医务人员、教师和商人。但是，由于识字的人还是不多，口头语言仍然是一种比较普遍的传播方式。宗教神职人员和商人相对地多用书面语言进行通信、记录。在农业社会的早期，手抄书可以算是一种大众媒介，但是数量有限，流通量也有限，只有学者和神职人员才能接触。

第三，工业社会。工业社会一般被认为是始于1712年的工业革命。但是1455年传播领域的一个重大发明——金属活字印刷术的普及则为工业社会的信息交流提供了前提。这种印刷方法的使用使书籍印刷速度大为提高，成本也大为下降。随着印刷书籍的不断涌现，社会上出现了比较大规模的读者群。工业社会的主要特点是集中式大规模的商品生产，这使农村的劳动力大批涌向城市，到20世纪初期，美国的制造业就业人数已经超过了农业就业人数。工业化促动了文化的普及，因为劳动者需要更丰富的工作和生活的信息。这样，在19世纪30年代，第一个大众传播媒介——报纸应运而生了。工业化社会的生产方式使报纸印刷不断减少成本向廉价发展，得到了都市大众的认可。随后，电影、广播和电视也出现了。

第四，信息社会。信息社会的标志之一是信息产业的就业者的比例大于农业和制造业，或者说，信息行业对其他行业起了主宰作用。这种现象在1960年的美国已经出现了。还有几个国家也开始慢慢转变。现在，在美国、日本

情 景 教 学 方 案

● 情景教学名称：教自己的父母、爷爷、奶奶使用新媒体。

● 教学目的：学会观察、陈述并分析日常生活中人们使用媒体进行信息接受和传播的行为特点，并能分析不同世代的人们在使用新媒体时候的特征。

● 教学步骤：

1. 启发：教师提前布置课下小作业，设置几种问题，如"你自己使用一种新信息接受技术如手机、APP、各种小软件和客户端的时候，有过哪些感触和体验？"或者"你教父母和爷爷奶奶使用手机上网、使用微信和网银的时候，有过哪些有趣的经历吗？你觉得不同世代在使用新媒体的时候有什么特点？"

2. 陈述：鼓励学生完整陈述一个过程，重点描述"人与技术的互动"经过和结果。

3. 互动：请学生基于比较的角度例如比较自己和父母，父母与爷爷奶奶等不同世代对新媒体使用的接受程度。教师最后作归纳总结。

等国家,信息行业的工作人员的比例稳定在 50% 左右。在信息社会里,主导媒介的应该是计算机,它创造、储存、加工信息,使及时反映社会的经济状况的信息得以流通。

二、传播媒介的发展与信息环境的变化

大众传播媒介的发展是日新月异的,一百多年来,电子媒介的发展尤其令人惊异,人们接受了新的大众传播媒介并对它有了依赖,不知不觉之中,人们周围的环境和生活方式也被改变了。表 3-3 提供了人类社会传播技术发展的简略进程。

表 3-3 媒介发展大事年表

时间	传播技术的标志性发展
1833 年	面向大众的第一份报纸开始发行
1910 年	电影成为大众传播媒介
1927 年	收音机成为大众传播媒介
1958 年	电视成为主要的大众传播媒介
1962 年	数字电话系统开始使用
1969 年	报纸行业的电子计算机化
1975 年	个人电子计算机开始普及
1982 年	数字式音乐录音媒介 CD 上市
1993 年	互联网诞生并开始普及
1992 年	智能手机出现
1995 年	数字式电影
2001 年	博客开始流行
2006 年	微博出现
2007 年	智能手机开始普及
2009 年	电子书迅速发展
2012 年	可穿戴设备正式进入人们视野
2014 年	W3C（万维网联盟）正式发布 HTML 5.0 推荐标准
2016 年	人工智能应用的普及

同时我们可以思考,传媒技术的发展给人类的生活方式和社会的信息环境

带来了怎样的变化？这种变化表现在以下八个方面（如图3-5所示）。

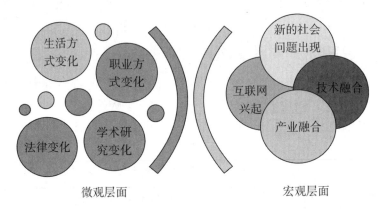

图3-5 传媒技术的发展与给人类社会的变化

1. **互联网的兴起**

互联网使我们能迅速接收和发送所需要的信息，不管它是文字、图像还是动画、音乐。有了互联网，人们开始真正享受全球性的信息资源，交流可以不受国界的限制，而电脑的价格也不断平民化，日本及欧美国家的电脑普及率已超过50%，而中国等国家的电脑拥有率更是以惊人的速度在增长。另外，互联网的普及使更多的人可以从自己的兴趣出发来接触信息，同时也使很多人从单纯的信息接受者变成了信息的发布者。

2. **技术的融合**

几乎所有的传播技术都向数字化发展，各种各样的信息都被融合为可供计算机处理的数字形式。例如，CD形式的音乐是一种数字媒介，公共长途电话网是另一种数字媒介，即使报纸、杂志、书籍的采编也是在一种数字的环境里进行的，它们在印刷后才脱离了这种环境。而且，数字媒介正在成为传统媒介的竞争者，许多人因为读报纸的电子版而不再订阅印刷版。至于电视，数字化电视节目已经在一些国家试播。

3. **产业的合并**

电话、计算机、有线电视等媒介公司纷纷出现合并的趋势，都希望在未来社会的传播领域里占有一席之地。比如，计算机软件巨头微软公司不断投资广播、有线电视、卫星通讯、出版和互联网服务，试图把大众传播媒介和计算机媒介融合为一体而扩大其市场范围。以前的各种传播方式，很多都可以用电子计算机来代替了，人们可以通过电脑来打电话、发传真、听音乐、看电视、看录像。以前分工分明的各种电器，现在只用一台电脑就可以了，这种发展趋势是非常有前景的。

4．生活方式的变化

互联网可以说直接改变了我们的生活方式。和以前相比，人们看电视、读报纸的时间少了，在互联网上冲浪的时间多了，人们在网上工作，在网上交友，在网上购物、销售，在网上形成新的社会关系和人际关系，在网上建立新的身份并发展新的文化。互联网的存在使人们的生活方式有了更多的选择，但是在人际关系方面也有降格的现象。

5．职业方式的变化

从事互联网或信息界的工作意味着时时刻刻面临挑战，因为这种工作变化大，需要不断重新设计自己，以增强竞争性，还因为就业人员的知识易于老化，不得不频繁地吸收新人，淘汰旧人。所以，和以往不同，一些高收入高压力的职业出现了。独自一人在家里通过计算机和互联网进行工作的SOHO一族也出现了。

6．法律的变化

美国在1996年废除了保护广播、有线电视、电话使其免于竞争的制度，迫使这些传统媒介改善自己，不断创新，以此和新媒介一起去竞争。

7．新的社会问题的出现

媒介的发展和合并同时也引发了很多社会问题。比如，互联网信息中的暴力、种族主义、个人隐私、色情等问题，信息产业的稳定性和发展趋势问题，使用者的健康问题，互联网技术的富人与穷人的平等问题，新技术发明者的垄断问题，都引起了人们的关注。同时，信息无国界地传播也会成为国家之间关系冲突的源泉。

8．大众传播媒介研究的变化

传统的大众传播媒介研究的方法和思维可能已经不适用新型媒介的传播了，新媒介的交互特性向媒介效果理论提出了挑战。

课堂小作业：中国有关互联网管理的法律和管理制度有哪些?

用20分钟的时间，上网查找所有的我国有关互联网管理和法律法规和相关政策条文，列出法规的名称和出台的时期，简要分析一下，这些法规和政策条文都是针对互联网管理中的哪些问题而出台的。

第三节 媒介的普及与社会的发展——欧美社会

19世纪欧美的大众报纸开始急速发展。1833年,纽约《太阳报》开始发行,这是一份以报道具有刺激性社会新闻为主的报纸,价格很低,稳定住了大量的读者,到1837年已有了3万份的发行量。不只是报纸,在19世纪40年代到50年代,欧美社会的电信业也有了很大的发展,为满足报业的需求,专为报社提供新闻的通讯社也应运而生,这使报纸的信息量不断增加。1850年开始使用的轮转式印刷机又将报纸的发行量再次扩大。

同时,欧美社会的大众化也随着广播和电视这样的大众传播媒介的普及而加速。1906年,美国最初的电台开始试播,1920年开始定时播放。英国和法国则在1922年、德国在1923年开始了广播节目的正式播放。在欧美社会,广播的黄金时代是20世纪30年代到40年代,这也是广播确立其作为大众传播媒介的地位的时期。1938年,美国的广播剧《火星撞地球》引起了社会恐慌,这从另一个方面说明了广播的社会影响力。

在广播开始普及的1926年,欧美各国已开始电视节目的有关试验。1935年,德国开始定时播送电视节目;1939年英国的BBC、1939年美国的RCA和NBC也开始了电视节目的播送。特别是在第二次世界大战结束后,电视在欧美社会开始普及。在美国,电视的拥有率在1950年为9%,1960年达到了87%,1980年达到了98%,到了市场几乎要饱和的状态。

在美国,民营电视台占优势,公共电视台的影响力不是很大。在英国,民营电视和公营电视并存;而在法国和德国,公共电视台的影响力要比民营电视台大。但是,近年来随着卫星通讯的发展,欧洲各国的电视业也向多频道化过渡。1980年以后,欧洲的民营电视台也有了较大的发展(见表3-4)。

表3-4 欧美社会媒介的普及与社会的发展

年代	大众传播媒介的发展
1450年	在欧洲发明了金属活字和印刷机,印刷技术飞跃发展
1789年	法国采用《人权宣言》,第19条为保护思想和意见的自由交流
1791年	美国修正《宪法》,第1条规定了报道的自由
1833年	美国发行《纽约太阳报》

续上表

年代	大众传播媒介的发展
1850 年	在法国、英国、美国出现新闻通讯社，开始利用电信传送新闻
1895 年	在意大利，无线通讯的实验成功
1906 年	在美国，试验性的广播节目开始播送
1920 年	美国出现正式的商业广播
1924 年	美国西方电气公司（Western Electrical）成功制作了维他风，这标志着有声电影的诞生
1926 年	英国伦敦举行人类历史上第一次电视播放试验；美国无线电公司（RCA）建成了第一个全国广播网络
1927 年	美国电话电报公司研制并发展出了电视机
1928 年	美国的广播节目《宇宙战争》热播，引起恐慌
1935 年	德国开始电视节目的定时播送，随后，英国的 BBC，美国的 RCA 和 NBC 也开始电视节目的定时播送
1947 年	英国物理学家丹尼斯·盖伯发明了全息术（又称全息投影、全息 3D）
1950 年	美国的电视观众开始超过广播的听众，欧洲也有同样情况
1954 年	美国的 CBS 和 NBC 开始播送彩色电视节目
1960 年	在美国的总统选举中，肯尼迪和尼克松第一次进行电视讨论
1961 年	美国最早的电子出版物《化学题录》正式出版
1962 年	美国电视信号第一次由卫星传送
1966 年	美国第一款电子游戏推出
1968 年	美国电影分级制度建立；第一个虚拟现实及增强现实头戴式显示器系统在美国出现
1969 年	美国《纽约时报》在美国报界中率先建立了储存新闻报道摘要电子文本的信息库
1975 年	美国无线电公司发射了第一颗专门为电视设计的卫星
1977 年	美国苹果公司推出了第二代苹果台式机个人电脑
1980 年	美国的 CNN 开始播送
1981 年	美国多家报业相继推出电子版报纸试验

续上表

年代	大众传播媒介的发展
1983 年	激光唱片投放市场
1984 年	德国开始播送专门的有线电视商业节目；英国技术公司 Psion 推出世界上第一款 PDA（个人数字助理，也称掌上电脑）
1985 年	法国开设专门的商业电视台；英国出现第一家彩色电子排版的全国性新报纸《今日报》
1986 年	德国联邦宪法法院在一项判决中同意实行双元广播制；英国率先提出并开发 NPL 网络局域网这一概念，这是互联网的先驱
1991 年	"全球数字移动通信系统" GSM 正式投入市场
1992 年	拨号接入互联网率由 Pipex 在英国推出
1993 年	美国最古老的博客原型出现
1994 年	一批敢于领先一步创新冒险的美国报刊在网上建立了网站；美国 Yahoo 成立
1995 年	美国 ABC 公司首先利用网络"进行全球播音"
1997 年	美国数字电视开播
2000 年	美国 Bruce H. Thomas 开发了 ARQuake，这是第一款户外移动 AR 游戏
2001 年	美国局域网逐渐普及
2003 年	美国 LinkedIn 成立——目前全球最著名的职业社交网站
2004 年	美国 Facebook 成立，同年图片社区 Flickr 成立
2005 年	美国 Youtube 成立，迅速成为网络视频产业中黑马；欧洲启动 "i2010 战略计划"（The i2010 Strategy）
2006 年	美国 Twitter 成立
2007 年	美国 Tumblr 成立，是介于传统博客和微博间的新媒体形态，是目前全球最大轻博客网站；由美国国家广播公司（NBC）和福克斯广播公司（Fox）共同投资成立的在线视频服务网站 Hulu 成立
2008 年	Groupon 上线，在全球掀起了团购网站的热潮
2013 年	以 13～23 岁用户为目标的 Snapchat 获得两轮融资，成为新型社交形态开创者；谷歌宣布对谷歌眼镜增强现实眼镜进行公开测试
2015 年	以 Amazon Echo 和 Google Home 为代表的声控智能音箱发展迅速

第四节　媒介的普及与社会的发展——日本社会

大众媒介的发展与日本社会的变化有什么样的关系？从表3-5可以看出，明治时代以后日本的媒介发展与日本近代社会的形成是息息相关的。

表3-5　日本社会媒介的普及与社会的发展

年代	大众传播媒介的发展
1870年	最早的日语报纸《横滨每日新闻》创刊
1875年	明治政府制定《新闻报纸条例》
1882年	《时事新报》创刊
1888年	《朝日新闻》由大阪移入东京，创立《东京朝日新闻》，强调客观报道，重视商业性
1920年	报纸的发行量激增，《朝日新闻》和《每日新闻》独占大阪市场，《读卖新闻》独占东京
1925年	广播节目的播送在东京、大阪、名古屋开始
1926年	东京、大阪、名古屋的电台联合成立日本放送协会
1928年	广播的全国直播开始
1934年	日本放送协会进行改革，在节目编成、事业计划和经济预算上实行中央集权化
1941年	公布有关言论、出版、结社的法律，《新闻事业令》使报社合并增加
1945年	第二次世界大战战败，开始新的新闻统治
1950年	实行《广播法》
1951年	日本第一个民营广播台成立
1953年	日本放送协会电视台NHK和日本电视台NTV正式开播
1960年	彩色电视转播开始
1968年	日本开始提供无线寻呼服务
1984年	日本放送协会（NHK）的卫星转播节目开始试播
1986年	影像光碟、数字音响光碟开始发行

续上表

年代	大众传播媒介的发展
1989年	日本放送协会（NHK）的卫星转播节目正式开始转播
1993年	移动电话的数字时代开启，2G服务正式开始；日本第一个PDA产品发行
1994年	移动电话市场进入高速增长阶段
1995年	数字化报纸开始兴起
1996年	日本雅虎成立，互联网广告出现
1998年	通信卫星实现全面的数字化播送
1999年	I-mode无线互联网服务推广普及，开启手机上网时代
2001年	"e-Japan"战略制定，正式进入互联网宽带时代，3G服务正式开通
2002年	出现广播电视与通信的融合服务，如IPTV（交互电视）、One seg（手机电视）等
2003年	免费博客上线，日本地面数字电视播放正式开始
2004年	"u-Japan"政策推行，Mixi、GREE服务开启日本社交网站时代，手机钱包服务推出
2006年	YouTube视频网站不断发展，Ustream视频直播网站逐渐被广泛使用
2008年	Twitter推出日语界面
2010年	4G服务开启，智能手机使用率快速增长
2011年	移动社交应用Line上线
2018年	VR影院正式落地

明治时代的初期报纸由于国民的文化水平不高，读者层限定在少部分人身上，没有形成现代大众媒介的那种社会影响。例如，日本的近代报纸的代表《横滨每日新闻》在1870年创刊后，不少小型报纸也纷纷出版发行。当时的政府把报纸看成是传达政府政策的一种启蒙手段，在街头设置了读报栏试图促使报纸的普及，可惜效果不大。后来由于新闻报道宣传民权思想，成了政府的镇压对象。日本的报纸就分成了重视社论和评论的大报和以通俗新闻为主的小报。通俗易懂的小报的发行量不断扩大。

20世纪初到20年代是日本报纸作为大众媒介在社会上站稳脚跟的时期。这个时期，由原来的小报急速成长为大报的《朝日新闻》和《每日新闻》发行量大为提高，比如《朝日新闻》的发行量就由1910年的16万份发展到

1932 年的 105 万份。30 年代后期，由于各个报纸纷纷在社论评论上反对日本军国主义政府发动的侵略战争，受到日本政府的压制，发行量也大幅度减少。日本的报纸为了生存不得不为第二次世界大战作动员宣传。

第二次世界大战后，日本的报纸恢复了战前的生机，发行量也开始增长，日本的报纸一般一天两份——早报和晚报，早报和晚报的发行总量在 1945 年为 1420 万份，1960 年为 2440 万份，1970 年为 3630 万份，1980 年为 4640 万份，1990 年为 5200 万份，即以 10 年 1000 万份的量在增长。现在，日本的报纸是以新闻报道和深度新闻、评论为中心来组织、编辑版面。日本的报纸一般来说有以下几类：

● 以日本全国为市场的全国报，有《朝日新闻》《每日新闻》、读卖新闻》《产经新闻》《日本经济新闻》五家报纸；

● 以日本东部、中部、西部为发行地区的地方报纸，有《北海道新闻》《东京新闻》《中日新闻》《西日本新闻》四家报纸；

● 以省为主要发行地区的地方报纸和以地方小城市为主要市场的地区报纸。

近几年，在日本的全国性报纸中，《朝日新闻》和《读卖新闻》占领了主要市场，同时地方报纸的发行量也大幅度上升。

再看看日本电视事业的发展，1952 年日本电视和 NHK 东京台取得播送许可，1953 年开始开播，1954 年 NHK 大阪台和名古屋台也开播了。其彩色电视节目在 1960—1966 年形成全国性的播送网络。日本的电视台可以分为公营和民营两种，NHK 是公营性质的电视台（同时它也有广播事业），以向观众征收电视费来维持经营。民营电视台则主要依靠广告费。

日本的民营电视台主要有五家：

● NNN（日本电视台，《读卖新闻》集团投资）；
● JNN（东京放送，《每日新闻》集团投资）；
● FNS（富士电视台，《产经新闻》集团投资）；
● ANN（朝日电视台，《朝日新闻》集团投资）；
● TXN（东京电视台，《日本经济新闻》集团投资）。

而且，各家电视台与全国五大报纸也有经营上和内容上的关联。从日本电视收视率的增长数字可以看出在日本电视的社会普及率很高。以 NHK 为例，1955 年为 5 万人，1960 年为 680 万人，1980 年为 2920 万人，1990 年为 3350 万人。同时，日本的电视事业也因为通信技术的发展而多样化，比如有线电视和利用通讯卫星转播的节目不断增加，近几年电视节目的数字化也在推进，这些变化必然会引起相关的社会变化。

第五节 媒介的普及与社会的发展——中国社会

现代中国的媒体事业有过三次较为大的变革，这三次变革都与当时的社会变革密切相关，而且，很难断言是媒介推动了社会变革，还是社会变革促进了媒介的发展。或者应该更确切地说，两者是相互促进、相互发展的。

表3-6 中国社会媒介的普及与社会的发展

年代	大众传播媒介的发展
1815年	中国近代报纸产生
1872年	由民族资本家创办的商业报纸开始发行（《申报》《新闻报》）
1895年	维新派办报活动
1922年	中国共产党机关报《向导》创刊
1926年	中国通讯事业和广播事业出现
1950年	新中国的新闻事业初具规模
1983年	新闻界引进信息概念
1986年	中国第一个国际联网项目（中国学术网）启动
1991年	第二代移动通信技术（2G）开始推行
1992年	媒介行业开始迅猛发展
1993年	大陆第一部移动电话（大哥大）面世
1995年	中国最早的电子报纸出现
1996年	中国第一家报业集团——广州日报报业集团建立
1997年	中国互联网开始普及
1998年	较成熟的互联网信息中心（新浪网）出现
2001年	全面启用光缆干线网传输电视节目；国内推行院线制，多地开始组建院线；第三代移动通信技术（3G）开始推行
2003年	博客开始兴起
2005年	互联网进入web2.0时代，去中心化、开放、共享是其显著特征

续上表

年代	大众传播媒介的发展
2006年	中国视频产业元年，土豆、优酷等200多家网络视频企业崛起；第一份数字报纸推出
2008年	第一部安卓智能手机发布，中国开始重视发展物联网技术
2009年	新浪微博诞生；第四代移动通信技术（4G）推出；中国网络电视台（CNTV）成立
2011年	微信上线
2012年	微信推出公众平台，百度云盘开启互联网云存储时代
2013年	互联网电视元年；"三网融合"① 迈入普及阶段
2014年	传统媒体和新媒体融合元年，"网络自制剧元年"
2015年	自媒体兴起，PGC、PUGC越来越多；网络电影迎来爆发式发展；民用无人机市场快速发展
2016年	"网络直播元年"，各大网络直播平台井喷式发展；"VR元年"；视频付费市场快速扩大

1979—1982年，中国开始制定和实行改革开放向现代化迈进的目标，加强经济领域的建设。学术界和新闻界在这种开放的空气下，对媒介的使命这个课题进行了反思，否定了"媒介是阶级斗争的工具"这种过去的说法，肯定新闻事业是面向社会以报道时事消息为主的传播机构，在中国经济改革的大潮中，经济报道的比例应该不断增加。

1983年，改革开放初见成效，中国社会也越来越开放，信息这个概念开始被中国新闻界使用。人们对新闻媒介的社会功能又有了新的认识，认为不能把新闻媒介简单地看成宣传工具，同时新闻媒介应该满足社会大众的各方面的需求，又快又好地为读者提供了解周围环境的信息，帮助他们补充新的知识。中国的新闻媒介在做好党的宣传工作的同时，还必须为大众提供各种政治、经济、文化和国际信息。在这种情况下，中国的媒介结构开始变化，一大批以提供经济、娱乐信息为主的报纸、电台、电视台不断出现，信息开始成为媒介的主角，新闻报道的方式方法也开始多样化了。

从1992年开始，中国的新闻媒介又开始面临一个新的挑战，那就是从上

---

① 三网融合指的是电信网、广播电视网和互联网三网的融合。

层建筑式的事业单位开始向自负盈亏的信息产业转化，其变革的要点与其说是内容上的革新，不如说是经营管理上的大换血。报纸、电台、电视台三足鼎立，日报、晚报、专业报互不相让，电台、电视台的节目焕然一新。报道内容的变化表明了受众已经变成了媒介的上帝，媒介内部的结构也灵活化。而且，竞争使信息市场不断发展，1996年，中国第一个报业集团——广州日报报业集团成立了，这标志着中国媒介开始走向硬件强、内容充实的大型媒介集团之路了。

同时，中国互联网的发展也非常迅速。2001年，中国上网计算机数为892万台，上网用户人数只有2250万人。但是这个数据增长速度较快，根据中国互联网信息中心CNNIC的历年统计结果，到了2004年，我国上网用户总人数已经上升到9400万人；2009年底中国网民规模是3.84亿人，较2008年增长28.9%，在总人口中的比重从22.6%提升到28.9%。同时，中国手机网民呈现迅速增长态势，手机网民规模是2.33亿人，占网民总体的60.8%，移动网络、手机终端在中国互联网发展中起着更加重要的作用。到了2012年年底，我国网民规模达到5.64亿人，互联网普及率为42.1%；手机网络各项指标增长速度全面超越传统网络，手机在微博用户及电子商务应用方面也出现较快增长。截至2015年12月，最新的统计表明，中国网民规模已经达到6.88亿人，互联网普及率50.3%；手机网民规模达6.2亿人，占比提升至90.1%，无线网络覆盖明显提升，网民Wi-Fi使用率达到91.8%。

十分钟小讨论：未来的媒体是怎样的

请你想像一下：未来50年后，我们会使用怎样的技术或者方式进行日常的信息传递和社会沟通？请发挥你的想象力进行描述。

第六节　信息、媒介与社会发展

以上我们回顾了媒介的普及和社会的发展。那么，传播行为或者说媒介传播与社会发展的相互关系可以如何总结概括呢？大众传播媒介的传播行为如何与特定的社会文化相互关联、相互影响呢？本节将重点探讨在社会传播过程中，各种社会支配要素和被支配要素如何影响媒介信息的传播。

一般来说，在传播过程中，各种各样的社会因素彼此之间存在着相互作用的力学关系，这些社会因素之间的力学关系根据自己的目的和利益在必要的时候产生作用。传播过程中的信息可分为两层：一层为表面的信息，其意思明白而直接；另一层为暗示性的信息，其意思不能为一般读者所认知，比较含蓄。正是这种暗示性的信息最能体现围绕传播者和受众的社会环境及文化背景的内涵。同时，特定的社会环境及文化背景又会被某种暗示性的信息再次加强或更改。可以说，传播行为是通过暗示性信息的象征作用来影响社会的，媒介其实是在传达一种促使某种现象普遍化或正统化的信息。图3-6就是一个信息、传播和社会相互关系的图式。

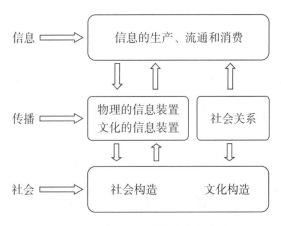

图3-6　信息、传播和社会的关系

下面我们以社会传播为中心讲解这个图式。

总的来说，在一个相对安定的社会里，由信息的生产、流通和消费过程开始，通过信息装置和社会关系，再对社会构造和文化构造产生影响，这是一个垂直流动的过程。在这个过程中，信息的生产、流通和消费过程更新了信息装置和社会关系，对特定的社会构造和文化构造起了某种程度的影响。反过来，也存在由原有的社会构造和文化构造开始，到信息装置和社会关系，再到信息的生产、流通和消费过程这样一个流动过程。在这个过程中，既定的社会构造和文化构造决定了信息装置和社会关系，而既定的信息装置和社会关系又决定了信息的生产、流通和消费过程。这也是一个垂直流动的过程。因此我们可以说，信息、传播和社会的关系是双向垂直流动的关系：一方面，由信息的生产、流通和消费过程开始的流动影响了传播层和社会层；另一方面，由社会构造和文化构造开始的垂直流动的过程影响了传播层和信息层。

先看第一层即信息层的要素。信息的生产（即收集、处理、加工、积蓄、发送）、流通（移动）和消费过程（接受、处理、加工、积蓄）是一个动态循环的过程。这个过程中的行动主体一般是个人、多人的组合或集体、社会（团体、地区、国家），它们之间的传播可以分为个人传播、地区传播、组织传播，也可以分为中间传播和大众传播。如果传播者是国家的话，那么这种传播也可以称为国际传播。这些传播者同时也是第二层的社会关系的行动主体。

再看第二层即传播层，它有两个要素，即信息装置和社会关系。信息装置是指和信息的生产、流通和消费过程紧密相连，维持这种流动过程的组织、机构或制度。对于信息和信息的传播者、消费者来说，信息装置是不可缺少的。信息装置一般来说有物理的信息装置和文化的信息装置两种。其中，物理的信息装置是指信息流通的硬件部分，可分为三类：①传播媒介，即报纸、广播、电视等大众传播媒介，邮递物、电话、传真等个人媒介，处于大众传播媒介和个人媒介之间的地区媒介和组织媒介，还有电脑通讯媒介和作为媒介渠道的卫星和光纤。②交通机构。由于信息常常被人或物所附带而被交换、流通，所以，交通机构也可以被认为是一种信息装置。③具有制度性的组织或设施，比如学校、军队、教会、企业等。这三种物理的信息装置随着社会的发展而发展，相互补足，使人们的信息环境不断扩大。

另一方面，文化的信息装置是指在信息的生产、流通和消费过程中与信息的意义和信息的解释有关的语言、记号（符号）或文脉（语境，context）。语言是社会文化和历史的产物，它包含了各种各样的意义和价值观。同样，人们对记号的理解也各式各样，不同的文化、不同的民族对同一记号的理解也不尽相同，甚至每个人对特定的单词或符号的理解也不一样。至于文脉，是指由语、句、段落组成的意思的集合。文脉与特定的历史文化现象有关，在构成信息的词和句难以判断时，人们往往会根据上下文的意义来对信息的意义进行判断。也可以说，信息的传播是在某个特定的社会文化背景，即某个特定的文脉语义环境里进行的，人们基于对同一文脉的理解，而得以顺利地接受信息、理解信息（如图3-7所示）。

有了物理的信息装置和文化的信息装置，传播过程才得以成立。反过来，传播过程对信息装置也会有影响，被经常利用的媒介会作为物理的信息装置而固定下来，不被经常利用的媒介会遭淘汰、消失。这种情况也会发生在文化的信息装置上，语言、符号都会被淘汰，也会被赋予新的意义而新生。

第二层的社会关系是指传播过程中的由个人、多人的组合或团体、地区、国家形成的集合体。社会关系是由不断重复的传播行为构成的，而信息流通的

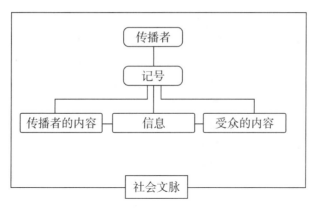

图 3-7 传播过程中的文化的信息装置

频度和信息量是推论社会关系的重要指标。即使一个人处于没有接触任何媒介和任何人的状态，只要他认识到有接触来自外界信息的可能性，就可以说，他与社会之间存在着一定的关系。一般来说，传播者与受众之间，信息量越大，传播速度越快，则两者的社会关系越密切。传播过程通常与支配阶层的关系最密切。

在传播过程中，信息装置和社会关系又是什么样的关系呢？信息装置会导致社会关系的变化或更新。比如说，大众传播媒介的发展和普及使信息的社会流通量不断增加，原有的社会关系也有了大的变化。而信息装置和社会关系之间也有一种相互影响的关系。有的国家为了改变社会关系而建设物理的信息装置，比如交通设施、交通网，有的是根据既有的社会关系建设的，也有为了未来的社会发展和未来的社会关系而设计的。文化的信息装置也不例外，有的国家为了融合各种社会关系而实施有关语言政策，这对某个特定地区的社会关系的维持和发展很有推动作用。总而言之，文化的信息装置与传播过程和社会关系之间，是相互影响、相互变动的。

第三层是社会和文化结构。社会文化结构是指由社会制度决定的社会人员分配和资源分配的状况以及一个社会的文化特征。社会文化结构与信息装置和社会关系是支配与被支配的关系。一般来说，社会的统治者为了维护已有的社会文化结构的安定，会对信息装置和社会关系进行控制或调整，而信息装置和社会关系要立意革新时，也会引起较大的社会文化结构的变动。

总而言之，信息、传播和社会三者之间是相互影响、密不可分的关系，但是传播学者的视线总是习惯于集中在社会传播如何维持社会的安定和存续上，对社会环境如何影响社会传播则较少关注。以上的分析无疑提醒我们要从更为全面的角度来看待传播与社会，这也是媒介社会学的重要课题。

案例分析

中国网盘发展史

网盘又称网络U盘、网络硬盘、虚拟硬盘和云盘。2005年8月，网易推出280兆免费网络硬盘服务"网易网盘"，内置于网易免费邮箱当中，受到市场的欢迎。2008年10月，UC浏览器UCWEB推出"网盘"功能，无论在手机端还是电脑端，登录账户后上传文件，另一端登录账户后即可下载，实现了双屏数据传送。2009—2010年，许多大型互联网公司以及一些初创型公司开始开发网盘服务，网盘数量飙升，竞争越来越激烈。2010年10月，115网络U盘注册初始即可拥有8G空间。2012年，原有的传统网盘出现了用户增长停滞，个人云存储产品处在用户红利期，进入了一轮厂商混战。这一年也成了网盘行业的分水岭，监管层加大对网盘的监管力度。2013年，百度和360等巨头们掀起了云盘大战，大打免费空间的策略。2014年6月26日，深圳市市场监管局以快播涉嫌侵权腾讯为由，开出2.6亿罚单。2015年6月11日，国家版权局联合国家网信办、工信部、公安部联合开展"剑网2015"专项行动，将网络云存储空间的版权专项整治作为重要行动任务。2015年10月14日，国家版权局发布了《关于规范网盘服务版权秩序的通知》，要求网盘服务商主动屏蔽、移除侵权作品，防止用户违法上传、储存、分享未经授权的作品。2016年3月2日，全国"扫黄打非"办公室、中央网信办、国家新闻出版广电总局等五部门联合下发通知，全面开展打击利用云盘传播淫秽色情信息专项整治行动，并公布了六起利用销售云盘（网盘）账号和密码传播淫秽色情信息牟利案件，涉及360云盘、115网盘、乐视网盘等云存储工具。由此，网盘关闭潮正式开启。

如何看待社会发展过程中技术与社会的关系？可以有三个角度——技术决定论、社会决定论和技术社会互动论。技术决定论把社会变迁都归结于技术变迁，社会决定论则认为技术的发展和使用完全是由社会政治、历史、文化等因素决定的。然而在现实生活中，有些技术在不同的社会里面临不同的境遇，技术的力量并非不受社会制约，还有些技术却会超出预定的轨迹，产生社会意料之外的结果。而技术社会互动论主张技术与社会是相互互动的，而非谁决定谁的关系。

第四章　媒介与社会的相关理论

- 大众传播媒介社会功能的主要观点
- 媒介与社会的七种关系理论
- 四种标准媒介理论
- 媒介与社会的四种其他理论

本章将对有关媒介与社会的一些重要的理论做一个梳理和归纳，目的在于通过对既有理论的介绍，了解一下在社会学和传播学的范畴内与媒介社会学有关的一些研究成果，这些研究成果如果从媒介社会学的角度予以整理的话，可以分为媒介的社会功能、媒介与社会的关系、媒介标准理论和其他理论几个部分。首先从有关媒介的社会功能的理论开始，这是不少社会学家和传播学家较早就开始关注的一个课题。

第一节　媒介的社会功能

一、大众传播媒介功能研究的思路

前面几章已经介绍了大众传播媒介社会功能的一些内容，本章则是从理论发展脉络的角度再梳理一下大众传播媒介功能研究的思维路径及其演变，这就是从媒介到人，再从人到社会。这样的思维脉络从说服效果开始，经历媒介对个人的功能、个人对媒介的需求、现象研究到媒介的社会功能这样一个研究发展过程。

1. 关注媒介的功能

媒介的说服效果研究的展开有其特定的背景,它首先是作为一个注重实用价值的课题被开发研究的。两次世界大战的爆发和媒介在战争宣传中的作用,媒介技术的进步给当时的人们带来的惊奇,都使人们关注媒介的传播活动如何打动人心、如何能促成人们的实际行动这些实际问题。

例如,当时的政治阶层关注如何能有效调动社会成员,企业关注如何激发人们的购买行为,军事领袖关注如何能调动士兵在战争中的积极性,这些关注点都能归结到媒介的传播活动能达到怎样的说服效果这个问题上来。正如一些社会学者和传播学者指出的那样,早期的媒介研究的中心之所以聚集到媒介的社会效果和对社会成员的心理影响力上来,是因为当时的社会背景中具有的"市场的压力和军事的要求"[1]。由于一些特定的社会传播者(或组织)具有较为清晰的传播意图,所以当时的媒介研究就按"传播者的传播意图是否对受众产生影响,或者如何才能产生影响"这个方向展开了,也就是说,当时媒介研究的重点被放在考察媒介的实际影响力,衡量媒介在社会活动中能起的作用上面,导致当时最为研究者所关注的研究课题都是有关受众的研究和传播效果的研究。

正如卡茨等曾指出的那样,有关媒介传播的研究从早期的理论研究开始到20世纪60年代的实证研究几乎都不能脱离一条底线,这就是"媒介能起什么作用";有关媒介的调查研究也一样,不论基于怎样的现实条件,所有的研究都在讨论和明确大众媒介的传播活动是否能成功地说服人们的意见、促成人们的行动[2]。由此可见,初期的媒介研究关注的是媒介在现实生活中对社会成员的说服作用的大小。

2. 关注对受众影响

由大众媒介的说服作用开始,传播学的研究者继而开始关注媒介的传播活动对一般受众的影响,探讨媒介的传播内容对受众来说意味着什么,也就是说把大众媒介看成是作用的主体,把受众看成是作用的客体,在这个层面上思考媒介的具体作用。而作为客体的受众也不仅仅是个人,媒介的影响力还可以推论到社会组织、集团甚至社会和文化的层面。这样一来,由于研究者的关注点不同,研究媒介对受众的作用的视野就可以是媒介在政治传播方

---

[1] 例如 R. K. Merton, *Social Theory and Social Structure*. New York: Free Press, 1948, p. 423.

[2] E. Katz & P. F. Lazarsfeld 著,竹内郁郎译,《人际影响》(日文版),培风馆1956年版,第5—6页。

面的功能，也可以是媒介在经济传播中的作用，还可以探讨媒介对人们的社会认知活动的影响。

而上述这些从受众角度出发探究媒介功能的研究多多少少也依赖于当时新媒介不断出现和伴随新媒介出现后社会问题不断出现的背景。在社会发展的过程中，新媒介的出现一般都会引起人们的关注，并形成对新媒介作用的过大评价，过大评价的同时，也容易把新媒介当成引发当时出现社会问题的原因之一。例如，20世纪20年代到30年代的电影媒介、30年代到40年代的广播媒介、50年代的电视媒介、90年代到现在的网络媒介都被与同时代的社会问题联系在一起进行分析、讨论。也许是因为社会学者和心理学者的特定的思考角度，把社会传播活动与人们对现实的思考和判断以及人们的行为联系在一起讨论已经司空见惯，至今，这已经成了一种非常普通的问题意识了。

3. 关注人对媒介的需求

在关注人与媒介功能的研究成果中有一较为有代表性的研究，这就是"利用与满足研究"。卡茨等通过实证研究证实了人们使用媒介的几个基本假设，即受众使用媒介的目的是基于心理或社会需求，想借媒介信息来满足需求；受众是大众传播媒介的主动使用者而非简单的媒介接受者；大众传播媒介所能满足的需求只是人类需求的一部分[①]。

从上述几个基本假设可以看出，利用与满足理论是从受众的角度来探讨媒介作用的。这些假设一方面认为人们寻求信息是为了满足某种需求，以维持心理结构的平衡；另一方面也表现出受众是理性的，即每个人都明白自己的需求，知道用什么媒介来满足自己。

第二章介绍了日本学者竹内郁郎对大众传播媒介的社会作用的分析，他对卡茨的理论模式也作了若干补充。他认为，人们接触传媒的目的是为了满足他们的特定需求，这些需求具有一定的社会和个人心理起源；人们接触媒介的行为发生需要两个条件，其一是媒介接触的可能性，即周围有没有方便利用的媒介；其二是媒介印象，即媒介能否满足自己的现实需求，这种印象是在以往媒介接触经验的基础上形成的；同时，人们的接触行为的结果可能有两种，即需求得到满足或没有得到满足。最后，无论满足与否，这一结果将影响到以后的媒介接触行为，人们会根据满足的结果来修正既有的媒介印象，在不同程度上

---

① E. Katz, J. G. Blumler & M. Gurevitch, Utilization of Mass Communication by Individual. In J. Blumer and E. Katz (eds.), *The Use of Communication*, Beverly Hills, Calif.: Sage, 1974, p. 20.

改变对媒介的期待①。

不同的学者在讨论、使用满足理论时,其出发点不同。例如,有的学者偏重于个人的心理,有的学者偏重于社会环境对受众需求所产生的影响。不过,这个理论把能否满足受众的需求作为衡量传播效果的基本标准,这在当时是有重要意义的。

4. 关注媒介与社会

如上所述,研究视点不断转化,人们对媒介的功能从媒介自身转到受众,之后又转到社会的层面上来了。也就是说,人们认识到,媒介的功能不仅仅是停留在个人的认知和行为上的,通过个人,通过由无数个人组成的社会集团,媒介的功能也在社会的层面上有所表现。例如,20 世纪初期社会学家格林就曾指出,媒介延长了人们的精神世界,也导致了社会的整合。他认为,媒介运载着特定的思想和意识,通过不间断的、跨越时代的传播活动(同时这种传播活动也是快速和没有空间限制的),来促成社会各阶层成员的接近与融合,从而形成他所谓的"社会的扩大化和活跃化(enlargement and animation)"②。格林认为,媒介导致的人的精神的扩大就是由于媒介的存在,人们可以在社会范围内加大自我主张的声音,形成基于社会成员共同智慧和能力的社会组织,人的意识和精神空间也不仅仅止于自己周围的人和事,而可以通过媒介与更广泛的人形成交流,渐渐地,就形成了一个国家整体乃至世界整体。

但是格林的主张被认为过于乐观。例如,经历了两次世界大战后的人类社会与其说具有一体感,不如说国家间、民族间的敌意更为明显;与其说社会意识的活跃化,不如说战中、战后更多的人会对强权势力不予抵抗地接受。拉扎斯菲尔德等指出大众传播媒介的社会功能有三项,即赋予社会地位、强化社会规范和麻醉③,这种观点可以说更看重对社会的负面作用。而米尔斯则直接指出大众传播媒介在活跃社会成员之间讨论的同时,也不可避免地破坏、侵占了大众论坛,视社会成员为大众社会的媒介市场④。他认为,大众传播媒介虽然

---

① 竹内郁郎:《大众传播的社会理论》,东京大学出版社 1998 年版,第 71 – 72 页。

② C. H. Cooley, *Social Organization*, Farmington Hills: Charles Scribner's Sons, 1909. Part 2, *Communication*, especially Chaps. 8 – 10.

③ P. F. Lazarsfeld & R. K. Merton, Mass Communication, Popular Taste and Organized Social Action, in L. Bryson (ed.) *Communicaion of Ideas*, 1948. Reprinted in W. Schramm & D. Roberts, (ed.), The Process and Effects of Mass Communication, Urbana: University of Illinois Press, 1971, pp. 459 – 461.

④ C. W. Mills, *The Power Elite*. Oxford University Press, 1956. 这里主要参照日语版内容,鹈饲信成译,东京大学出版社,1958 年版,第 517 页。

向人们传递大量的社会信息,但是并没有把公共信息与个人感觉结合起来;媒介不会关注个人内部的紧张,或者是反映在个人内部的社会关系的紧张,而只是把人们的注意力吸引到特定的问题上来。媒介仅仅是引起人们的紧张,但是并不指明解决紧张的方法。

以上是早期几位学者基于各自的角度对大众媒介的社会功能持有的不同的看法,而大众媒介在社会层面上的功能除了以上的评论外,在当时要从实证的角度给与论证还是一件很少被尝试的事情,分析的机制也非常复杂。随着传播学的发展和社会学、社会心理学成果的丰厚,这个课题在后来被多个学者所关注、所讨论。

案例讨论:为什么普利策新闻奖获奖作品都是负面新闻?

普利策新闻奖是美国最知名的新闻业界大奖。每年的获奖新闻作品绝大多数都是负面新闻,如2001年的获奖作品有:突发新闻报道奖《迈阿密先驱报》(报道联邦执法人员接管古巴偷渡男孩埃连)、独家新闻奖《纽约时报》(暴露美国税法中漏洞之处和不公平现象的报道)、国内报道奖《纽约时报》(报道美国种族问题)、调查性报道奖《洛杉矶时报》(揭露美国食品和药品管理局批准的不安全药物问题)、解释性报道奖《芝加哥论坛报》(报道美国航空交通问题)、公共服务奖《俄勒冈人报》(报道美国移民归化局的系统性问题)、国际报道奖《芝加哥论坛报》(报道非洲政治斗争和疾病问题)等。2003普利策新闻奖有:国际新闻报道奖《华盛顿邮报》(揭发墨西哥刑事法律腐败丑闻)、公共服务贡献奖《波士顿环球报》(揭露了美国神职人员奸污儿童的丑行,最后迫使波士顿教区的大主教辞职)、深度报道奖《华尔街日报》(报道安然、世通等美国大公司的财务丑闻和垮台事件)、国际新闻报道奖、评论奖和批评奖《华盛顿邮报》(揭发了墨西哥刑事法律的腐败黑幕)等。

请你分析一下,为什么这些获奖作品报道的都是负面新闻?或者说,这些负面新闻发挥了哪些社会作用?

二、媒介社会功能的多种观点和发展脉络

大众传播媒介的传播活动对社会产生了什么样的实际影响?这种影响是否有正面的和负面的?哪些是我们明显能发现的,哪些又是我们所无法直接察觉

的？这些涉及到媒介社会功能和作用的问题是传播学者一直以来不断思考和研究的重要问题，也属于媒介与社会的相关理论中较为重要和基础的理论。多位学者对这个课题进行了深入的研究。第三章已经对大众传播媒介的五项主要社会功能及其正负影响做了解释说明，但是在传播学的理论发展过程中，媒介功能说也是引发学者们关注和讨论的内容，从较早的三大功能扩展到八项功能，最后大致定位到五项功能，经历了一段理论发展的过程。前章已经改为"五项功能"，这也表明了研究者对媒介社会功能的认识是不断发生变化的，同时也说明了媒介的社会功能是具有时代性的，不同的社会发展阶段社会体系中的大众媒介发挥着不同的作用，人们对媒介的传播活动的需要和所寄予的期望也是不同的。

下面对媒介功能说的理论研究和观点变化过程做一介绍。探讨媒介的社会功能的学者虽然不少，但是各自的角度和目的有所不同。有的学者是讨论分析传播活动的社会功能，有的学者是直接分析大众传播媒介的社会功能，两者有类似的地方，但内涵不同。传播是一种普遍的社会活动或者说社会现象，它包含很多种传播方式如人际传播、组织传播和大众传播；而大众媒介的传播则指面向大众通过传播技术进行信息发布的专业传播活动。在分析传播或者大众媒介的社会功能的时候，我们要注意学者们的分析着眼点。一般来说，对传播的社会功能的分析包含对大众传播媒介的社会功能的分析，但是对大众传播媒介的功能的分析有时并不能推论其他传播媒介的功能，例如，麦考姆斯和肖提出的"大众传播媒介的议题设置功能"只适用于大众传播媒介。

最早分析媒介的社会功能并对此进行了归纳的学者当属拉斯威尔，他在1949年提出媒介具有三大社会功能，即监视社会环境、整合社会力量和传承社会遗产[①]（如图 4-1 所示）。

所谓监视社会环境功能，是指媒介具有瞭望哨的作用，通过信息传播发现新问题和新发展；整合社会力量，则指在媒介通过传播信息把有分工合作的社会各界组织起来，进行协调和统一；而媒介的社会遗产传承功能，是指媒介不断的信息传播活动可以在多个世代之间实现文化传承，使下一代人能继承上一代的传统，使社会得到不断发展。

而拉扎斯菲尔德和默顿也在同年的研究中提出八项细化后的功能说。他们

---

① H. D. Lasswell, "The Structure and Function of Communication in Society", in L. Bryson (ed.) *The Communication of Ideas*. New York: Harper and Brothers, 1948, pp. 37–51.

第四章 媒介与社会的相关理论

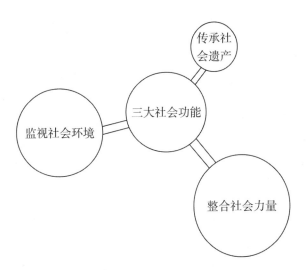

图4-1 拉斯威尔提出的媒介三大社会功能

认为，媒介的社会功能可以从以下几个方面总结[①]：

表4-1 拉扎斯菲尔德和默顿的媒介八项功能

媒介的社会功能	具体内容
授予地位	媒介可以通过信息传播赋予特定的人或事以较高的社会地位，也可以通过相同方式剥夺人或事已有的社会地位
维护社会准则	媒介的报道内容一贯都是主张现今社会的准则，立足于维护社会系统的稳定
宣扬社会目标	媒介会自觉地维护和宣扬当今社会的目标，并把它向社会公众作解释和说明
统一社会行动	媒介的信息传播可以在同一时间里统一或者协调社会行动，使社会发展步调一致

---

① P. F. Lazarsfeld & R. K. Merton, "Mass Communication, Popular Taste and Organized Social Action", in L. Bryson (ed.), *The Communication of Ideas* (1948, pp. 95–118), reprinted in W. Schramm & D. F. Roberts (eds.), *The Process and Effects of Mass Communication*. Urbana: University of Illinois Press, 1948, pp. 554–578

续上表

媒介的社会功能	具体内容
维护现存秩序	媒介的传播内容一般不会提倡反对现存的社会体制,而是偏向于维护保持现有的社会秩序
麻醉社会公众	长期和反复的媒介传播活动尤其是娱乐性信息容易减弱公众的判断识别能力,或者沉湎于娱乐
提倡顺从	长期接受媒介传播内容的公众容易形成对现有社会制度的认同感,易于顺从现有的制度安排
普及大众文化	由于媒介以一般的大众为传播对象,所以较高层次的审美水平和文化修养渐渐被通俗文化所代替

1960年,查尔斯·赖特在拉斯韦尔的论述基础上补充了"娱乐"功能,从社会学的角度总结了四功能说。赖特所指的四功能是:①环境监视,媒介的传播活动可以警戒外来威胁,满足社会的常规性活动的信息需要;②解释与规定的功能,即可以通过含有特定倾向的信息传播引导公众并协调社会成员的行为;③社会化功能,是指媒介传播知识、社会价值观念以及行为规范;④提供娱乐的功能,表现在媒介的传播活动能满足人们精神生活的需要[①]。蒙德勒申把娱乐功能进一步诠释为,大众传播媒介可以消除人们的紧张,使人们感到放松,从而可以较为容易地应对社会问题,避免社会因关系紧张而出现问题[②]。

施拉姆从政治功能、经济功能、社会功能三个方面进行了总结,把大众传播的基本功能归纳为守望功能、会议功能、教化功能、娱乐功能和商业功能[③]。施拉姆的总结明确地提示了传播的经济功能,这在现代社会是一个十分重要的功能,尤其是在信息化社会里,大众传播的经济功能并不仅仅限于为其他产业提供信息服务,它本身就是知识产业的组成部分,通过知识、信息商品的生产和流通在整个社会经济中占有重要的地位,也因此具有较大的社会影响力(见表4-2)。

---

① C. R. Wright, "Functional Analysis and Mass Communication", *Public Opinion Quarterly*, 1960, 24 (4), pp. 606–620.

② H. Mendelsohn, *Mass Entertainment*. New Haven, CT: College and University Press, 1966.

③ 施拉姆:《传播学概论》,新华出版社,1984。

表4-2 施拉姆的三大功能①

层面	基本功能	具体内容
政治方面	守望功能	环境监视
	会议功能	社会协调，社会控制
社会方面	教化功能	规范传递，遗产传承
	娱乐功能	提供娱乐信息
经济方面	商业功能	经济信息的收集和解释，开创经济行为

在这里不得不提起麦奎尔对上述理论的归纳和整理。麦奎尔是英国著名传播学者，荷兰阿姆斯特丹大学传播学院终身教授，曾任英国皇家出版传播调查委员会学术顾问，《欧洲传播学杂志》的三位创始人之一。麦奎尔擅长用社会学的宏观视野和框架，对以往的大众传播研究成果进行梳理、整合，使几十年来产生的各种理论之间呈现出关联性、互动性，为传播学科，特别是大众传播学科进一步提升自身的整体理论水准，建构了必要的平台。麦奎尔也将众多的时间贡献于描述媒体影响和效果的理论与意识并致力回答不同大众媒介的效果和社会影响。从1968年至今，麦奎尔出版了十几本著作，广泛涉及传播研究的诸多领域，其代表作有《大众传播理论》及《大众传播模式论》，两书均在世界范围内发生了广泛影响。

麦奎尔对媒介的社会功能有深入的分析和总结。在2002年的《麦奎尔大众传播理论》一书中，他先是从功能主义理论的角度归纳出五个思考媒介社会功能的基本思路②（如图4-2所示）。这五大思路的具体内容如图4-2所示。

信息功能是指将各种社会事物和社会变化的状况作为信息向社会成员传达的功能。这种信息传达能使个人了解社会，适应社会的发展，使社会的维持和继续成为可能。众所周知的大众媒介的新闻报道就是这一功能的体现。

联系功能也就是社会整合功能，是指媒介对来自社会的各种信息进行选择、评价和解释说明，调节各社会成员之间的相互关系，圆滑其相互作用，密切相互关系，同时为社会成员指出对应各种社会变化的方法。媒介的评论栏目可以看成是这一功能的体现。

---

① 施拉姆：《传播学概论》，新华出版社1984年版。
② 麦奎尔著，崔保国、李琨译：《麦奎尔大众传播理论》，清华大学出版社2006年版，第67页。

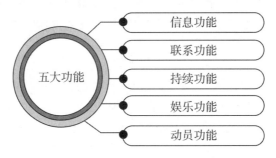

图 4-2　麦奎尔的五大功能说①

　　持续功能即文化延续功能，是指媒介通过报道将某个社会特定的文化理念、价值观、行为规范、生活方式及一般的社会知识传达给年轻的一代，人们接受教育不仅仅是在学校，每天通过接触媒介而潜移默化得到知识也是一种社会教育，媒介的教育功能是通过信息传播来实现的，主要表现在对文化和社会规范的传授延续上。

　　娱乐功能是指大众媒介通过为社会各阶层的成员提供娱乐信息，使人们在工作之余得到放松，缓解来自社会的各种压力。现代社会里媒介提供的娱乐信息越来越多，特别是电视等媒体的娱乐节目几乎占总节目量的一半以上。

　　动员功能是指媒体的信息传播活动不断向社会公众提示社会发展目标，进行政治动员，协调社会管理，团结社会力量，促使社会舆论趋于一致。

　　有关媒介社会功能的研究在几位先驱者奠定了基础后，许多后来者都从不同的角度、不同的层次对其进行了丰富和拓展。但其论述的本质大都没有跳出上述的范畴，因此，麦奎尔的五功能说是传播学领域比较受认可的定论。也有通过实证研究发现现代社会中媒介新的社会功能的，如麦考姆斯和肖提出的大众传播媒介的议题设置功能。但是综合上述多角度的功能说不难发现，其中部分的功能有些类似和重合，有些太过细微，有的又比较笼统；从功能主义角度出发的观点采用类比方法，而研究媒介效果的学者多用实证主义研究方法，不同的研究领域，或者媒介研究的取向不同，都会对媒介的功能形成自己特定的看法。

　　郭庆光指出，拉斯韦尔所论述的三项功能（即监视社会环境、整合社会力量和传承社会遗产）是包括人际传播、群体传播、组织传播在内的一切社

---

① 麦奎尔著，崔保国、李琨译：《麦奎尔大众传播理论（第四版）》，清华大学出版社2006年版，第67页。

会传播活动的基本功能,大众传播媒介不仅具备了这些功能,而且起着突出重要的作用①。张国良也认为,拉斯韦尔的功能说是解释"传播在社会层次上的功能"(或者说"传播的社会功能")②。这两位学者的解释给我们这样一个提示:在理解各位学者的不同的功能说——如拉斯韦尔的三功能说——时,不要混淆了"传播类型"与"传播层次"这两个概念。在现实生活中,社会传播的层次和类型是相互交叉、相互重合的,各个层次可以开展各类传播。拉斯韦尔的论述是站在社会层次的角度,但他对传播功能的归纳适用于各种社会传播活动。

新闻媒体可以推广"广告套餐"吗?

某大型报业集团在南方地区拥有丰富的媒体资源和社会影响力,其广告部的业务也蒸蒸日上。最近为了扩展其广告部的业务,广告部为广告客户设计了一个"广告套餐",具体内容是:在本报投放广告额如果达到一定的数额,客户可以同时享受针对本企业的"舆情监测"和"危机处置"服务。例如,该报业集团会提供每天监测相关企业舆情的服务,如果出现负面舆情,立刻告知企业并提供应对方案;如果企业发生危机事件,该报可能会适当调整新闻报道的数量和导向,并协助处理一些其他媒体的报道业务。你认为该报业集团广告部的这个做法是否合适?为什么?

第二节 媒介与社会的关系理论

大众传播媒介与社会体系之间的关系一直是媒介社会学最为重要的课题之一,在至今为止积累下来的传播学研究成果中,从各个角度探讨媒介与社会关系的研究也非常多,而麦奎尔通过文献综述将最为重要的研究成果整理归纳为七大理论③(如图4-3所示)。

---

① 郭庆光:《传播学教程》,中国人民大学出版社2011年版,第113页。
② 张国良:《传播学原理》,复旦大学出版社,2009,第46页。
③ McQuail, *McQuail's Mass Communication Theory*. London: Sage, 2000, pp. 74-90.

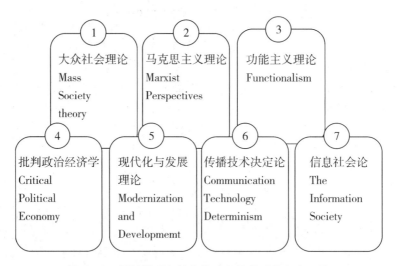

图4-3 探讨媒介与社会体系之间关系的七大理论

一、大众社会理论（Mass Society Theory）

这是兴起于20世纪五六十年代的理论，至今仍然受到学界的关注和发展。大众社会理论认为现代社会由"原子化"的个人组成，个人之间彼此孤立、分散，缺少沟通和组织，缺乏了解和认同，个人都是游离于社会强制力之外的个体，而之所以被称之为"大众"，也表明了对这些人群特点的描述：没有个性，教育程度较低，缺乏来自组织的约束力，非理性，时有暴力倾向。大众社会理论的媒体观则是，媒介应该配合其他社会组织来维持现存社会制度，维持大众对现存制度的认可状态；其结果则是媒介间接地培育社会公众为一群没有辨别能力和批判能力，没有个性和特点的大众。更有人直指媒介是一种有害的社会力量，因为媒介的信息传播可以直接影响人的思维能力，人们的生活会受媒介行为的破坏，社会也因此会产生大量的社会问题。甚至还有人声称，由于大众媒介面向的是大众，所以不可避免地会降低社会文化的高度，带来社会文明的总体衰落。但是麦奎尔表示相对乐观，他认为人们对媒体的上述"恶果"的判断有些言过其实，其实社会大众对权势总是有各种各样形式的抵抗的，特别是在网络媒体等新兴媒体为公众带来更多的发表自由和意见交流的时代①。

---

① McQuail, *McQuail's Mass Communication Theory*. London：Sage，2000，pp. 74 – 90.

二、马克思主义理论（Marxist Perspectives）

马克思主义理论认为，社会生产资料所有制性质决定社会的本质，经济是一切社会结构的基础，并决定政治建筑和思想关系。一定的生产力发展水平，要求建立一定的生产方式和一定的社会形态，在每一种社会形态中，经济基础决定国家政治制度和意识形态的性质，即决定这个社会的精神生产为谁服务。

基于上述观点，马克思主义的媒介观则可以表述为：媒介是一种生产手段，媒介的传播内容本质上就是传播统治阶级的观念和世界观，维持私有制和其经济基础，否定其他可能导致社会变革的行动，阻碍工人阶级为其争取自身利益而形成新的意识。而后马克思主义学派则更注重媒介在维持统治阶级权益方面的意识形态上的传播作用。有学者认为，媒介貌似客观公正的立场使其可以在不为劳动阶级所察觉的情况下帮助统治阶级实现其思想控制和制度合理化。

三、功能主义理论（Functionalism）

功能主义理论看待媒体的出发点是社会和个人对媒体的需要，比较重视媒介作为一个社会组织对社会体系应该起到的作用。在社会系统内，媒介也是其中一个分子，必须为主系统的维持和存续发挥作用，因此，媒介的内容形成和传播活动都会受到社会组织和社会公众为社会存续和社会整合而产生的需要的影响，从这个角度来看，媒介的内容更多、更主要的应该是维护社会系统安稳和谐的，而不是导致破坏结果的。这些观点已经得到不少学者的支持和学术佐证。有研究成果显示，公众使用媒介的动机既有期望通过媒介信息强化个人与社会的关联性的，也有寻求在社会系统内的安全感和认同感[①]。

麦奎尔从功能主义的角度归纳总结了大众传播媒介的五项社会功能，他认为可以从信息沟通功能、社会整合功能、文化延续能力、娱乐放松功能和社会动员功能来描述媒体的社会作用[②]。

四、批判政治经济学理论（Critical Political Economy）

这是一种用马克思关于上层建筑与经济基础的理论来探讨传播媒介的所有制结构以及媒介的控制问题的理论。其着眼点在于经济方面，坚持意识形态依

---

① E. Katz, M. Gurevitch & H. Haas, "On the Use of the Mass Media for Important Things", *American Sociological Review*, 1973, 38 (2), pp. 164–181.

② McQuail, *McQuail's Mass Communication Theory*. London: Sage, 2000, pp. 74–90.

赖于经济基础，并把研究的注意力转向对所有制结构的经验分析以及媒介市场力量运行的方式，着重分析西方垄断传播体制的经济结构与市场经济运行过程。简单地说，这种观点直接揭示媒介的所有制形式对媒介的经营管理和传播内容的重要影响，认为媒介组织也是社会政治经济的一部分，其传播内容必定受到媒介经济利益的限制。一些在现代社会到处可见的媒体行为其实都可以看成是上述观点的现实化，例如，媒介垄断的形成，媒介内容市场化倾向的加速，受众商品化，新闻报道对公共利益和社会道德的侵害，新闻专业主义的消退，等等。

五、现代化与发展理论（Modernization and Development）

这个理论认为，在一个国家的社会发展过程中，大众传播媒介的传播活动起着重要的作用，大众媒介的传播活动可以带来新的社会思维，协助推广各种社会革新，提高社会公众的文化素质，并形成统一的社会意识和团结力。但是这个理论在现实生活中显得比较理想化。作为促进社会发展和革新的要素之一，媒介的传播力量显然不能和政治经济等其他社会因素相比，同时也有人质疑该理论是否在为政治控制提供依据？该理论起源于第二次世界大战后，但目前已不太被学界关注。

六、传播技术决定论（Communication Technology Determinism）

这个理论主张社会传播技术的程度对这个社会的权力构成和社会变动有决定性影响，麦克卢汉的"媒介即信息"就是代表学说之一。但是不言而喻的是，大众媒介对社会产生巨大影响的时候，不仅仅是传播技术，应该还有其他多种因素在同时发挥作用。

七、信息社会理论（the Information Society）

该理论强调新技术新媒体在信息社会中的巨大促进作用，认为信息是信息社会里最有价值的资源和生产资料，信息将在经济上、社会上占主导地位。该理论主张社会变革更多地取决于信息的生成手段和对信息的进一步处理，随着信息技术和信息网络的高度发达，新技术、多媒体、交互式信息交流方式的实现将会较大地改变人们现有的交流方式，也会改变目前大众传播媒介的传播格局和方式，从而产生一种新的"网络文化"，更重要的是网络媒体还将会促进言论自由和社会民主化的进程。但是麦奎尔认为，该理论没有重视新传播技术给社会带来的负面作用①。

媒体上的娱乐信息如何改变了我们?

波兹曼在《娱乐至死》一书中写道:我们的第27任总统,体重300磅,满脸赘肉。我们难以想象,任何一个有着这种外形的人在今天会被推上总统候选人的位置。如果是在广播上向公众发表演讲,演讲者的体型同他的思想是毫不相干的,但是在电视时代,情况就大不相同了。300磅的笨拙形象,即使能言善辩,也难免淹没演讲中精妙的逻辑和思想。作者也许想说明,在电视媒体上,信息传播是通过视觉形象进行的,电视媒体上的信息互动的表现形式是形象而不是语言。因此电视媒体上的形象传播带给电视观众的是一种沉醉于形象"娱乐"而少理性思考的信息接受模式。请你评论一下,你是否喜欢看电视?你觉得电视媒体的信息传播的形象化是否会影响观众的思考方式?

第三节 标准媒介理论

所谓标准媒介理论是指分析媒介在社会中应该起怎样的作用和如何运转的理论,具体来说,是要探讨媒介制度或者说媒介体制与社会之间基本关系的问题。由于不同的媒介制度是建立在不同的社会体制和政治、经济、宗教和文化基础之上的,所以标准媒介理论一般是讨论各种社会制度中的媒介制度及其作用。至今为止最为著名的标准媒介理论就是施拉姆等的《报刊的四种理论》②,这本著作由威尔伯·施拉姆与弗雷德里克·赛伯特、西奥多·彼得森三人合著,出版于1956年,受到新闻界的极大关注。这本著作的题名虽然使用的是"报刊"一词,但是这里的"报刊"是指一切大众传播媒介。这本书的著者认

---

① McQuail, *McQuail's Mass Communication Theory*. London: Sage, 2000, pp. 74-90.
② 威尔伯·施拉姆、弗雷德里克·赛伯特、西奥多·彼得森:《报刊的四种理论》,新华出版社1980年版,第132页。

为，世界各国的媒介制度与其社会政治制度不可分割，可以看成是一脉相承的，基本上可以分为四种。

一、集权主义理论

集权主义理论是人类传播史上第一种也是最古老的一种传播制度理论。这一理论主张报刊是国家的公刊，必须由统治者主管，为统治者服务。国家机关对报刊应严加控制和审查，对违反有关规则的应加重处罚。实行颁发出版许可证制度，法院对违法犯罪，如犯叛乱罪、煽动罪、诽谤罪的人提起公诉，加以处罚等。

这一理论反映的实际情况可以以中世纪的欧洲各国为例来说明。在文艺复兴前的欧洲，英国国王亨利八世从1528年开始具体实施对社会传播活动的法令控制，可谓最早开始管制出版物的统治者。他不断颁布相关命令限制外国出版商在英国出版书刊，同时建立了出版物的皇家许可制度，任命皇家官员监督出版，未经皇家官员的许可不准出版任何刊物。18世纪初期，英国国会拥有处置违法传播行为的特权，例如，凡属指责国会、批评政府或者国王大臣的传播内容，有关反对国会的言论报道，都可按煽动诽谤罪论处。但是时到如今，绝大多数的国家已经看不到这种媒介制度了。

二、自由主义理论

报刊的自由主义理论主张言论和出版自由，反对下列政府等权力机关对媒介进行的控制或压制，例如：要求报刊出版必须事先领取执照；对传播内容进行审查；对触犯或批评当局的内容处以罚金；对有关传播者予以刑事处分，并在民事上承担损害赔偿；对信息采集与报道横加干涉；对人们购买、阅读或收听、收看征税并加以干预。

三、社会责任理论

社会责任论的具体主张是：传媒对社会有着种种义务，不能辜负公众的信任；报刊要"供给真实的、概括的、明智的关于当天事件的记述，它要能说明事件的意义"；它应当成为"一个交换评论和批评的论坛"；要能描绘出"社会各个成员集团的典型图画"；要负责介绍和阐明社会的目标和美德；要使人们"便于获得当天的消息"。作为真正的职业传播者，还应当遵循公认的道德准则和职业标准，不会为金钱而去做某些事，切实关心公众利益和国家利益。

四、苏维埃理论

苏维埃国家的大众传播媒介制度这样被描述：大众传播媒介与组织传播媒介不可分割；大众传播媒介是作为国家和党的工具来使用的，并作为党实现统一的工具、发布"指示"的工具；它们几乎是专用于宣传和鼓动；传播者被强制性地要求承担严格的宣传责任；它们由国家经营和控制；传播者的自由和责任也不可分地连在一起。

《报刊的四种理论》出版后受到极大的关注，新闻学界公认此书开了比较新闻学之先河，以其鲜明夺目的标题填补了大众传播文献的空白，揭示了新闻媒介与社会的关系。它不但在美英等国被当作教科书，引起了热烈的讨论与争辩，得到美国领导团的赏识，被美国新闻学荣誉学会授予研究奖章，还被译成多种文字。芮必峰认为，该书的创新之处在于：①探究不同社会制度与报刊的关系，这种研究方法对西方新闻学研究产生了影响；②对各种报刊体系差异所做的哲学根源上的探究，提升了新闻学的理论层次；③"四种理论"模式一直影响甚至左右着后来的媒介理论；④西方推崇的"社会责任理论"经过该书的系统阐发得以广泛传播[1]。

《报刊的四种理论》虽然引起了西方学界的普遍赞扬，但是随着时间的推移和社会的发展变化，不少学者对这一理论的批评和修正也日见增多。对这个理论的批评集中于以下几点。

第一，不少学者认为，《报刊的四种理论》的理论基调是冷战意识。该书出版于冷战时期，当时美国社会中弥漫着以美、苏及其各自的盟国之间的意识形态对峙划线，在这种时代背景下问世的《报刊的四种理论》的第四部分，即施拉姆所写的"报刊的苏联共产主义理论"部分突出反映了这种冷战基调。

第二，作者的出发点是基于政府和传媒的紧密联系。有学者指出，本书的一位作者长期担任新闻界的法律顾问，其某些学术研究一直受美国报业大亨的资助，与新闻出版界的"良好"关系使得这本书代表了媒介行业界的某些观点。而施拉姆本人的学术生涯显示了他与美国政治的深厚渊源。《报刊的四种理论》第四部分实际上反映了美国全球战略议程的一面。由此可见，《报刊的四种理论》作者的写作动机和中立立场很大程度上影响着理论论述[2]。

第三，"社会"与"责任"界定的模糊。这突出体现在"社会"与"责任"这两个术语上。首先，"社会"是一个没有表达清楚的抽象概念，如果把

---

[1] 芮必峰：《西方"媒介哲学"评介》，载《新闻与传播研究》1996年第4期。
[2] 郭镇之：《对"四种理论"的反思与批判》，载《国际新闻界》1997年第1期。

它同"国家"这个概念联系起来，不仅会导致语意上的混淆，甚至会引起思想上的巨大混乱。"国家"有时候可以指政府、民族，还可以指社会，如此一来，这三个术语也就含混不清了①。

第四，基本上没有揭示经济制度对传媒的影响。《报刊的四种理论》揭示了新闻媒介与社会之间的关系，其中包括最多的莫过于不同政治制度对传媒的影响，而对资本主义私人所有制的权利集中及其对传媒的影响所论太少②。

最后，仅仅这四种理论还是无法涵盖现今世界各种不同的传媒体系。这四种理论只是对西方资本主义媒介体系和苏联共产主义媒介体系做了探讨论述，但是它忽略了同时代其他种类的媒介模式。而且，随着各国政治经济的发展和媒介体制的变革，四种理论无法涵盖现今世界各种不同的传媒体系，新的理论模式便会应运而生。

但是，不能否认《报刊的四种理论》对之后的媒介理论产生的深刻影响。几位学者对之后的标准媒介理论的发展做了以下的综述。不难发现，这些理论模式都只是"四种理论"模式的部分修改或者发挥，它们其实并没有摆脱《报刊的四种理论》的思想框架。

表4-3 有关标准媒介理论的后续研究与发展③

年代	学者	主张	内容
1971	美国学者拉尔夫·洛温斯坦和约翰·梅里尔	在《媒介、讯息与人》一书中提出"五种理论"	即权威主义理论、社会权威主义理论、自由主义理论、社会自由主义理论和社会集权主义理论
1981	美国学者威廉·哈希顿	在《世界新闻面面观》一书中提出的"五种理论"，对"四种理论"做出了较大改进，增加了关于第三世界的媒介理论	保留了集权主义和共产主义两种理论，而将自由主义和社会责任理论合并为"西方理论"，并增加了两种新的理论：革命理论和发展理论
1983	英国学者麦奎尔	在首版《大众传播理论》中提出了类似的"六种（5+1）理论"	权威主义理论、自由报刊（新闻自由）理论、社会责任理论、苏联理论、发展理论、民主参与理论

---

① 赫伯特·阿特休尔：《权力的媒介》，华夏出版社1989年版，第342页。
② 赫伯特·阿特休尔：《权力的媒介》，华夏出版社1989年版，第345页。
③ 参见 James Curran and Myung-Jin Park："Beyond globalization theory", in James Curran and Myung-Jin Park（eds.），*De-Westernizing Media Studies*, London：Routledge，2000.

续上表

年代	学者	主张	内容
1985	罗伯特·毕加德	在《报刊与民主的衰落》一书中提出了一个综合模式"七种理论"	即权威主义理论、共产主义理论、革命理论、发展理论、民主社会主义理论、社会责任理论、自由主义理论

不少学者认为，不管现有的标准媒介理论的内容如何，都存在无法避免的问题，如标准媒介理论其实是一种理想模式，过于抽象，很难对特定的国家的媒介制度做出解释。因为现实中的媒介制度与媒介所在的政治经济、社会文化等复杂的环境相互作用，是复杂而难以分类归纳的，不同的标准媒介理论产生于不同的社会背景之中，变化的现实也令媒介制度更难解释和说明；同时，可以明显地发现，西方的标准媒介理论带着较为明显的西方中心主义和以自由主义为基点的意识形态上的偏向。

总统要去洗手间

据美国《编辑与出版商》杂志报道，2005年9月14日，一名路透社摄影记者拍到了当时的美国总统布什在出席安理会会议时的一个小插曲。正在正襟危坐开会中的布什总统给同时在座的美国国务卿赖斯递了一张便条。这张便条的内容正巧被摄影师拍到了，摄影师回到工作室通过放大照片仔细辨认后发现，这张便条称布什内急，需要到洗手间去休息。该杂志认为，这张照片将成为本月人们谈论最多的一张照片。

路透社摄影记者威尔金拍摄到的照片显示，布什总统在一张白纸上用铅笔写道："我认为我可能需要去洗手间休息。"路透社提供的照片说明称："美国布什总统9月14日在纽约出席2005世界领导人峰会和第60届联合国大会期间的安理会会议上给赖斯国务卿写了一张便条。世界领导人正在14日的峰会上探讨如何重振联合国的议题，但他们的蓝图与安南秘书长消除贫困、迫害和战争的期望还有距离。"这条会议新闻中的花絮不但被美国媒体大加报道，也在香港媒体和国内媒体上多有转载。请你评论一下为什么一条重要会议中的花絮新闻会有这么大的转发量和社会关注？

第四节　媒介与社会的其他理论

一、麦克卢汉的媒介观

麦克卢汉是一位具有较高影响力的传播学者，他的最为广泛流传的媒介观就是"媒介就是信息"。在《理解媒介——论人的延伸》里，他提出了目前广为人知的"媒介""地球村"和"信息时代"等概念。麦克卢汉主张，传播媒介不只传递信息，还告诉人们世界是什么样子。人们在掌握文字前主要使用人际传播手段，如听觉和视觉；印刷文字出现后，人们阅读报刊、书籍；电视出现后，人们视觉、听觉并用。可见，不同媒体的出现直接导致了人们感官的延长，所以麦克卢汉认为"媒介就是信息"。他的观点简言之就是：印刷媒介是视觉能力的延伸；广播是听觉能力的延伸；电视是视听觉能力的综合延伸。每种媒介的使用都会改变人的感觉平衡状态，产生不同的心理作用和社会行为方式。这个观点强调了不同的媒介具有不同的认知效果和社会影响。

除了"媒介即信息""媒介是人的延伸"外，麦克卢汉还提出了"热媒介与冷媒介"的学术观点。20世纪60年代是麦克卢汉的理论成熟和高峰期。1962年，麦克卢汉出版了《古登堡星云》一书，对拼音文字和印刷术在感官和文化上的影响做了详尽的论说。麦克卢汉的主要贡献是在传播媒介的研究方面，1964年出版的《媒介通论——人的延伸》代表了麦克卢汉媒介研究的最高成就。

这本书基本上概括了麦克卢汉关于传播媒介的主要观点，他用自己的方式表达了对媒介的定义、性质、特征、作用和分类的认识和阐述。"热媒介"与"冷媒介"是麦克卢汉为分类媒介而提出的两个概念。"热媒介"是一种传递信息比较清晰明确，接收者不需动员更多的感官和思维活动就能理解的媒介。而"冷媒介"则是一种传递的信息少而模糊，在理解之际需要动员较多的感官和思维活动的媒介。"热媒介"犹如一幅清晰的、现场感极强的新闻图片，给读者的传递的信息简洁明了；而"冷媒介"则如一篇长篇深度报道，需要读者对报道内容感兴趣，并加入自己的思考和分析才能得到结果。这种分类给予我们的启示在于认识到不同的媒介作用于人的方式不同，不同的媒介会引起读者的不同的心理和行为上的反应，因此，媒介研究应把这些媒介的特性考虑在内。

有人认为麦克卢汉的媒介理论就是一种媒介技术决定论。例如，麦克卢汉强调传播媒介是社会发展的基本动力，也是区分社会形态的标志。现代社会电子媒介的普及，缩短了我们与外部世界距离，全球范围内人们的生活圈重新部落化，整个世界好像成了一个小小的"宇宙村"。

麦克卢汉强调了传播媒介在人类社会发展演进过程中的作用，这一点可以肯定，但他把媒介技术看作是社会发展的唯一动力，就使得他的观点偏于极端和片面。因为传播工具和技术属于生产力的一部分，具有推动社会前进的巨大力量；但是媒介是人创造和使用的，人如何利用和控制媒介，人类社会的结构以及政治经济制度的状况，也极大地影响着媒介活动的特点和作用。这一点是麦克卢汉在其理论中没有论述到的。

二、建立世界信息传播新秩序

《多种声音，一个世界》是联合国教科文组织于1980年发表的一份国际传播领域里重要的学术文献，又称《麦克布莱德报告》。这份报告主张倡导建立世界信息传播新秩序，改善发达国家和发展中国家信息传播资源不平等的状况。例如，可以通过放松版权法规来促进信息传播技术的自由交流，鼓励第三世界国家出版业发展，采取更多的方法实现全球传播资源共享等。

这个报告可以看成是对20世纪70年代的有关"新世界信息秩序"（NWICO）的论争的回答。主张新世界信息秩序的人们认为现存的国际传播秩序正在不断强化国与国之间的不平等，现有的信息量和信息流动方向构建了南方对北方的依赖模式，该模式给发展中国家的政治、经济、文化发展等诸多方面带来了巨大的负面影响。因此，一个公平、合理的"新世界信息与传播秩序"必须建立起来以取代现有的旧秩序。这个报告的主要内容如下：

● 传播作为个人同时也是所有国家团体集体权利的基本信念；

● 阐述了委员会对世界信息传播结构的调查结果和建议，例如，改变信息不平衡、保护记者权益、消解信息垄断、保障信源多样化、尊重不同文化等；

● 概述了一些有待解决和关注的问题，例如，如何强化相互依存性，加强各领域的合作；采用国际的传播标准和手段；新闻的收集和分发方面需重视的问题；被忽视的信息盲区；更广泛的资金来源；等。

这个报告在意识形态上尽力保持不偏不倚，在问题的分析过程中重视微观而实际的角度。在第二十一届教科文组织贝尔格莱德大会上，这份报告得以顺利通过。

三、信息社会

1. 信息社会理论

现代社会被称之为信息化社会。那么，什么是信息化？信息化是指以物理的信息设备的发展为基础，信息的生产和流通过程出现的大量化、多样化和高度化发展使信息在社会各个领域里的比重不断增加的现象。在这个定义里，"物理的信息设备"是指大众传播媒介和交通工具，以生产信息、加工信息和消费信息为中心活动的组织，比如学校、企业、教会等。所谓"信息在社会各个领域里的比重不断增加"，简单地说，即是在社会财物、社会服务和社会体系的各个机能中，与实用机能相比，信息机能（设计、颜色、时新性、品牌）的比例不断增大。比如一件商品中，其信息成本占了价格的很大一部分，企业与其说是在卖商品的原始成本，不如说是在卖商品的信息成本。也就是说企业即开始信息产业化了。

信息化的具体表现有以下几种：

- 电脑的开发和使用的高度普及；
- 通信设施的发达与光纤通信的全面使用；
- 媒介的融合，电脑化、连接电脑的通讯设备的发展。

从社会变动的角度来看，人类社会有过三次大的变革浪潮，第一次浪潮是农业文明的产生，第二次浪潮是工业革命，第三次浪潮则是信息革命。贝尔认为，信息社会有五个构成要素：

- 经济部门——由物资生产经济到服务经济；
- 职业分布——专业人员、技术人员处于优势；
- 知识中心——以知识为基础的技术革新和政策决定；
- 将来的方向——以技术管理和技术评价为中心；
- 意思决定——创造新的知识技术。

2. 信息社会理论的三个时期

信息社会理论分为三个时期。第一是"未来社会论"时期，时间是20世纪的60年代后期到70年代前期。20世纪60年代，以信息处理和信息消费为中心的企业不断增多，这些信息产业对社会的影响引起了一些学者的注意，这是早期信息社会论——未来社会论的开始。未来社会论高度评价信息产业所引起的社会意义，认为信息产业的兴起必会引起新的社会变革，导致新的经济理论的产生。

第二是"新媒体论"时期，时间是20世纪的70年代到80年代。当时，科学技术的发展使新兴的电子媒介不断涌现，美国和日本等国家对媒介技术带来的社会、经济和文化方面的影响极为重视，在国家发展的国策上都纷纷揭示"技术立国"的目标。新媒体论认为，各种新媒体的发展和普及会解决各种各样现存的社会问题，使人们的生活质量不断提高。日本政府在1981年发表了有关信息社会体系的两个设想：一个是建立解决社会问题的信息体系，即医疗信息体系、教育信息体系、防灾信息体系；另一个是提高生活质量的信息体系，比如卫星通讯体系等。

第三是"多媒体论"时期，时间是20世纪的90年代。进入90年代后，个人用电脑更加普及，这个时期的新媒体论开始向多媒体论发展。多媒体论高度评价互联网并对由互联网组成的网络社会期待很高，它认为网络使各种社会集团在相对平等的水平的基础上相互联系。网络上的人与人的交流冲破了由地区、城市、国家等地理上的限制，在网络上，不但是企业，个人也和企业一样可以以全世界为对象进行各自的传播活动。

3. 信息社会的传播特点

进入信息化社会后，信息社会的传播主体和传播形态等都发生了较大的变化，出现以下四个特点：

（1）新型媒介的普及使社会信息的传播变得海量、多样化和高度集中，这以电脑化的发展、通信设备的进步和媒介传播平台的融合为标志。

（2）个人的信息获取行动被动变为主动。以前被动地接受大众传播媒介的报道的受众，现在可以按照自己的喜好从各种各样的媒介中挑选自己想知道的信息。中老年人可能依旧喜欢报纸和电视等传统媒体，而年轻的受众更加关注以互联网或移动网络为信息传输的新型媒体。

（3）多向型的传播的比重不断增加。人们不但可以比较自由地接受来自多方信息源的信息，还可以自己成为信息源，把自己收集到的信息编辑、加工后传播出去。

（4）中间媒介的活跃。处于大众传播和个人传播之间的中间传播变得活跃，例如，企业内、组织内的传播以及地区传播形成的各种各样的小型社区；以个人为传播者的自媒体传播平台如网络大V、网络红人等。各种新的传播形态开始出现并影响社会舆论。

如上，信息化社会的进行也带来了社会形态的变化和社会发展。具体来说，信息社会的传播与社会发展的关系可以用图4－4来表示。

同时，信息化的发展使大众传播媒介的内容也有了较大的改变。具体体现在：

（1）信息内容的变化。利用数字化技术，采用新的画像处理手段，把画像、声音、文字和各种数据进行新的组合，创造出新的传播形式。当下最为时

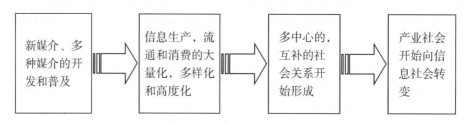

图4-4 信息社会的传播与社会发展

新的视频新闻、VR新闻、各种直播平台等，展示的都是不同的信息表达方式。

（2）传播方式和方法的变化。信息的传送途径多种多样，大量、迅速、多方信息传播成为现实。移动网络的使用和手机传播的日常化更是把很多以往没有的表达方式带入社会传播，网络直播就是一个例子。

（3）接受信息的方法多种多样。比如说，信息接受器的画面质量高，机能多种多样，还可以积蓄所需的信息。互联网、移动网络的技术普及让人们能更加方便地接受信息，人们可以通过多种形态的媒介接受日常信息，如手机、平板电脑、手提电脑等小型而方便携带的媒体。

4．信息化与国际传播

关于信息化与国际传播的研究主要集中于以下几个方面：

（1）地球村的形成。

信息化的进行使政治、经济各领域的国际性的合作不断加深，人、物、信息的跨国界的交流更加流畅。这使国家、国界变得没有意义，而多国和地域的集合体的信息共有化却变得越来越重要。这种现象将会导致各种各样的政治和经济的变化。比如说，一个国家的政策决定者在制定方针政策时不但要顾及国内的舆论，而且要顾及国际舆论。

（2）国际信息流动的差异。

国际传播的加速和范围的扩大同时也会引起各种问题。目前信息在国际上的流通不是平等和均衡的，一般来说，国际信息的流通是由北半球流向南半球、由欧美流向第三世界的。由于欧美的大通讯社遍布第三世界各国，习惯用他们固有的模式和框架来报道第三世界，这使欧美受众对第三世界的印象已经固定化了。

（3）文化帝国主义。

欧美先进的传播技术还把基于本国文化传统而制成的信息向第三世界大量复制，对那里的青少年受众产生了很大的影响。

(4)政治权力对媒介的压制。

大众媒介传播的无国界化和人们对信息的重要性的认识使各国的政治势力也加速了对媒介的管制。1991年的海湾战争就是很好的例子。来自科威特政府和美国政府的新闻管制和采访限制、美国军方单方面的记者会见等控制手段使这次战争成为一次"媒体上的战争"。

(5)互联网上的地球村。

互联网使个人和某个组织编辑的信息穿过国界为所有人享用,一个人可以和多人、组织或集团进行平等对话,以全球为目标的社会关系、社会构造和文化构造的形成势必在互联网上再建地球村。但是到目前为止,由于在互联网资源中美国所占的比例较高,因此,互联网上的地球村可以说还是以美国为中心的。

情 景 教 学 方 案

- 情景教学名称:引爆你的微博转发量
- 教学目的:学会在自媒体微博上发布信息,了解信息发布的原则和方法,也观察分析一下如何发布自媒体信息才能引发更多人关注自己的信息。
- 教学步骤:

1. 启发:教师可以先给学生分析一下"转发量高的微博/微信内容有什么特点?""你喜欢的微博/微信公众号的内容为什么会吸引你"等作为知识铺垫。

2. 实践:请学生在自己的微博上发布一条有关自己学校、班级、学业或者校园生活的信息,并记录、统计一下在3个小时内,有多少条点赞、评论或转发数量。

3. 互动:请学生做一个自我总结,总结一下自己微博获得或者没有获得点赞、转发的原因。

第五章　大众传播媒介的内容生产

- 大众传播媒介内容生产的过程和特点
- 大众传播媒介内容生产的相关理论
- 新媒体环境下新闻生产过程的变化和挑战
- 影响媒介内容生产的环状要素说

第一节　媒介内容的形成

一、新闻生产

新闻生产是指新闻工作人员采集、编写、排版、印刷等制作新闻的过程。之所以将这个过程称之为"生产",是因为这个过程是媒介组织按照新闻信息的特征以及组织的编辑原则,通过特定的制作手法对原始信息进行加工修改的过程,最终呈现出来的新闻并不是对原始事件的百分之百的反映或者还原,而更像是按照特定的标准生产出来的"作品"。

要了解影响媒介内容的社会因素,首先就必须了解媒介内容的形成过程。虽然媒介组织各种各样,但是任何媒介组织制作新闻的大致程序都是一致的,新闻制作的程序一般来说是按照以下步骤完成的(如图 5-1 所示)。

下面以报纸媒体为例说明这个步骤。首先是信息收集。信息收集活动是通过媒介的社会信息网络收集相关信息,根据现实情况和媒介组织的编辑方针对目前报道重点做出判断后展开的活动,包括通过媒介组织自有的信息网络和通讯员收集信息,设置热线电话收集报料信息和突发新闻,也需要记者通过自己

第五章 大众传播媒介的内容生产

图 5-1 新闻制作的程序

的新闻敏感发掘、发现新闻苗头或者新闻线索。

有了新闻线索后,记者需要进行相关的采访调查,采访工作按不同的情况可以进展顺利,也可以很难推进,这就需要记者发挥收集信息和积极主动的沟通能力来获得信息。获得初步信息后,也需要向自己的上级汇报,协商如何发掘和体现新闻的价值。记者在获得信息的基础上开始新闻写作,新闻写作有特定的方法上的要求,例如,导语要清楚地交代五个 W 和一个 H,即时间(when)、地点(where)、人物(who)、事件(what)和原因(why),还有事件的经过(how)。不但如此,记者还必须按照真实、客观、公正、中立等原则,通过事实来说明事件的本质。记者写好的稿件首先交到自己所属部门的主管或者编辑手中审查,审核新闻的内容,完善新闻的要素。各部门的主管或者编辑要在当日所有交来的新闻稿件中编辑出可供本部门负责版面所用的稿件,并确定稿件和版面。交由排版、美工和校订的部门形成初步的报纸样稿。这个样稿必须在规定时间内递交到当日值班的主编手中做最后的审查,主编确认后签字,这样才能开始报纸的印刷工作。

因为报纸是印刷媒体,所以必须预留印刷的时间。例如,一份早报计划在早上 6 点送到读者的信箱里,那么早上 5 点就必须送到发行站或者报摊,3~4 点就必须印刷完毕,也就是说 1~2 点前报社必须把最终确定好的样稿发到印刷厂,而 11~12 点则是值班主编审稿的时间。

电视媒体因为不用印刷,所以它的制作程序稍有不同。电视新闻的制作程序一般是:记者外出采访——回台写稿编辑录像——编辑集中审稿——部门集中定稿——播音员配音——制作人员剪辑合成——电视台审片——上载到硬盘播出。现在很多电视台采用直播的方式,这样就等于把最后四个步骤合为一步，这种做法对播音员和电视台的传播技术有较高的要求。

除了程序上的步骤，媒介组织更在内容制作以及审查上有具体的要求。以一个市级电视台为例，其新闻中心的节目制作流程就有以下的具体规定：

一、编辑新闻的要求

（一）编辑新闻时遵循先由值班主任审稿后编辑的原则。

（二）编辑新闻时遵循先配音后编辑画面的原则。

（三）每条新闻片的前、后各留2秒黑场。

（四）每条新闻片中不能出现画面夹帧。

（五）新闻片编辑各项技术指标必须符合要求，采访同期声效果清晰，语言简练，意思完整。

（六）编片时多用中景、固定镜头，起幅和落幅完整，讲求编辑艺术，遵循编辑规律。

（七）采访对象的身份、职务准确，同期声抄写清楚、完整。

（八）为了确保新闻时效性，当天新闻必须当天完成，不能因为本次新闻节目未采用而放弃编辑。

（九）编片后须写明编辑长度，认真填写目录以便于查找。

（十）编辑新闻一般只能在编自己的专用带上，不可随便用他人的编辑带。

（十一）编辑带用完后及时更换。

……

二、后期制作要求

（一）制作人员必须熟练掌握业务，认真负责、按时优质完成制作任务。

（二）严格遵守到岗时间，白班10：00以前，夜班19：30以前。

（三）制作节目前，各岗位提前检查设备情况，调阅、检查字幕，检查音响、灯光效果，录、放机是否正常，磁带是否准备，及时通知制作部人员按时到岗。

（四）制作过程要求按直播录制。一般情况下，《本市新闻》定于每天18：00开机录制，粤语版在18：45开始录制。

（五）制作新闻前，制作人员必须关闭随身携带的通讯工具。

（六）制作新闻时，不得谈论与制作无关的话题。

（七）制作新闻时，不得将闲杂人员带入制作室，特别严禁带小孩进入工作现场。

（八）制作新闻时，须服从合成岗位人员的调度指挥，合成岗位人员必须发出清晰指挥信号。

（九）制作新闻时，各岗位时刻注意合成效果，保证接点准确、流畅，制作精良，不出差错。

……

三、播音工作要求

（一）不断加强业务学习，提高播音水平，走采编播相结合复合型主持人的道路。

（二）调整、保证最佳播音状态，服装得体、语言流畅。

（三）严格遵守岗位时间。午间及上午配音员 9∶00 到岗，下午 14∶30 与下午配音员交接后方可离开。下午配音员 14∶30 到岗。一般情况下，正点（普）播音员 18∶00 上机，开始按直播录制节目正点（粤）播音员 18∶45 开始按直播录制节目。晚间播音员 21∶30 开始按直播录制节目。早新闻播音员 22∶30 开始按直播录制节目。各档新闻值班播音员必须在录制时间之前完成准备工作，按时上机。

（四）认真备稿，熟悉导语。

（五）工作时间内不得擅自离岗。

（六）当天配音、出镜播音员下班后需保持通讯畅通，以防节目需要修改。

（七）不经组长、值班主任同意，不得私下换班。

（八）台内外各种其他主持、配音活动，须经主任、台领导同意后方可参加。

……

四、审片制作要求

（一）把好政策宣传关，时刻注意提高政治敏感，坚持正确舆论导向，确保不出任何政治差错。

（二）值班主任必须按时到岗，除用餐时间等因素外，不能擅自离开岗位，记者稿件随到随改。

（三）坚持审片制度。

（四）一般情况下，中午新闻节目要在上午 10∶30 以前完成稿件的选择、修改、排定。正点新闻节目要在下午 15∶30 以前完成稿件的选择、修改、排定。晚新闻节目督促责编在 20∶30 以前完成稿件的选择、修改、排定。同时做好应付各种突发事件的准备，一旦有事发生及时上报台领导。

（五）监督制作岗位人员到岗情况，节目制作过程，按要求对各岗位进行考核。

（六）审片时，严把技术制作关、画面关、效果关，保证播出稿件语言流畅、画面清晰。

（七）审片时，严格把好字幕关。严格审查现场采访，特别注意核对采访对象的身份和职务。

（八）审片时，关闭随身通讯工具。

（九）审片时，不得谈论与节目制作无关的话题。

……

由此可见，新闻的生产过程是一个具有各种具体要求、存在各种内容上和时间上的尺度的过程，并非简单而直接的。在这个过程中，各种因素尤其是在采访、编辑、排版、审稿等环节中，不同的新闻稿件都会面临着被删除或者被强化的可能性。来自外界的各种因素也可能在这个过程中通过施加各种压力或者给与各种利益来达到对新闻内容的影响，这就导致了这样一个结果，也就是说，新闻并非现实生活的真实写照，而是一种带有被制作的特征的产品。

东京和大阪读者为何关注点不同？

1997年，东京一家大公司招收一名清洁员，有两个人报名应征，公司录取了其中的一名，落选的申请者以两人条件相当，公司不录用自己是一种歧视为名向该公司提出了上诉。由于这是第一宗临时雇用者起诉有名大公司的案子，各大媒体都做了报道，但是报道引起了不同的反响。东京地区的读者对这个案情漠不关心，对媒体报道没有什么反馈；而地处大阪地区的读者却反应热烈，不少读者打电话到报社询问申诉案进展，很多人表示支持这位起诉者的立场，对这家大公司的所作所为表示批评。

为什么不同地区的读者对同样一个报道有不同的反应？

这是因为不同地区的读者在获取信息、理解信息、形成自己的观点时会以自己所在的社会集团为参考，这包括自己所在的社会集团的阶层、性质、组织状况，还有集团所在地域的社会情况、人文宗教的特点等。在上述案例中，如果把东京的读者与大阪的读者做比较，就如把北京人与上海人做比较那样，首先体现的是地域文化的差别。东京是现代化大都市，人与人之间关系冷漠，工作中以竞争结果为胜负，所以东京人认为一个求职者不被公司录用是很正常的事，并不对这个起诉案有很大的关注。而大阪相对东京来说还是一个比较人情化的地域，大阪人认为在这样的情况下，大公司应该更多地考虑不被聘用者之后的处境，一些读者打电话到报社指责大公司为什么不两个人都雇用，让一份工作两个人分干呢？类似于这样的思考方式使大阪的读者比东京的读者更为关注这个案子的判决情况。结果，日本的全国性报纸都做出了如下版面安排：东京版没有再继续报道这个申诉案，而大阪版却继续报道直至案子了结。

这就是上面所述的社会集团的判断对一个人的信息判断的影响。一个人所属的社会集团对媒介信息的反应对其成员有影响，人们会参考自己所在的社会集团的反应，然后再做出自己的判断。

二、媒介内容产生的特点及相关研究

在介绍媒介内容的生产制作过程之后，有必要了解一下学者从不同角度对媒介内容产生的特点的研究。这些研究针对媒介内容的形成从不同角度给与了分析和讨论，指出了媒介内容的特点和实质，指出了与人们普遍理解的媒介内容不同的意义。

1. 新闻内容的倾向性

美国知名新闻记者和学者兰斯在分析美国新闻事业的基础时指出，美国的新闻自由程度较高，新闻从业者的目标定位于为公众提供准确、独立、有条理、审慎、启迪心智的政治新闻报道；美国的公共信息体系具有开放的优点，但是美国新闻信息仍然具有明显的倾向性。从历史上看，这种倾向性可以追溯到19世纪，当时新闻从党派报纸向商业性新闻转变，新闻开始成为批量生产的消费品，开始缺乏批判性视角，也不遵循有条理、有用的组织原则了。因此，兰斯指出，美国新闻具有四种倾向性。

第一是新闻的个人化倾向。所谓个人化倾向就是新闻把重大的社会、经济、政治问题简单化、表面化，从个人的表层进行报道。例如，对某一政治、政策议题而言，记者不去描述、阐释该议题本身，而倾向于从某个不起眼的平民百姓的角度切入，讲述个人所受议题的影响。产生这种趋势的原因是新闻媒体为了吸引公众的注意力。但是，这种新闻对公众带来的不良影响在于公众被培养成了被动的看客，"只见树木，不见森林"，只看见个人，看不见社会问题，渐渐失去批判性和分析性，在新闻中对个人的关注很少与更深层的社会背景分析联系起来。

第二是新闻的戏剧化倾向。这是指把新闻报道当成"新闻戏剧",以戏剧化标准来选择新闻,强调对突发性事件的关注,忽视了一些重要但爆发缓慢的问题和危机,并且过分强调视觉效果,选择新闻的依据是视觉效果而不是事件的政治意义和背景。这样的新闻报道不能触及问题的根源、解决措施等。

第三是软化倾向。这就是把硬新闻软化,把有趣但缺少新闻价值的事件放大。例如,媒体报道一个具有历史意义的国家元首的跨国访问时,会将报道的视角聚焦在第一夫人的穿着打扮上。虽然有更多具有冲击力的画面出现,但是新闻的思想性更少了。

第四是片断化倾向。这是指新闻报道既片段而又琐碎,新闻事件之间以及事件背景之间彼此孤立,没有联系,报道不够全面。这是因为媒体习惯于强调人物个体,忽略政治背景,这样一来就会使公众难以看清问题的根源和意义,以及问题之间的关联,给人们留下混乱的印象。

另外,还有权威—无序模式的倾向。这是指新闻重点关注权威人物的举动,让这些少数人成为新闻舞台的中心,把极端的政治家和评论家的观点当作整个社会典型普遍的观点,还将报道的视线集中在社会生活的无秩序上。这表现在新闻记者比较关注社会上的负面新闻,报道中有炒作倾向,造成虚拟环境①。

兰斯指出的这几种新闻的特点虽然是针对美国媒体的政治新闻来说的,但是这种现象也可以说比较普遍。导致这种倾向的原因则在于新闻媒体在市场经济中的商业导向和利益选择。另外,政治报道需要记者自身有较高的政治素质,否则会影响他对社会和政治问题的分析。从媒体的采编成本的角度来看,深度挖掘新闻的成本较高,也存在一定的风险。

2. 新闻出于"惯例"

塔奇曼从社会学的角度探究新闻工作者采编新闻的过程,发现他们在这个过程中始终遵守着一些工作"惯例",新闻记者们依靠这些"惯例"判断新闻的价值并且"制作"新闻。这些新闻采编工作中的惯例包括:

● 把新闻分成"软新闻"和"硬新闻",根据初步分类进行下一步的处理

● 把新闻事件按程序来采访编写,原因是为了避免"偏颇",但是这种程序往往带来新的"偏颇"。例如,新闻记者得到了一个社会团体领袖人物的发

---

① 兰斯·班尼特著,杨晓红译:《新闻:政治的幻象》,当代中国出版社 2005 年版,第 2-3 章。

言，为了保持观点的平衡，记者会同时寻求反对意见，并且把两者最为对立和冲突的内容突出出来，这样往往让观点脱离了特定的语境，导致了不准确的报道；

● 按以前对某个新闻的处理方式来处理新发生的类似新闻①。

塔奇曼的研究表明，新闻工作者虽然在自己的工作中会坚持客观性的原则，但是他们坚持客观性原则的具体做法中有很多"惯例"存在，这些惯例往往是决定新闻内容的重要因素。同时，塔奇曼在她另外一个研究中也指出，新闻工作者在采写新闻的过程中为了坚持客观性而遵守新闻组织的固定的"惯例"或者"程序"，这样也会引起以下几个问题：

● 惯例或者程序会形成对记者事实认知时的诱导；
● 只认表面"事实"可能导致错误；
● 会把记者的意见导入新闻；
● 新闻受制于组织的新闻政策；
● 表面上看来新闻是经过分析和深思熟虑的，其实未必。

塔奇曼的观点说明，新闻工作者为了在新闻中达到客观性，往往通过一些固定的程序来做到这一点，这也像其他行业的一些做法，例如，一个医生为了更准确地诊断疾病，会要求病人事先做各种各样的检查和化验，这些医学上的"程序"可以防止专业上的错误，证明诊断的客观性。但是，在新闻工作中，塔奇曼认为这些为了显示客观性的固定做法未必能反映新闻事实的客观性，这不过是新闻工作者用来显示自己工作具有客观性的做法而已。

3. 新闻的生命周期

新闻是一种有较强时间限制的信息，过了时间限制，新闻信息的价值就会丧失，正所谓"今天的新闻是金子，到了明天就是垃圾"。媒介组织是依靠信息传播活动来维持运营的，因此这个组织不同于其他社会组织，他们的新闻制作有着特定的工作周期，他们的新闻产品必须在严格的时间限制的范围内制作，超过了这个时间限制，新闻产品就会失去其原有的价值。有位学者指出，新闻其实只是关注特定时间内发生的事情，这种时间限制与现实生活其实是不一样的②。例如，现实生活中的各种事情并不会因为深夜或者节假日的原因而停止发生，但是这个时间段却是媒体新闻报道的薄弱环节。

另外，不同媒体也有自己特定的工作周期，这个周期甚至决定了这家媒体

---

① 塔奇曼著，麻争旗、刘笑盈、徐扬译：《做新闻》，华夏出版社2008年版，第2章。

② J. Palmer："News Production", in A. Briggs and P. Cobley (eds), *The Media: An Introudction*, London: Longman, 1998, p. 387.

报道内容上的特点。如报纸媒体可以按出版周期分为日报和周报，日报还可以按更具体的印刷时间分为早报和晚报，早报媒体难以顾及当天晚上发生的新闻，晚报媒体可以及时报道当天上午的新闻，但是对当天下午和晚上发生的新闻就要等到下一次了。媒体的新闻报道都有一条新闻时间的"死线"，超过这条时间限制的新闻就不得不被忽视。

这样的时间限制对新闻内容的影响在于，发生在媒体新闻报道有效时间内的事件比较容易受到媒体的关注而成为新闻，相反，发生在有效时间外的事件就可能被媒体遗忘了。

各种媒体由于自身的技术特点，在报道时间的限制上有很大的不同。印刷媒体因为需要较长的印刷时间，在时间限制上最为严格；电子媒体则没有这种限制，但是也有编辑和节目设置上的时间要求；网络媒体在这一点上最为自由，可以说没有印刷和节目设置上的限制。

4. 新闻价值

新闻是新闻工作者按照一定的新闻价值观来收集采写的，并不是现实生活的真实写照。当一位记者发现新闻时，首先会用新闻价值的尺度来衡量这个事实，不符合尺度的事实会被放弃；而记者采写好的新闻稿到了编辑手中后，编辑人员也会按照编辑方针进行第二次调整，或作为头条新闻配上大幅标题，或进行删减，从轻处理。这些新闻价值观也会对新闻内容的形成有一定的影响。美国新闻学家、名记者赫伯特·甘斯在1979年对哥伦比亚广播公司、全国广播公司、《新闻周刊》和《时代》进行调查后，发现这些新闻媒体在新闻题材的选择上有所偏向，下列题材会经常被报道：

- 美国的外交活动；
- 直接影响美国的境外事件；
- 东西方政治关系；
- 在欧洲皇室中拥有特别利益的首脑更迭；
- 急剧的政治冲突；
- 自然灾害；
- 国外独裁统治者的暴行[①]。

甘斯甚至对美国记者在新闻选择时抱有的固定的价值观进行了研究，举出了"民族优越感""民主主义"等八条价值因素，他认为，这些固定的新闻价

---

① H. Gans: *Deciding What's News: A Study of CBS Evening News, NBC Nightly News, Newsweek, and Time*. New York: Vintage Books, 1979.

值因素对美国记者如何选择国际新闻有一定的影响①。

新闻工作者不仅要选择符合新闻价值以及吸引受众的信息，还要将这些信息用满足受众诉求的形式展现出来。这些展现形式也是媒介工作中重要的一部分。例如，报纸必须考虑报道的可读性，照片要放在恰当的位置，标题要能抓住读者的眼球；电视新闻必须在视觉上具备吸引力，并能保持受众的注意力，这其中最为传统的一种做法便是新闻故事的结构。媒介内容通常以戏剧化的故事结构来吸引受众。

《纽约时报》的911报道

2001年美国纽约发生911事件，恐怖组织炸毁世贸大厦，导致几千人伤亡。当天的《纽约时报》就用27个版面来报道此事，具体如下：

1版——政府表态；2版——抢救场面；3版——专家分析；4版——政府会议；5版——政府官员的活动；6版——纽约市状况；7版——急救中心；8版——交通情况；9版——医院救护情况；10版——目击者言；11版——家属和亲友；12版——美国穆斯林；13版——股市滑坡；14—15版——相关图表和统计；16版——机场安全；17版——全国警戒；18版——恐怖事件的历史；19版——外出游客情况；20版——国会议员表态；21版——中央情报局；22版——阿拉伯国家；23版——世界反响；24版——布什助手言论；25版——现场信息；26版——社论、来信；27版——评论。

请你分析一下，《纽约时报》为什么要用这么多的版面来报道911事件？这样做是发挥大众传播媒介什么样的社会功能？同时想象一下，当天发生事件的相关报道能有27个版面的内容，该报是如何做到的？

5. 新闻控制

美国新闻学者布瑞德在其名为《编辑室的社会控制》一文中指出，新闻组织的编辑室内往往存在着一种通过编辑政策来控制新闻生产过程的行为，媒介组织的编辑政策往往是不成文的，需要记者通过日常工作慢慢领会，通过自上而下的渗透方式来得知。虽然这种编辑政策没有被公开要求严格执行，但是

---

① 甘斯列出的八条新闻价值因素在第六章将有详细论述。

作为一个新闻工作者，在具体的新闻实践活动中具有不得不遵守这些编辑政策的理由。布瑞德对此举出了六项理由：
- 媒体组织具有权威性，组织成员不得不服从体制的权威，遵守体制的条例；
- 责任感，以及对上级的服从和尊敬；
- 在组织内部晋升的希望；
- 工作中合作和协调的快乐，例如，与其他同事保持工作上的一致，保持对工作的兴趣，以及获得上司和同事的赞赏等；
- 编辑政策可以看成是一种工作惯例，可以保持工作的一贯性和方便[①]。

由此可见，在新闻生产的过程中新闻工作者的行为是有所控制的，这种控制行为可以看成是新闻工作者的对组织政策的一种自觉的遵守，同时也说明了新闻生产的过程不是简单自由的过程。

第二节　新媒体环境下新闻生产过程的变化和挑战

在传统媒体单一主导的时代，传播者主导、渠道限定、互动薄弱、受众模糊等为当时最主要的传播形态特点。而在新媒体时代，内容生产者中心化的特征渐渐消失，传播形态由"点""线"到"网"，呈现出动态的、网状节点不断互动变化的信息链接形态。互联网作为新媒体时代的技术基础，对于社会性的传播系统构建的最大改变是传播基本单位的变化，从"以机构为基本单位"至"以个人为基本单位"。这也意味着，传统传媒业的两大主价值基点"内容"与"渠道"被解构掉，媒体开始让渡部分内容生产的权力，且信息的生产需要依赖于以追随受众信息偏好为基础的算法协助。互联网时代的受众已不再扮演传统媒体时代只能被动接收信息的角色，成为了时代重要的"内容生产及消费主体"。其主要诉求体现在受众对内容的三种期待上。

首先，媒介内容不再单纯作为消费品秉承消除不确定性的功能，同时被期待着具备通过信息的传达受众可以获得新的对外链接的功能，内容成为"新的连接器"，连接着传播中的各个信息节点，生成新的由个体、组织及技术平台共同组成的更多元平等、去中心化的"网状结构"传播格局。同时，在"以个人被激活、以人的社会关系作为社会传播最后一公里"的基本现实下，

---

① W. Breed: Social Control in the Newsroom. *Social Forces*, May, 1955, pp. 326-335.

一方面，视听技术的突飞猛进让受众增加了对媒体内容"场景体验"的更高的期待，更加强调内容呈现的场景感，因此，场景化的内容通过视觉表现如短视频、直播、抖音等获得受众关注。另一方面，社交媒体上的人与人的互动成为内容生产的主要动力，人们的关系网络成为信息的重要传播渠道，微博、微信等社交媒体平台的普及正是体现了人们对各种关系形成的期待和满足，微博建构了网络虚拟的粉丝关系，微信形成了基于现实熟人基础的朋友圈关系。"无社交不新闻"成为共识；可以认为，今后以链接、场景与关系为目的的内容生产将是这个时代传播的最主要特色。

在新媒体主导的时代，互联网对于个人的激活，催生了一系列新的规则、格局和改变，传统媒体一直以来的内容生产规则受到挑战。在新媒体内容制作的实践中，要从根本上脱离传统媒体的内容制作思维，适应新媒体传播趋势，转型升级内容生产观念。内容的制作，应适应算法技术特点，更好实现"一对一"个人链接的"生态型资源配置"，并融入场景因素营造"沉浸式"信息接收氛围，激活蕴含于每个人当中的关系资源，解决"最后一公里"渠道失灵和中断的困境。

一、个人链接：内容生产要匹配技术文本

新媒体时代，与过去传统媒体在"连接社会"过程中的最大不同，莫过于其激活了"个人"这个单位，让"个人"获得了更多的自由度，传播中心由"媒体"逐渐转移到"受众"身上。新的传媒生态中的控制权掌握在受众手中，在信息过剩、注意力稀缺的时代下，受众按照自己的爱好兴趣，以取悦自我的方式，去自主选择是否关注、评价、分享传媒内容。这也使得传统意义上原本处于分离结构不同地位的新闻与舆论，趋于相互交融、相互影响。

个人链接，实际上便是基于以上传播背景，以及借助数据分析、算法技术而形成的一种新媒体传播特点，指区别于传统媒体"一对多"以及"模糊受众"特性，通过数据挖掘具体受众需求，依靠算法精准定位将内容推荐到个人，完成"一对一"的个人链接模式。在算法推荐时代，内容生产与分发由传统媒体时代的统一到现今的分离。互联网技术公司凭借强大的智能推送能力，承担了内容分发的主要功能。他们不致力于内容生产，但是以挖掘用户社会属性，分析信息之间的关联为基础，追踪和预测受众行为，满足受众个性化需求，实现精准内容分发。

在这样的传播生态下，需要积极地顺应这套内容分发机制，意味着不能过于被动，等待基于匹配受众各种数据的推荐，而应把握主动权。首先，重视数

据，反哺内容生产。如前文所说，新闻与舆论相互影响，大数据技术又使舆论数据的"量"与"全"得以保证，可成为新闻重要的选题来源库。通过分析舆论数据，筛选出社会关注度高、情绪强烈的话题作为选题，以提高新闻阅读率。其次，适应内容分发机制，增加内容被推荐指数。如今，一则信息能被消费，首先要赢得被推荐的机会，随之才能赢得被受众选择的机会。按照SEO（Search Engine Optimization，搜索引擎优化）的技术逻辑，标题中堆砌的关键词越多，被"爬虫"识别的几率和频率就越高，信息被抓取的位置就越靠前。虽然为了获得更好的传播效果，内容生产需利用技术，顺应技术文本的逻辑和特点，但另一方面，无论何时都不能忘却新闻专业主义，应充分强调专业编辑的"新闻把关"，满足受众个性化需求的同时，为受众提供高质量品质的新闻内容。

二、场景营造：内容生产满足沉浸式阅读

"场景"概念是2014年罗伯特·思考博和谢尔·伊斯雷尔在《即将到来的场景时代：移动、传感、数据和未来隐私》中首先提出的，后来，彭兰又将场景定义为移动时代媒体的新要素，广义的场景"同时涵盖基于空间和基于行为与心理的环境氛围"。在移动互联网时代，受众获取信息、消费信息的模式和习惯持续发生着变化，对媒介的使用不断在多屏间切换，注意力较易被分散或转移，人们往往处于一种浅阅读状态，存在明显的碎片化特征。而融入场景要素的传播，一方面可以提高传播的有效性，减少"移动互联网因去中心化产生的海量信息碎片"，另一方面，由于场景传播还是"用户实时状态、生活惯性、社交氛围"等因素综合影响的结果，所以又能够从具体的情境中发现"人与人的连接和由此而产生的价值"。因而，如思考博和伊斯雷尔在新书中宣称，"未来的时代是场景的时代"，未来的内容生产与传播也应以场景营造为中心，给予受众最佳沉浸式的阅读体验。

目前，关于场景传播的应用也不在少数，最常见的应用是直播场景嵌入购物元素，如网红直播化妆过程跳出弹窗，显示其使用的美妆产品价格，更可一键跳转购买支付。这种"场景"的设置是基于服务所构建起来的平台，即"场景的主动设置和构建"，这种主动场景的设置，是社会资源与商业资源实现对接的中介，蕴含巨大的社会价值和商业价值。而在内容制作上的应用，如二更（一个原创短视频内容平台）以睡前场景求静搭配心灵鸡汤，公众号"深夜食堂"以夜宵场景谈吃融合人文记忆。

除了以上媒介与"地环境"（即线下场景）融合提供特定情境下的适配信息和适配服务外，新媒体受众越来越需求享受虚拟氛围，沉浸于线上场景，而

这种"拟态环境"的营造,可以从两方面入手。一方面,基于技术驱动多样化新闻内容的形式以实现内容生产的可视化和互动性,调动受众的视觉、听觉、嗅觉、触觉等全感官系统进行沉浸式阅读体验。在文字排版上,追求简洁且适应阅读的界面设计,满足受众视觉愉悦感的同时,增强信息触达有效性,最大程度保持内容获取效率和持续性。除了文字,也需要更多的表现形式以匹配移动阅读的时空特性,如根据内容特性与受众特点使用高品质的图片、音频、短视频、直播等传播介质,创造和延伸场景。随着VR技术的发展,受众更可从主人公视角带入虚拟现实场景中,这种体验打破新闻叙事视角的局限,代入感产生共情共振,赋予受众主动权,可在"全景场域和自主选择的情境下实现对新闻场景的沉浸式体验"。

另一方面,打造线上社群,实现氛围聚类,将内容阅读嵌入社交网络。互联网思维中的场景,更重要的是指人与人连接的方式。从这个角度思考,阅读场景的孵化,所依托的应该是精神层面的共鸣。在内容生产时,注意适当进行分众化的个性内容生产,聚焦于内容的文化、圈子属性,使内容得以分众传播,聚合社群。"最好的场景不仅能触碰人们内心最柔软的地方,还是价值观的输出。"内容社群的打造,能够在不断的沟通、分享中,提高受众对社群价值观的认同度,营造阅读的共性场景,而具有共识的场景之内人与人之间的彼此联系和交流,增强了场景的粘性以及受众对虚拟氛围的沉浸感。

三、关系建立：内容生产激活社交属性

基于移动互联网技术所出现的大量新型媒体形式延展了人际交往的平台。除了现实生活中的熟人网络和强关系连接外,这种突破时空限制的技术也为"陌生人网络和弱关系连接"提供了可能性。在马斯洛需求层次理论中,也提到了社交需求是人们生存中必不可少的较高层次的需求。如今,在技术的支持下,这样一种需求存在一种放大的趋势。新媒体时代也趋向于"以社交为关键语",这相较于大众传播而言,更加强调互动与信息分享,因此使用新媒体获取信息,不再是媒体使用的直接目的,而是成为了实现社交目的的一种途径。

过去信息获取的过程,人们是在有限的报纸期刊、电视频道中进行选择,但如今,人与人之间的关系已经成为信息流动的"基础设施",人们偏向于选择将朋友的转发、推荐变为获取信息的过滤渠道,认同"朋友圈刷屏的文章",将信息接收选择权交给了与自己构成或强或弱的社会关系的人群,正如喻国明所讲,"今天构成社会信息传播的'最后一公里'的渠道,已经不是传

统的物理渠道，而是人际关系渠道"。

　　因而，想要促使内容获得更好的传播效果，必须具备双重性质，既是产品也是入口，能够成为建立高效有价值连接的介质，嵌入到受众的社会关系渠道中，进入"最后一公里"跑道，触达至终端受众的接触界面，去激活蕴含于每个受众当中的关系资源。如何让内容激活社交属性，适应以关系网络为基础的传播呢？第一，内容能引发自主分享，而分享的动机源于自我宣泄与呈现，印象管理，或建立、优化与他人的关系等，所以这样的内容必定存在着某种与受众心理"可感知的关系关联规则"，使受众感受到与内容之间的紧密联系，进而引起共鸣。第二，内容能激发反馈机制。在新媒体时代，一方面，PGC（Professional Generated Content，专业原创内容）源源不断地生产输送到移动互联网络更多的流动节点，另一方面海量 UGC（User Generated Content，用户原创内容）也逐渐成为传播网络中的主流信息。当平台的 UGC 足够丰富成为一个生态社区时，陌生人之间通过对 UGC 的浏览、点赞、互动，可建立起一个个新的关系节点，嵌进原有的关系网络中，而这样的效果需要内容生产具有足够的开放性、有趣性和互动性。第三，内容能聚合虚拟社群。社群是"一群拥有某方面相同点的人打破地域限制，在互联网空间中连结形成的一个互动场域或社会关系网络"。而网络社群的形成，首先必然是以共同感兴趣的内容为基础。在网络社群内容与关系驱动的共享式阅读中，人们一方面"在社群链路中完成搜索、获取、阅读、评论及交流"以丰富自己的知识体系，另一方面也通过社群互动，构筑了个人关系网络，找到认同感和归属感。为了让内容具有这样的凝合力，需在内容中注入更多的关系要素，展示特定群体明确的价值观、连接方式、生活方式等。

课堂互动主题：未来还会有报纸吗？

1. 十分钟小讨论：你认为未来人们还需要新闻吗？还需要新闻媒体吗？如报纸和电视，未来是否会消失？如果报纸和电视消失了，会有怎样的新的新闻传播媒体出现呢？

2. 分组讨论：各组举出一个例子来说明人为什么需要新闻，以及我们需要怎样的新闻。延伸讨论：未来社会还会有新闻记者这个职业存在吗？未来的新闻都是谁写的？

新媒体时代，移动互联网技术颠覆了人们原有的阅读习惯，新的传播形态日益明显。新媒体内容质量的提升，除了把握新闻专业主义，解决当下存在的"虚假新闻""谣言""缺乏原创""无版权意识""低俗化"等问题的同时，也应将目光放在新媒介新技术以及新的阅读习惯上，从这个方向去探索如何更好地进行内容传播，满足受众需求，实现传播的价值。

第三节　休梅克的环状要素说

前面已经探讨过媒介内容形成的主要理论，有政治经济决定论、传播者决定论、市场决定论以及休梅克提出的五个环状要素说。

首先，政治经济决定论主张媒介的传播内容是由一个社会的政治经济制度来决定的，媒介可以看成是一个社会的意识形态的道具，它有维护社会安定的职能，会自觉地从社会领导阶层的角度出发来报道新闻，反映社会政治制度的内涵，也代表经济体制的特征。

其次，传播者决定论认为媒介的传播内容受媒介的工作者即传播者的个人素质、文化背景和工作方法的影响。传播者的工作环境、政治态度、职业水平以及同事之间的关系都或多或少地影响到其对社会上某个问题的看法，还有传播组织内部的人与人之间的相互影响也是一个重要的因素。另外，媒介组织是一个较为特殊的组织，有其独特的工作方法和行为准则，新闻制作也是一项很重视工作规则的活动，有着既定的报道方向和编辑方法。

而市场决定论的角度与以往传统的媒介观不一样，它倾向于把新闻看成是商品，把受众看成是市场，主张经营至上、媒介利益至上的媒介内容选择尺度。这种观点近年来对媒介的报道内容有很大的影响。媒介组织主张尽可能地节约各种报道开支，尽量去获得更多的读者和市场，在考虑报道内容时往往将发行量或收视率看作重要的因素。

美国学者帕梅拉·休梅克是一位媒介社会学家，她将影响媒介传播内容的社会因素列成一个使人一目了然的环状图。她认为影响媒介内容的要素有以下几点（见图5-2）：

（1）媒介的传播者：即媒介组织里工作的人员；

（2）媒介的制作方法：特定的工作程序和工作方法；

（3）媒介组织内部的要素：编辑方针和经营方针；

（4）媒介组织外部的要素：政府、经济实体和社会团体对媒介内容的

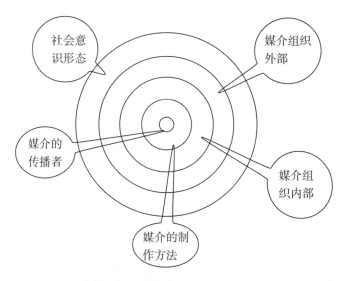

图 5-2 影响媒介内容的社会因素

影响;

（5）社会意识形态：社会的主导意识形态。

2005年7月，休梅克女士在访问中国社会科学院新闻与传播研究所时谈到，媒介内容并不完全是对社会现实的真实反映，媒介在积极建造现实（包括扭曲现实），研究哪些因素参与这种建造是很必要的。她再次重复了上述的五个要素，但是这次她把五个要素用一个金字塔的形式表示出来，认为可以按诸因素的重要性排列成金字塔（见图5-3）。在这五个层次的影响中，作用最小的是新闻工作者的内在素质，包括个人背景、工作背景、性别、种族、教养、经历、价值观和政治宗教信仰、职业道德、角色定位等。这些个人素质在具体的内容上会有所反映，但整体上的传播内容已经被其他四个层次，特别是最底层也就是最重要的社会意识形态所决定了。

休梅克认为，新闻媒介是社会系统中的一分子，其生存和发展都离不开社会的土壤，因此，社会环境和意识形态对媒介内容的影响是最根本的，社会意识形态泛指一个社会的政治、经济、文化体系以及社会控制方式等。例如，政治和经济上互相联系紧密的国家的媒体，它们之间的相互报道就会比其他联系少的国家要多；一个国家不同的政治经济制度也规定着大众传播媒介的体制和经营方式，对媒介内容上的影响不言而喻。

另外，媒介组织之外的社会组织对媒介内容的具体影响也比较明显，如各种社会机构。休梅克把这些机构分为三大类：一类是作为新闻源的组织，如各

第五章　大众传播媒介的内容生产

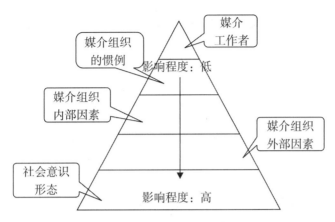

图 5-3　影响媒介内容要素的金字塔

种利益集团、公共关系公司和其他媒介；一类是与媒介经济来源有关的，如广告商、受众等；还有一类是传播技术方面的，如各种生产最新传播科技手段的公司。前两类组织对媒介内容可以产生明显和直接的影响，后一类的组织对媒介的影响则表现在传播形式、速度和范围上。

休梅克认为，媒介组织本身对传播内容的影响分为五个方面：
- 媒介组织的所有权，如是否合资、独资等；
- 媒介组织自身的大小、结构和分工状况；
- 媒介存在的目的，如是为了经济目的，还是为了意识形态等；
- 媒介内部的某些政策或观念；
- 媒介的效益压力大小和媒介管理方式。

在媒介工作者方面，休梅克认为，记者和编辑的日常工作方式也就是他们的惯例，如新闻报道的体系、常用的公关渠道、对官方信息源的依赖，以及习惯性的判断新闻价值的标准等，对传播内容保持着潜在而持久的影响力[1]。

休梅克的这个五要素说对媒介社会学研究的影响较大，因此以下将按这五个要素从媒介工作者、媒介组织的制作惯例、政治组织、经济组织、利益团体和非政府组织、受众对媒体内容的影响，以及社会文化、意识形态对媒介的影响进行分章论述。

---

[1] 参见陈力丹《美国传播学者休梅克女士谈影响传播内容的诸因素》，载《国际新闻界》2000 年第 5 期。

情景教学方案

- **情景教学名称**：讲一个你经历过的有关"非传播"的小故事。
- **教学目的**：学会观察、陈述并分析日常生活中的传播行为及其效果，并能分析导致这种效果的原因。
- **教学步骤**：

1. 启发：教师可以先问问题，如："你到国外旅游的时候，因为不懂当地语言和生活习惯，有过哪些有趣或者尴尬的小经历？"

2. 陈述：鼓励学生完整陈述一个传播故事，重点描述"非传播"的经过和结果，并指出导致"非传播"的关键要素或者环节。

3. 互动：请学生尽可能多地找出导致"非传播"的原因，并谈谈自己的切身感受。教师最后做归纳总结。

第六章 媒介组织内部对媒介内容的影响

───── 主 要 知 识 点 ─────

- 媒介组织内部对媒介内容的影响主要来自媒介工作者的职业特征和这个群体的文化人类学倾向
- 媒介工作者直接影响媒介内容,产生正面或者负面的影响
- 媒介组织的特点对媒介内容的影响主要来自其不同的编辑方针和经营导向
- 媒介内容生产的惯例与媒介的组织结构和组织文化有关

第一节 媒介工作者与媒介内容

一、媒介工作者的职业特征

(一)媒介工作者的类型和社会地位

媒介工作者也称媒介传播者,他们可以说是媒介组织传播活动中的第一要素,同时也是最活跃的要素,主要是指在媒介组织里从事各项专业传播活动人员,例如,媒体管理者、文字记者、摄影记者、编辑、美工、校对、广告人员、发行人员等。

现代信息化社会的到来使社会上从事媒介传播的专门人员越来越多,具体的工作也越来越多样化,从前不被认为是媒介工作者的多种职业目前也被列入媒介工作者的范畴了,例如,专业广告公司、公共关系公司、从事各类信息提供和信息传播的网站等。但是本章所论述的媒介工作者专指在大众媒介组织内部工作的专职人员,他们也有更加具体的分工,例如,从介入新闻制作的接近

程度上看，媒介工作者和编辑可被称为直接的媒介工作者，广告人员、发行人员和编辑辅助人员可以被称为间接的媒介工作者。在媒介组织外的社会层面上活动的媒介工作者，则可以按他们从事传播活动的专业性分为普通和专职两类媒介工作者；或者按照传播活动的性质，分为人际媒介工作者（产品推销员、宣传员等）、组织媒介工作者（宣传部、广告部、信息部、市场部的工作的人员）和大众媒介工作者（媒介工作者、编辑等专业传播媒体组织中的人员）。

进入新媒体时代，也有一些新型的媒介工作形态出现，例如，微信公众号运营者、网络红人、网络直播主持人等。从职业形态上来说，他们大多不从属于某个组织，而是以个人（及其团队）的信息收集、加工和发布为日常工作的；从内容上来说，他们生产的内容又具有丰富、弥补专业传播机构传播内容的特点。

最早的专业媒介工作者出现于早期传播媒介初步形成的资本主义生产关系形成发展时期，由于社会生产力的发展和社会分工的需要，可以形成广泛告知和宣传、继而达到社会动员和团结组织的传播行为变得越来越重要，早期的传播媒介——报纸因需求而不断发展，专业的媒介工作者也由此产生。从社会发展的状况来看，媒介工作者的出现是由其特定的社会因素促成的。

第一，由于当时社会生产力的发展和大规模工厂的出现，城市人口变得密集，人们需要各种信息，而面向密集的城市人口从事信息传播也能成为商业谋利的手段之一。这样，由于商业媒介组织的大量出现，以传播工作为职业的人群也出现了，他们可以凭借信息制作行为来谋生，而商业媒介的盈利和竞争性也促使早期的媒介工作者的专业性越来越强。第二，社会的发展与社会信息传播的自由性有密切关系。随着社会生产力的发展，社会组织和社会成员对各种信息的需求不断增加，信息的消费不但在数量上，而且在质量上都有更高的要求，这种要求同时随着社会的进步又有不断的提高，这对媒介产业和媒介从业人员是一个促进，也是一个刺激，促使他们从专业上不断有新的要求。同时，社会的发展完善了社会传播的客观条件：首先是通讯技术的不断创新，让社会传播可以借助最新的技术基础来达成新的飞跃；其次是社会民主精神的发展和社会政治生活的公开透明都要求社会信息的流畅和更大程度的公开，人们的思想水平和文化素质也不断得到解放和提高，对外部世界的信息有更多的要求；再次，信息化和全球化的进程更是将信息传播作为不可或缺的前提条件。

在社会性传播活动越来越为社会发展所需，而同时社会的发展又为社会传播活动大规模化和专业化提供了相应的条件时，专业的媒介工作者的队伍就这样形成并不断壮大了。那么，社会传播活动为什么需要专业的传播工作者呢？可以从三个层面来考虑这个问题（如图6-1所示）。

一是质量的层面。人类社会生活丰繁复杂、千变万化,值得人们关注的信息可谓海量无限,但是一个人接受信息传播的时间有限,传播媒介运载信息的能力也有限,所以在无限的信息和受众有限的接受时间、媒介有限的运载空间之间,需要专业的工作人员,运用专业的知识和技术来对信息进行选择和筛选,只把最有必要传播的信息传递给社会公众。同时,新闻信息不同于其他信息,在质量上面有特定的要求,例如,新闻采写的基本要求是真实、客观、公正、中立等,还要求具有较高的新闻价值,这些对新闻信息的专业要求也需要具有专业知识的工作人员专门去采写和编辑,这并非一般人都能承担和完成的工作。

二是加工的层面。被专业的媒介工作者挑选过的信息基本还是初始状态的信息,这些信息如果原封不动地传递给公众,由于其特殊的价值没有被挖掘,公众很难得知这条信息的现实意义。媒介工作者的另一个重要的职责是信息加工,即运用自己掌握的专业知识和能力,通过多种编辑和加工手法,运用各种技术和表现形式,把信息中对社会生活有意义的部分重点呈现出来,同时也需要通过事实的呈现和评论来对难以判断的信息从社会主流价值观的角度给以引导。

三是把关的层面。传播媒介的社会影响力越来越大,这已经是不争的事实,任何一个社会管理机构、政治团体、商业团体和社会组织都期望通过规范或限制特定的传播内容来达到特定的目的,这些要求和限制一般情况下也是通过对媒介工作者的思想意识和专业精神进行教育和引导来间接地起到把关作用的。

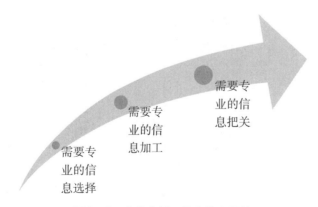

图6-1 专业传播工作者的必要性

（二）媒介工作者的基本任务

媒介工作者的基本任务可以归结为以下几个方面（如图6-2所示）。

首先是搜集新闻信息，这主要是新闻记者的工作。新闻记者分属不同的部门，如政治部、经济部、社会部、突发事件部等，通过媒体组织固有的信息收集网络（如各大事业部门和商业机构的宣传部、通讯员和信息提供人员）以及个人信息收集网络（如网络上的BBS、QQ群、各大论坛、手机信息）来收集信息。最近几年来，各大新闻媒体为了广泛收集新闻信息，都设置了面向公众的新闻报料热线，请社会公众发现并通报新闻事件，新闻记者根据报料的线索来采写新闻。在新闻采写的具体过程中，新闻记者有这样一些通常比较固定的做法：

（1）确定重要的新闻选题，每周开部门会议，提供新闻选题，讨论决定本周或者本月的中心选题和其他选题，各自确定具体任务。

（2）新闻记者按各自的区域划分或者行业划分来落实采访计划或者寻找信息和被访人员。

（3）参加政府或者企事业单位的新闻发布会或者记者招待会。

（4）奔赴突发事件现场采访。有的媒体组织有专门的突发事件部门，专门采写突发事件；有的媒体组织则按突发事件的类型组织不同部门的记者一同采访。

图6-2 媒介工作者的主要工作

记者的新闻采访工作不是简单的信息收集，它包含着很多专业技能。例如，要从客观中立的角度去描述事实，展示不同意见的双方的分量要平衡，对事实和意见的陈述不能带有自己主观的意愿，必须通过呈现事实来说明观点，重视信息核实和数据正确，需要判断信息来源是否可信、信息是否具有新闻价值等。可见，新闻采访决不是任何会写作的人都能做的工作，记者需要具有较高的专业知识和技能。以前文字记者一般会和摄影记者配合出动采访，现在数码相机的普及和媒体工作人员数量的限制，新闻记者有时也会同时承担新闻摄影的任务。

其次是新闻的加工制作，这一般是由新闻编辑来执行的。新闻编辑是指在媒体组织中从事新闻信息和其他信息的编辑、策划、加工、修改、版面组织等任务的工作人员。一般来说有文字编辑、美术编辑和总体编辑。文字编辑主要审查新闻记者上交而来的新闻稿件和新闻图片，修改其中的内容，确定新闻标题，必要时与记者沟通，进一步增加信息、完善稿件；美术编辑对版面设计、新闻标题的字号大小、颜色和插图、新闻图片的运用等作具体设计；总体编辑一般是这个部门的负责人，负责具体的版面，对新闻、图片、标题和版面风格等所有内容作具体组织和审核。

再次是媒体组织内部的新闻筛选和版面确定。这是指媒体负责最后把关的主编或者副主编对报纸的整个版面和内容、对电台电视节目的全部内容进行最后审核的过程。汇合了所有部门初步确定的版面的样稿会在付印前一段时间到达主编室，主编会审视所有内容，从把握当前报道重点、判断信息是否符合政策法律到版面风格和文字标题运用，一一审核，并签字付印。

最后，媒体组织的新闻信息会通过报纸、电台和电视台的节目传播出去，但是这并不意味着新闻工作的阶段性结束。新闻信息传播出去后，媒体组织还要收集公众的反应，处理各种反馈信息，从中寻找和发现公众的关注点以及媒体工作中的问题，及时组织跟踪报道并改正不足之处。这些工作具体表现在媒体组织对读者来信来电的应对和反应上，也表现在媒体组织内部的评报活动中。这是媒体内部员工对自己作品的自我评判和自我纠正，当天的报纸被贴于某个布告栏中，既有专人的评判意见，任何一个员工也可以添加自己的意见，这是一种自我反馈的方式。

可见，媒体工作者的主要任务就是采集信息、编辑信息并确定最终发布的信息。

（三）被赋予的权利和应该承担的责任

新闻工作是一个比较特殊的工作，媒体以社会公众的代言人为己任，承担着社会公众的信任，也承担着相应的社会责任，因此，媒介工作者在获得一些权利的同时也必须承担相应的社会责任。

媒体工作者被赋予的权利包括以下几点（如图 6 - 3 所示）：

（1）知情权。当发现新闻线索时，媒介工作者有权接近消息来源和新闻现场（因安全理由不能接近新闻现场的情况除外），有权接近新闻事件的当事人和目击者。不同的国家和地区对新闻媒体的知情权有不同的规定，但是近年来相关规定基本都趋向于支持和尊重新闻媒体的这种权利。例如，2008 年 5 月 1 日开始实施的《中华人民共和国政府信息公开条例》第三章第十五条规定，我国政府行政机关应当将主动公开的政府信息，通过政府公报、政府网站、新闻发布会以及报刊、广播、电视等便于公众知晓的方式公开[①]，这也是对新闻媒体知情权的一种保证。

（2）采访权。媒体工作者有权采访与事实相关的人士，有权要求相关组织或者个人提供相关信息。

（3）编辑权。媒体工作者有权决定什么是新闻，哪些信息可进入媒体版面，哪些信息应该删除，哪些信息是重要的信息，哪些信息可以从轻处置。这一点体现了大众传播媒体具有的议题设置的社会功能。

（4）版权，也就是著作权。这是指媒体对在媒体上发表的文字作品或者图像作品拥有版权（著作权）。对专栏作家、评论家和文艺连载等特殊作品，事先需要与作者沟通，决定版权所属。

（5）消息来源保护权。这是指媒体在采访新闻事件的当事人或者新闻信息的提供者时，必须对消息提供者、渠道等信息采取保护措施，以防信息提供者因此受到干扰和遭受危险。只有在对方同意的情况下才能公开消息提供者的姓名等信息。有鉴于此，媒体工作者应加强对新闻提供者和采访对象的安全保护，在新闻内容和新闻图片、视频中也对个人信息和个人形象的披露采取安全保护措施。

现代社会大众传播媒体的影响力越来越大，媒介工作者的权利也越来越大，其传播活动必须承担的社会责任也越来越重。社会公众要求媒体及时提供有价值、有质量的新闻信息，同时又要求媒体在行使其权利时承担必要的社会责任，而不能借"新闻自由"的口号为所欲为。媒体工作者必须承担怎样的责任呢？

西方新闻学界比较重视媒体的社会责任。1947 年，美国自由委员会提出当代报刊理论，其主要内容是要求传媒要对新闻报道负法律责任，对新闻报道的确凿性负责；也要求媒体工作人员必须实施新闻自律，即遵守职业道德和伦

---

① 《中华人民共和国政府信息公开条例》，中国政府网：http://www.gov.cn/xxgk/pub/govpublic/tiaoli.html.

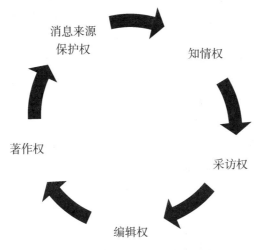

图6-3 媒体工作者被赋予的权利

理精神,对自己的工作有所约束。新闻自律是媒体行业组织约束媒体工作人员工作操守的一些原则。早在1908年,密苏里大学新闻学院就曾提出报人守则,指出新闻工作人员必须遵守以下原则:报业是职业,报纸是公共信托,正确与公平,真实,反对新闻压制,反对贿赂,公共服务,独立和爱国。

1923年,美国报纸主编人协会也提出记者守则,主张新闻工作人员必须在工作中体现责任、讨论、独立、真诚和忠实、公平、适度等原则。

一般来说,不同的新闻组织重视的新闻自律的范围不同,西方新闻界比较重视在以下方面媒体工作者的责任承担和自我约束:

● 禁止在采访范围内从事对自己有利的活动;
● 必须诚实,忠于公众;
● 敢于坚持真理;
● 不接受礼品;
● 不隐瞒封锁消息;
● 敢于和善于与邪恶势力斗争。

(四)媒介工作者的信息裁量权

上述分析可见,媒介工作者在媒介组织的传播活动中具有"特权"——对媒体内容的裁量权。这种裁量权表现在以下几个方面:

(1)对信息进行把关、过滤、筛选。世界上每天都有成千上万的"新闻备用信息",信息化时代让新闻的选择范围更加广泛了,但是任何传播媒介的版面、时间和空间都是有限的,所以媒介工作者的主要任务之一就是对大量的"新闻备用信息"进行过滤和挑选,选择出符合媒介传播要求的,舍弃大量的不符合传播标准的信息。这种过滤和挑选工作可以看成是一种"把关"行为,也可以看成是一种设置议题的行为。因为媒介工作者在决定今天的新闻是什么的同时,也直接地决定了人们今天能看到什么样的新闻。

(2) 决定传播的时间、内容和形式,对信息进行编辑、制作和传递。媒介工作者在选择新闻之后,还需要对新闻素材进行加工和编辑。报纸的编辑要决定新闻刊出的版面位置和标题的大小,广播和电视的编辑要决定播出的时间长短、顺序和语调,网络的编辑对版面位置和时间顺序都要做相应的布置。对于不同内容和性质的新闻话题,编辑还可以采用不同的传播形式来构成主题报道,例如,配置彩色图片、背景资料和图表等,配加社论、评论和读者反馈信息等表示各方面的关注等等。这些媒介工作者的幕后工作实际上意义重大,人们每天在众多的新闻信息面前最关注哪些话题其实与他们的工作密切相关。

(3) 对整个传播进程进行控制和制约。媒介工作者的工作并不是在新闻播出后就结束了,传播行为是一个从媒介工作者到受众的复杂的过程,从时间上看是可以估计的,但是整个传播过程可能会被多种社会要素介入,传播内容和效果也可能因此改变,而对整个传播过程进行控制和制约的主要承担者还是媒介工作者。例如,当新闻编辑好之后,情况突然发生变化,另有一件突发事件更具新闻价值,媒介工作者可以在编辑过程中对此进行更换或调整;如果某条新闻的传播效果被预知可能引起社会不安,那么这条新闻的传播形式和是否进行传播也需要媒介工作者的判断。

二、媒介工作者的文化人类学倾向

(一) 媒介工作者的普遍特征

上节介绍了媒介工作者的职业特点,本节将讨论媒介工作者的内在特点对媒介内容的潜在影响,主要是从媒介工作者个体层次来分析他们的性格和工作对媒介内容的影响。

要分析媒介工作者个体对媒介内容的影响,首先要关注以下要点:第一,要关注媒介工作者的个体特征和专业背景;第二,要考虑他们个人的态度、价值观和信仰对媒介内容的影响;第三,要考察在他们职业社会化过程中发挥作用的职业倾向、职业定位和角色观念对媒介内容的影响,例如:媒介工作者是将自己视为中立陈述事件的人,还是积极构建新闻故事的人?

媒介工作者的普遍特征,可以从他们的文化人类学倾向作为观察的入手点来分析。

（1）性别。

《2005年全球媒介监测项目》中有关中国的数据展示了这样一些情况：在播音员、记者和新闻人物的性别统计中可以发现，新闻工作者中，特别是播音员中，女性居多，占69%，记者中女性占54%。但是在新闻人物中，女性只占19%，男性占81%。在电视、广播和报纸中的新闻人物的性别统计中，电视和广播中，女性新闻人数的比例相对较高，分别占20%和28%，而报纸中较少，只占11%。关于新闻工作者，除了报纸以外，在广播和电视媒体中，无论是播音员、广播员还是记者，都是女性比例高于男性。女性记者活跃在各个报道领域，包括经济、犯罪和暴力、科学健康、社会、法律、名人、体育和艺术等，但是在政治和政府领域还是少于男性[1]。

新闻工作者的性别对新闻媒体的报道内容有什么影响？一位日本学者分析了日本主流媒体20世纪80年代的新闻报道议题后发现，80年代中后期开始，新闻媒体上有关女性的话题不断增加，主人公是女性或者关注女性的新闻主题都比80年代初期有很大程度的提升。为什么？主要原因之一，研究者认为，是在80年代中后期大量女性进入新闻媒体的报道岗位成为新闻议题的挑选者和记录者，这些女记者善于从女性的角度关注、观察并发现社会问题，因此，主流媒体上的女性新闻话题也不断增加。

（2）民族。

相关研究还发现，媒介工作者中，少数民族出身的人不像女性那样在新闻界可以取得相对的成功。1993年ASNE（American Society of Newspaper Editors）一项调查显示，新闻工作室的雇员中只有10%是少数族裔。一些报纸已经开始积极努力地增加其新闻工作室中少数族裔的人数。1986年ASNE发布一份报告，提出了"2000年"目标，即每个报社中少数族裔的比例应至少与其所在社区中少数族裔的比例相当。美国的一些报纸如 *Merced Sun-Star*，*Seattle Times*，*Miami Herald*，*Detroit Free Press*，*USA Today* 等已经拥有了较高的少数族裔比例。然而，还有许多报纸离这个目标还有一段距离。

（3）职业流动性。

新闻工作在多数国家是一个进入门槛相对较低的行业。许多人将其作为第一份工作之后便转向其他职业。导致他们离开的最主要原因是低工资与收益。当然，还有其他原因。比如，优秀的媒介工作者需要激情及对事件的敏感，当

---

[1] 全球媒介监测项目（GMMP, Global Media Monitoring Project）由WACC（The World Association for Christian Communications）的女性项目（Women's Program）发起。资料来源：http://www.globalmediamonitoring.org/.

这种特质丧失时，可能就会选择离开；有时候媒介工作者只是对重复性的工作感到厌烦，或者是厌倦了媒介工作者作为事件负面观察者的角色也会选择离开；还有就是媒介工作者无法平衡家庭与新闻机构的需求。随着新媒体时代的到来，从传统媒体流入到新媒体行业的新闻工作者每年都有所增加，这是传播行业变动和融合导致业态变化而带来的现象。

(4) 教育程度和职业培训。

媒介工作者的另一个特征来自他们所受教育的程度和类型。根据1987年美国的一项调查显示，美国的全日制的新闻传播院校学生（包括四年制本科生与研究生）中98%具有专业媒介工作经验，平均时间为9年；接近四分之三的男性学员拥有博士或同等学力、学位，女性则有62%。现在绝大部分媒介从业人员拥有传播学学位。而从前他们主要来自英语、创意写作、政治科学、美国研究等其他学科。

日本的新闻媒介组织对于新的从业人员的选拔比较有特点。日本的大学几乎不设置新闻传播学专业，新闻媒体招收新人员是通过统一入社考试（不分本科专业）和入社后的现场教育来实施的。例如，一个学金融学的大学毕业生参加了某报社的招聘考试，他需要通过一些基础科目如语文、外语、常识等的考试，入社后接受为期三个月的社内培训，由本社资深的新闻工作人员教授有关新闻采编的相关知识，之后跟随指定的"师傅"——一位有较长工作经验的记者到新闻现场去实地学习。具有一定的采访经验后，一个新记者还需要"轮岗"，例如，从金融记者变为警事记者，从城市报道转为乡村报道，刚刚积累了全国各地的采访经验后，立刻被派往东南亚作国际新闻的特派记者。这样一连串的工作积累让一个记者能在短时间内成为符合这个报社需要的全能记者。这种"现场教育"不重视新闻理论的灌输，而重视老记者的经验传授和在新闻实践中新记者的自我学习；不要普通的新闻记者，而要符合本报社需求的新闻记者；经受这样的新闻实践教育而合格的记者，无疑是最能承担这个报社报道工作的记者。

(二) 媒介工作者的个人态度、价值观和信仰

媒介工作者所持有的个人价值与信仰通常包括了个人主义、自由主义、竞争性和物质主义。美国知名的新闻记者兼学者甘斯则将这些界定为八条思维倾向，他认为，美国的媒介工作者在新闻报道中比较突出地显示了这些倾向。

● 民族优越感（ethnocentrism）：媒介工作者倾向于将美国的价值置于其他国家之上。

● 利他性的民主主义（altruistic democracy）：大部分媒介工作者认为

新闻应该建立在公共利益与公共服务的基础上。

● 负责任的资本主义（responsible capitalism）：大部分媒介工作者认为商人应该在不追求不合理的高额利润、不对工人进行剥削的基础上进行公平竞争，并且应该尊重那些小型家族企业。

● 小镇田园主义（small-town pastoralism）：媒介工作者眼中理想的乡村是一个美德、技能、富于凝聚力的社会关系集中的地方。而城市的新闻则充斥着犯罪、狂热步调、种族动荡、经济问题及环境污染等。

● 个人主义（individualism）：媒介工作者的特色新闻故事中总是充满了"强烈强调个性的人"——他们以自己的方式为了社会利益而努力。

● 中庸（moderatism）：这是对过分个人主义的检验。

● 尊重社会秩序（social order）：这是媒介工作者非常重视的一条价值。通过报道扰乱社会秩序或违反既有社会价值的案例，媒介工作者帮助人们界定出什么行为是会被社会接受的，而什么行为是不可接受的。

● 国家领袖中心（leadership）：这也是媒介工作者十分重视的，因为协调社会秩序需要领导者，这导致了媒介工作者经常报道那些诚信与道德缺失的政治家。这也可以解释为什么媒介工作者对那些可能影响被选举出来的官员的权力强大的人充满关注或者怀疑[1]。

至于个人政治态度方面，从1971年开始，媒介工作者中的民主党人数逐步增加，1971年是35.5%，1982年到1983年是38.5%，1992年则上升至44.1%；而共和党人的比例则下降了，1971年是25.7%，1982年到1983年是18.8%，1992年是16.3%；无党派人士的比例则从1971年32.5%增加到1982年到1983年的39.1%，1992年又下降到34.4%[2]。根据利希特等三位学者1986年的调查，在美国全国性知名媒体中，54%的新闻工作者声称自己是自由主义者，17%说是保守主义者，剩下的则走"中间道路"[3]。

与政治倾向的讨论紧密相关的是媒介工作者对于基督教、犹太教等宗教的支持或反对程度。Lichter等三位学者曾对十个"精英"媒介组织的工作人员

---

[1] H. Gans: *Deciding What's News: A Study of CBS Evening News, NBC Nightly News, Newsweek, and Time*. New York: Vintage Books, 1979.

[2] D. Weaver & G. Cleveland Wilhoit, "Trends in Professionalism of U. S. Journalists, 1971 to 1992",（Paper Presented at the 1994 International Association for Mass Communication Research), 1994.

[3] M. Schudson: *The Power of News*, Cambridge: Harvard University Press, 1995.

进行研究,发现有20%是新教徒,13%是天主教徒,14%是犹太教徒,约有一半的媒介工作者认为自己没有宗教关系,而86%的人声称他们很少或是从不参加宗教活动①。Weaver 和 Wilhoit 于1982年到1983年从来自全美的媒介工作者中随机抽取了1001个样本进行研究,他们发现在总体上媒介工作者的情况与当时社会的宗教背景是较为相符的:有60%是新教徒,27%是天主教徒,6%是犹太教徒,只有7%的媒介工作者提到他们有其他的、或是根本没有宗教关系②。

大众媒体研究最富有争议性的问题之一是媒介工作者的态度、价值、信仰在多大程度上影响到媒介内容。一些评论家认为媒介工作者的个人态度会自然地影响到其新闻报道。1979年,甘斯在他的《决定什么是新闻》一书中写到:媒介工作者努力地追求客观,但任何人最终都无法抛却价值观念③。到1985年甘斯又提出,组织限制和专业准则可以有效地降低大部分媒介工作者个人态度与价值的影响④。

最后值得考察的要素是媒介工作者的职业角色与伦理道德对媒介内容的影响。Breed 认为,媒介工作者的职业角色与道德取向是在其工作及职业培训中,通过社会化过程形成的⑤。那么媒介工作者对其职业特性的认知是否影响到他们所采写、编辑的新闻呢?Weaver 和 Wilhoit 认为,媒介组织对媒介内容的产生施加了许多官僚式的控制,这些控制限制了个体媒介工作者职业特性的影响。此外,他们还界定了媒介工作者的三种职业角色:阐述者、媒介工作者、反对者,而由于这些角色之间有着明显的重叠,绝大部分媒介工作者认为他们的职业角色是高度多元化的⑥。媒介工作者对其职业角色的认知对媒介内容有着明显的影响。将自己视为媒介工作者/中立者的新闻媒介工作者,与将

---

① S. R, Lichter, S. Rothman, L. S. Lichter:《媒介精英:美国的新权力经纪人》,Bethesda, Md: Adler and Adler, 1986.

② D. H. Weaver and G. C. Wilhoit: *The American Journalist: A Portrait of U. S. News People and Their Work*, Bloomington, IN: Indiana University Press, 1986.

③ H. Gans, *Deciding What's News. A Study of CBS Evening News, NBC Nightly News, Newsweek, and Time*. New York: Vintage Books, 1979.

④ H. Gans: "Are U. S Journalists Dangerously Liberal?", *Columbia Journalism Review*, 1985, pp. 29 – 33.

⑤ W. Breed: "Social Control in the Newsroom: A Functional Analysis", *Mass Communications*, 1960, pp. 178 – 194.

⑥ H. Weaver and C. Wilhoit: *The American Journalists: A Portrait of U. S. News People and Their Work*. Bloomington: Indiana University Press, 1991.

自己视为解释者/介入者的新闻媒介工作者相比，对同一个事件的描述是大不相同的。

另一方面，媒介工作者的新闻道德观念也会对媒介内容产生明显的影响。尽管新闻业整体而言缺乏有强制力的道德法规，不过1992年就已经有42%的报纸和31%的电视新闻机构出版了约束其员工行为的准则①。被美国新闻协会所采用的伦理规范把媒介工作者实践中所要遵循的准则归结为责任、新闻自由、伦理道德、准确与客观、公平竞争、互相信任。

十分钟小讨论：日本记者为什么要发声明？

据新华社东京报道，2014年2月12日，日本各界强烈批评日本广播协会（NHK）会长籾井胜人、经营委员百田尚树在历史认识问题上的错误言论。"日本记者会议"10日发表声明，要求籾井和百田辞职。声明说，籾井的有关言论基于错误的历史认识，否定了NHK作为新闻报道机构的作用。籾井不理解何为媒体，作为公共电视台的最高负责人是不合格的。声明指出，籾井"没有资格当公共广播的最高责任人"。声明还要求百田尚树和长谷川三千子辞去NHK经营委员职务。前者在为东京都知事候选人发表助选演说时称不存在南京大屠杀；后者在出任经营委员前曾撰文颂扬饮弹自尽的日本右翼活动家，并将文章刊登于该活动家追悼手册中。声明表示："鉴于NHK的公共性，应该对其选用机制进行民主改革，使之反映广大民众的意见。"声明还说，百田有关否定南京大屠杀的言论是在歪曲历史事实，导致NHK失信于民。此事的背景是1月25日，籾井在就任NHK会长记者会上说出了"慰安妇问题哪个国家都有""政府说右，（NHK）就不能说左"等言论，引发日本新闻传播业界的关注和批判。

媒介的传播报道活动中的伦理问题是难以避免的，利益冲突可能是由媒介工作者接受的任务的本质所决定。不同媒介工作者对伦理有着不同的认识。没有什么管理规范能够适用于一切情境下的行为。对伦理准则的解释和具体的决定只能由个体媒介工作者完成。许多伦理抉择都包含在如下三个范围当中：对事件的歪曲、与信息源之间可疑的关系、报道者获得了利益。在美国新闻协会

---

① J. Black："Taking the Pulse of the Nation's News Media," *The Quill*, 1992, 9, p. 31.

努力完善它的"伦理手册"之时,一个研究机构于1992年进行了一项调查,发现其成员最为关注的伦理困境包括:强奸受害者的称呼、平衡、可靠的新闻源、保密/归因、电子成像、媒介伪事件、免费赠品/公费旅游、专业主义/嫌疑犯与被告者名字的引用、对犯罪的未成年人的称呼等[①]。相关研究很清楚地表明,媒介工作者对其工作的定位——是作为媒介工作者/中立者,还是作为解释者/参与者,会影响其报道内容。

三、媒介工作者对媒介内容的影响

上面两节主要介绍了媒介工作者作为一个较为特殊的职业群体所具有的素质和特点,由于他们是媒体内容的直接的选择者、加工者和传播者,他们对新闻信息的认识和理解都不可避免地影响到媒介内容的形成,虽然媒介工作者的职业原则中有"公正""客观"和"中立"的限制,但即使是资深的媒介工作者也不可能做到百分之百的"公正"或"中立"。

媒介工作者的素质对媒介内容的影响如图6-4所示:

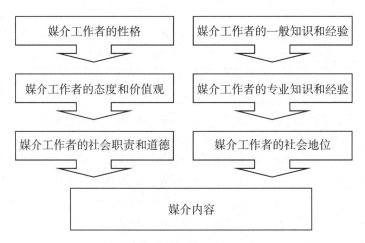

图6-4 媒介工作者的素质对媒介内容的影响

媒介工作者对媒介内容的影响主要表现在以下方面:

第一,媒介工作者的个人性格对媒介内容有影响。媒介工作者的性格是开放还是闭塞、是保守还是激进、是守旧还是富有创新精神,在某种程度上可以影响其新闻价值的判断和新闻线索的挖掘。例如,性格外向的记者可以在人际

---

① J. Black: "Taking the Pulse of the Nation's News Media", *The Quill*, 1992, 9 (11), p. 31.

第六章 媒介组织内部对媒介内容的影响

沟通方面占有优势。记者采写新闻并不是说你要采访什么、想知道什么就能顺利如愿。记者进行新闻采访基本上靠提问来获得信息。问谁、在什么时候问恰当、问什么才能获得最大的信息量，不该问什么，这都是作为一名记者应该考虑的。同一事件，会问、敢问的肯定比不会问、不敢问的得到更多的信息，报道的内容也自然会更详细、更深入。

第二，媒介工作者的学历结构和经验对媒介内容有影响。有两名记者，一名学识渊博，看问题有深度，另外一名文化程度不高，分析能力不强，那么，他们对于同一事件的报道就可能大相径庭。他们也许都对这一事件做出了客观的报道，但在语言文字表达方面也会不同。另外，对于专业报和专业栏目，相关媒介人员还需要特殊的专业知识，例如，报道金融行业的记者必须具备一定的经济学知识，跑汽车专版的记者对汽车的相关知识就必须有一定的了解，否则就无法提出有水平的问题，做出有深度的报道。对于同样一个事件，行内人与行外人所表现的是完全不一样的。不具备一定的专业知识，或只懂皮毛，那只会降低报道内容的含金量，甚至会有错误报道。

第三，媒介工作者的工作态度和价值观对媒介内容有影响。媒介工作者是否能端正工作态度，本着新闻工作的原则正确处理新闻价值，对媒体传播的内容有很直接的关系。北京奥运前夕，CNN主持人卡弗蒂辱华事件就是一个例子。北京奥运圣火在旧金山传递时，CNN全程追踪报道。主播卡弗蒂在一个名为"The Situation Room"的节目里声称："中国手拿着我们数以千百亿的美元，我们手上拿的却是数以千百亿价值的贸易逆差。可我们还在继续进口他们的垃圾，上面有超标的铅，还有宠物食品也有毒。所以，我想，我们与中国的关系真的是改变了。我想他们基本上还是那群过去五十年间一直没有什么改变的暴民和匪徒。"言论一出，抗议怒潮立刻席卷欧美，中国国内各大门户网站也掀起了"反对CNN报道北京奥运"的大型签名活动。

卡弗蒂为什么会说出这样一番话呢？这与他个人的价值观有很大的关系。当时美国经济不景气，而美国与中国巨大的贸易逆差使中国成了部分美国人迁怒的目标。此外，由于经济形势的低迷，很多工作都外包给了东方人，而在很多美国人的印象里，东方人就是中国人，这也使他们将矛头直指中国。这些印象使他们在内心对中国充满了敌意，卡弗蒂应该说也是这一类美国人，所以从他口中说出那样的话就不足为奇了。甚至连CNN副总裁大卫·维格兰特也是其中之一，所以才会在道歉中始终持辩解态度。

其他媒体也有类似行为。《读卖新闻》和《朝日新闻》是日本两家主流全国性日报。两报的不同在于《读卖新闻》多年来报道导向保守、偏右，《朝日新闻》则较为革新和偏于左翼。《读卖新闻》长期被看作是持保守和右派立场的报业代表，推动着日本右倾化。20世纪90年代开始，《读卖新闻》一直赞同日本首相参拜靖国神社。2001年，小泉纯一郎作为日本首相参拜靖国神社时，《读卖新闻》就以社论的形式表示支持。但是从2005年6月开始，《读卖新闻》改变了以往的立场，发表了针对日本首相参拜靖国神社问题的长篇社论，提出"首相不应参拜合祀战犯的靖国神社"，并呼吁尽快建立另外的国立追悼设施。

《读卖新闻》为什么有这样的改变呢？这与《读卖新闻》新任社长渡边恒雄有莫大的关系。渡边恒雄认为，小泉虽然在国会承认甲级战犯是战争罪人，但首相参拜的结果会令中、韩等国产生"日本是个危险国家"的想法，而日本则会因此与其相抵触，导致恶性循环。由于渡边恒雄的立场，《读卖新闻》的报道导向也发生了巨大的变化。从这个例子可以看出，媒介工作者个人政治态度的变化也会影响着传播内容。

第四，媒介工作者的专业知识和新闻工作经验对媒介内容有影响。上面分析过，新闻信息不同于其他信息，必须本着真实、客观、公正和中立的原则去采写。而且新闻信息的采编人员必须通过训练获得采集编辑新闻信息的技能才能胜任这项工作，也就是说，这项工作是一项专业性很强的工作，不是任何人都能胜任的。例如，社会信息的内容非常复杂，信息来源渠道也很多样，如果依靠简单的直观推断必然会导致偏差和错误。新闻记者必须通过特殊的专业技能分辨信息的真伪，发布得到证实的真实信息。

电脑的普及和网络技术的发达让越来越多的人开始通过网络媒介发表自己的看法、传播自己的思想。现代社会已经成了"人人都是记者"的传播社会，这个现象可以更充分地满足受众的知情权，但它同时也会带来一个危害，就是由于网民收集信息和发布信息的非专业性，网络传播过程中会更多地出现信息误差，网络传播者往往会把自己的主观思想融入信息中，传播新闻事件时往往容易偏听偏信，或者以偏概全。

贵州瓮安事件①的信息来源于网络。部分网友因为成见，在传播这一信息时，在事实的基础上添油加醋，混淆视听。事件经过网民们的误传，就变成了"警匪一家"的谣传。然而经过调查，新闻发布会公布的事实是，谣言中"杀害死者的凶手"与县长和公安局局长完全没有亲属关系，被网友们谣传已经

---

① 2008年6月22日凌晨，贵州省瓮安三中初二年级女学生李树芬溺水身亡。此后关于其死因，出现了各种谣传。28日下午，因对其死因鉴定结果不满，死者家属聚集到瓮安县政府和县公安局上访。在有关负责人接待过程中，一些人煽动不明真相的群众冲击县公安局、县政府和县委大楼，最终酿成严重打砸抢烧突发事件。

被警察打死的死者叔叔也还健在，死者的其他亲属也没有被军警殴打致伤的经历，对政府大楼和公安局打、砸、抢、烧的人只是受了黑恶势力的唆使，借故进行报复。为什么网络传播者会传播一些失真的信息呢？原因在于，他们不知道应该在信息中回避自己的认知偏见。由于政府信息传播和主流媒体的传播透明度也存在缺陷，很多人反而愿意把网络信息当成新闻报道了。

第五，媒介工作者的社会职责和道德对媒介内容有影响。2007年十大假新闻之一的"纸馅包子"的出现就反映了当时媒介工作者的社会责任感和道德水平的低下。某媒体栏目组曾接到过群众电话反映"包子有掺碎纸"的问题，引起栏目制片人的兴趣，被确定为报道专题。但是记者在北京四环路一带进行调查后，始终没有发现有纸馅包子的存在。由于选题已上报，压力很大，既想出名又想挣钱，记者终于自编自导了这一幕新闻闹剧。事后"纸馅包子"被认定为虚假报道，摄制者被刑事拘留，北京电视台向社会道歉。

作为媒介工作者，要坚持新闻的真实性，忠于事实，不搞虚假报道，这是最基本的职业道德。近些年来，假新闻络绎不绝，每年网络媒体推出的"十大假新闻"也引人注目。不可否认，假新闻是多方原因综合的产物，比如收视率、销售量的诱惑，审查人员的疏忽，受众的偏好甚至利益的诱惑等。但归根到底，还是归结于新闻传播者的职业道德。与职业道德同样重要的莫过于社会责任，一个媒介工作者是否具有社会责任也会影响到传播内容。像"纸馅包子"事件的假新闻引起社会广泛关注甚至恐慌，破坏了社会和谐，这就是媒体缺乏社会责任的表现。

最后，媒介工作者的社会地位也会影响其传播内容。新闻记者有"无冕之王"之称，他们通过信息传播承担着社会责任，而大众传播媒体也在社会发展过程中发挥着应有的职能。一个社会中媒介工作者的社会地位越高，人们越容易对媒体的传播活动产生信任感，媒介工作者也会更加关注自己的社会职责，在报道活动中更好地体现媒体的传播职能。相反，如果媒体工作者社会地位和经济收入低下，则会导致媒体工作者在工作中的市场化导向。

2008年10月，山西霍宝干河煤矿为了瞒报死亡事故，偷偷向记者发封口费。这个事件既反映了新闻工作者道德水平的低下，也透射出市场化对媒介组织的腐化。据《中国新闻出版报》报道，此次封口费事件中，共有4位记者、24位媒体工作者、26位假记者收取费用。中国人民大学新闻与传播学院教授喻国明评论说，这样的事情不仅仅与记者的职业道德有关，还与记者的职业境遇相关。他指出这些事件背后牵扯出来的是一些生存状况有困难的媒体，当媒体不能解决自己记者的生存问题时，会对员工比较放任。有些责任感较差的记者就会利用手中的笔去换钱，从而形成这种现象①。

一项由香港中文大学新闻与传播学院所进行的调查表明，1997—2001年，香港的新闻工作者的社会地位显著下降。香港的新闻工作者在1997年的社会地位排名仅在工程师和医生之后，但到2001年却被护士、中学教师和警察所超越。调查又发现，新闻工作者的自我形象评价更为低下。在1996年，香港的新闻工作者社会地位的自评较医生、工程师、中学教师和护士落后，仅高于警察、的士司机和建筑工作。而在2001年，新闻工作者的社会地位自评更被警察所超越。负责调查的陈韬文教授及苏钥机教授认为，这个结果是香港新闻媒介生态恶化所致，包括煽情色腥新闻当道，新闻操守低落，关于新闻界的负面报导较多。另一原因则是新闻人才流失，专业知识缺乏长足的进步，赶不上社会发展的要求，而新闻界也未能建立有效的自律机制②。

四、媒介工作者及其价值观对媒介内容的负面影响

随着高新技术的迅速发展，社会信息化趋势的日益显著，传媒成为人们日常生活中不可或缺的一个重要组成部分，人们已经生活在一个由大众传播媒介构成的环境中。媒介是把双刃剑：一方面，大众媒介作为一种重要的社会力量，承担了舆论监督、传递信息、协调社会及提供娱乐等积极的社会功能；另一方面，也带来了一系列的社会问题，如超过个人承载能力的海量信息，惰化了人们对信息的思辨能力，形成了麻木盲从的心态。媒介中出现的一些色情、暴力等负面的东西，严重地污染着我们的社会，极大的影响了人们的身心健康。

正是因为大众媒介对人类社会生活全方位的、无孔不入的影响，使得大众媒介的发展越来越广受关注，受众对媒介的看法也随着时间的增长和认识的深入而不断发展。过去，受众处于对媒介信息的被动接受的局面；如今，受众的地位有显著的提高，甚至对媒介工作者的信息选择有非常大的影响。于是，因社会需求而产生了多种多样的新闻价值要素，比如时新性、重要性、显著性、趣味性、人情味等。

（一）当代媒介内容的负面表现

当前国内各大新闻媒体选择的媒介内容较以往已经有了较大的转变，表现

---

① 叶铁桥、马慧娟：《"封口费"事件触动新闻教育界》，《中国青年报》2018年11月27日第3版。

② 卢峰：《媒介生态恶化 香港记者连续五年社会地位下降》，搜狐新闻，http://news.soho.com/04123/news 147572304. shtml。

出其迎合时代进步的一面，但是，在市场经济背景下的大众媒介内容也带来了大众文化的商业性、感官愉悦性、复制性的特点，因而也带来了一系列价值误区，表现在感性欲望的泛化、自我的丧失等。在此把当代媒介内容的负面表现归纳为以下几个方面：

1. 虚假新闻

虚假新闻是指未能真实反映客观事物本来面貌，带有虚假成分的报道。凡虚假新闻都有一个共同特征，即新闻报道者离开新闻赖以产生和依存的客观事实，任意凭着个人的主观愿望或依据他人的意志去报道新闻。虚假新闻不仅损害受众的切身利益，而且也损害了媒体自身的利益。

网易曾有一幅漫画，描述的是这样一个情景："读者将报纸放在阳光下晒一晒才看，读者说，现在报纸的水份太多了。"媒体在读者心目中的形象可见一斑。

2. 文化品位低俗

当下非常多的报刊杂志是为了满足某一个特定区域受众的文化心理需求和消费诉求而产生的，是为了商业目的而办的。有些媒介不惜降低文化品位来迎合一般读者，发布了一些虚假新闻以及包含暴力和色情的内容。我们的新闻报道也应该反映社会细节，但是，如果没有任何典型性、没有太多看点的信息大量充斥报刊版面，那就没有太大意义了。比如猫狗上树、老汉娶妻、邻里纷争、社会青年打架等，统统上报，这些事件的价值要素含量都很少。还有一些接近人们心理距离的新闻，可以满足人们的求知欲和好奇心，比如名人隐私、奇谈怪论、奇闻佚事等，不论真假，也都被当作新闻来刊登。

香港《苹果日报》的集团老板黎某是个商人，其办报哲学就是赤裸裸的"报纸商品论"，他认为信息产品与传媒也是一种商品，应该按照市场法则去经营。于1995年6月创办的《苹果日报》因为这样一位拥有者而从一开始就呈现出与其他香港中文报纸不同的内容导向和版面风格。例如，这份报纸在内容上重视突发新闻和黄色新闻，以中下层读者为目标，关注能吸引读者眼球的新闻；在编面上标新立异，常常改版，在版面的编排、设计和色彩上靠近主要读者层的喜好；报纸的特色就是靠感官刺激、色情、暴力和怪异内容取胜。黎某曾说，新闻如同面包师做面包一样，必须满足购买者的口味才能卖得出去，才能盈利，新闻工作必须根据市场的"口味"来制定"新闻商品"才能跟随市场的变化[①]。《苹果日报》的领导层主张的这种市场新闻学理念决定了这份报纸的内容导向，可见媒介组织领导者对媒体内容的影响。

---

① 施清彬：《香港报业现状研究》，香港中国新闻出版社2006年版，第46页。

3. 过分强调娱乐性

在当前的新闻报道实践中，满足感官欲望的娱乐性报道大量出现，娱乐性因素在新闻价值观中的位置持续上升。这种现象有些类似20世纪30年代大众文化在西方兴起时西方报纸上出现过的种种情况，社会新闻增多，暴力、色情新闻充斥。现在中国的新闻媒体，都不约而同地关注那些与性、隐私、犯罪、个人情调有关的新闻，这些新闻都能够满足社会的感官欲望需求，为人们提供一种闲适的消遣。

但是，当前对趣味性的重视发生了偏差。我们的新闻理论中，原有的趣味性要求是指新闻内容要使受众产生兴趣，可以是新奇、反常、带人情味的信息，也可以是把严肃的新闻写得生动活泼、富有情趣。但是现在的趣味性，已经发展到新闻工作者对那些描写变态、感性、感官欲望的信息予以不自觉的肯定的地步了。

4. 媒体焦点出现偏差

过去，媒体对事件重要性的判断标准，主要是看其政治意义的大小以及对社会产生影响的程度。与人民群众的利益关系越大，对群众的思想、工作和生活越有指导性，新闻的重要性就越大。现在对重要性的判断又有了新的内容，对百姓的生活影响大、与百姓的兴趣符合程度高就可以认为是重要性大。不仅仅政治题材可以上头版，越来越多的社会新闻、娱乐新闻、体育新闻也登上了媒体的头版甚至头条。

（二）媒体工作者对媒介内容选择的影响

媒介的工作者又称为"传播者"，被誉为"精神产品的生产者，精神生产的重要参与者"。媒介的传播内容与媒介工作者的个人素质、文化背景和工作方法息息相关。媒介传播者的工作环境、政治态度、职业水平、同事之间的关系也都或多或少地影响其对社会上所出现的问题的看法。另外，传播组织内部人与人之间的相互影响也是一个不容忽视的因素。

1. 媒体工作者的个人能力

一个及格的媒体工作者应该做到"一日三省"，自觉地进行自我改造、自我锻炼、自我陶冶、自我道德提升，做到内省与慎独，自我监督，自我控制，使自己的行为合乎道德的规范。只有通过自律约束自己的行为、深化内心的道德规范，才能使新闻报道更加严格、规范，反之，媒介工作者的渎职、报道失实和敷衍了事等都会对媒介内容造成恶劣影响。

欧美许多国家就先后成立了新闻评议会或其他类似机构，来对新闻工作者在实践中出现的问题进行分析、评议，并通过这些行业机构制定公共准则来对从业者的行为进行约束。我国除了《记者条例》《中国新闻工作者职业道德准则》《关于加强新闻队伍职业道德建设,禁止"有偿新闻"的通知》等文件以外,还制定了《中国新闻界网络媒体公约》来约束媒体人的行为。这些条例和规定都是媒介工作者在实践中要求自己、对照自己行为的尺度。

2. 媒体工作者的工作环境

媒介工作者的工作环境不单指工作场所的环境,也包括工作条件、待遇、工作时长等因素。2008年的一项调查报告指出,我国从事新闻媒体工作的人员工作流动性大,常须连续超时工作,生活欠规律,健康受到很大的损害。由于新闻工作的特点,新闻工作者比其他行业的从业者更易产生焦虑的情绪,长期处于这种情况中极易产生严重的职业倦怠。这就要求媒介组织要积极改善工作环境,因为只有在一个良好工作环境下工作的媒体人才能有良好的心态和充沛的精力,对媒介内容的选择做出科学的把握和衡量,对新闻事件的报道也更加精准和客观。

3. 媒体工作者的人际交往环境

媒体工作者的工作从某种意义上来说是独立性大于合作性的,即使通常在同一单位也很少有两个新闻工作者的工作范围是相同的,无论记者或者编辑都是如此。工作内容的相对独立使工作上的协助和交流减少,导致媒体工作者在人际交往中的情绪稳定性较弱。从另一个角度来说,由于职业的需要,媒体工作者的社交圈一般比平常人广,这意味着媒体工作者能够比平常人有更多的机会在第一时间获得第一手资料,这对媒体工作者而言是一个优势。社交圈的异同、人际网络对媒体工作者个人的影响,直接反映在媒体工作者在对新闻内容的选材上。

(三) 如何树立媒体工作者的价值观

1. 媒体工作者的政治态度

新闻工作者的政治态度直接影响着其对媒介内容的选择。虽然现在大多数的发达国家,媒体已经有充分的独立性,不受政府控制,但在某种情况下,为了获得更有价值的新闻,媒体工作者往往会有意无意地成为权力机构的"代言人",或者在新闻的字里行间透露出某种政治倾向。例如,2008年的"CNN事件"就可以看出包括美国在内的西方媒体工作者对中国的态度。2008年3月14日,极少数不法分子在西藏拉萨制造了打砸抢烧严重暴力犯罪事件,导致13名无辜群众死亡,群众300多人受伤,武警官兵和公安民警12人重伤,焚烧大量学校、医院、民宅、商铺、警车和民用车辆。关于西藏3·14事件,包括美国CNN在内的西方媒体不顾事实真相,把严重侵犯人权、严重扰乱社会秩序、严重危害人民群众生命财产安全的暴力犯罪活动说成是"非暴力"的"和平示威"行动。新闻工作者应该本着真实、客观、公正的原则去报道新闻，而不是站在特定的立场上表述新闻。

2. 媒体工作者的宗教倾向

当前世界上的宗教主要有基督教、伊斯兰教、佛教、印度教和犹太教等五大教派。宗教对世界政治、经济影响甚大。有些国家宗教地位十分重要，例如，有的国家政教合一，国家领袖同时是宗教领袖，宗教教义成为国家法律的依据；有的国家定佛教为国教，有的国家定基督教为国教。教会不仅掌管婚丧、教育大权，而且直接干预政治。宗教有时被统治阶级利用作为统治人民、挑起事端和对外侵略的工具。同时，宗教作为一种社会意识形态，对人们生活的许多方面，如文化、生活习惯等都有着一定的影响。

作为媒体工作者，其自身的宗教倾向会影响其对新闻事件的看法和选择。2005年9月30日，丹麦最大的报纸《日尔兰邮报》刊登了12幅以伊斯兰教先知穆罕默德为主题的讽刺漫画，受到伊斯兰世界的强烈谴责。2006年1月10日，一家挪威报纸又转载了这些漫画，使矛盾进一步激化，在伊斯兰世界引发强烈的抗议浪潮。

上述事件中，某些媒体工作者因为自身宗教倾向的影响，有对其他宗教认识不深以及宗教上的"排他"现象，导致了对其他宗教有侮辱性质的新闻的出现。所以，作为媒体工作者，必须正确对待自身的宗教信仰，慎重处理宗教文化冲突的问题。

3. 媒体工作者的职业道德

加强媒介工作者的职业道德应该在以下四个方面下功夫。首先是个人利益与集体利益的取舍。有些记者为了个人利益，动机不纯，或迎合一些商业机构或个人为了自我宣传或其他目的，故意编造假新闻，蒙骗受众。或者因和某个人、某单位关系好，就给某人、某单位报喜不报忧，搞有偿新闻。记者和当事人合谋炮制虚假新闻，愚弄的是受众，伤害的是媒体自身的公信力。

其次是对待自身职业的态度。新闻工作者是撰写真实新闻还是编造虚假新闻，要看他对新闻事业的态度。如果把写新闻当成追名逐利的工具，如果没有扎扎实实的采访作风，靠的只是道听途说，对被采访对象的言行举止采取断章取义的处理方法，那么假新闻也就不可避免了。

再次是求实精神。新闻采访需要扎扎实实的作风。近年来有的记者，特别是青年记者忽视了自身职业的素质建设，出现了重写轻采的倾向，采访作风漂浮，导致新闻失实。记者采访是一种特殊的调查研究活动，是运用眼、耳、鼻、舌、身等多种器官功能的全感采访。这样才既能掌握事物的表象，又摸清事物的本质。但目前不少记者在采访中仅满足一问一答，少观察、少体验，这种只问不察的采访形式难以全面反映事实真相。

第六章 媒介组织内部对媒介内容的影响

最后是良好的新闻教育经历。一些记者没有受过专业的新闻教育，缺乏新闻职业培训，以文学手法写新闻，在原有的事实基础上合理想象，添枝加叶，这种写作方法会给新闻带来很大的损害。记者队伍良莠不齐，缺乏专业的新闻职业培训和新闻职业道德的培养，对新闻采写的基本原则没有足够的认识，这是导致媒介内容失实的主要原因之一。

4．新闻伦理与报道的人文关怀

目前媒体之间的竞争越来越激烈，为了抢独家新闻，制造轰动效应，媒体盲目追求新闻的时效性，所以很多新闻没有经过认真的核实程序就搬上了版面。这种情况很容易造成媒介内容的煽情、片面、忽略、夸张和虚假。这要求新闻工作者在工作中要自觉遵守和把握新闻伦理，在新闻中体现媒介的人文关怀。

1996年，苏格兰邓布兰镇发生了一起凶杀案，一名43岁的男子在小学体育馆开枪，杀害了15名儿童和1名教师。从新闻价值角度看这个事件很值得报道，但苏格兰当地警方却下令严格禁止媒体采访死难者家属，违者绳之以法。苏格兰的媒体自觉地遵守了这一命令。当然，媒体并不仅仅是慑于警方的命令，而是遵循了新闻报道以不违反人道主义为原则这条底线，这个做法得到了其他媒体的高度评价。

新闻工作者必须有清醒的角色认知和职业道德认识，通过职业教育提升自身的职业道德内涵，通过自律约束自己的行为，深化内心的道德规范，通过法律、法规规范自己的行为，维护新闻传播的秩序。

突发事件后，美国媒体为什么取消广告？

2001年美国发生了911事件，这是一起震惊世界的恐怖袭击案件。当地新闻媒体都全力通过及时、全面的新闻报道展示该事件，同时这些报纸、电台和电视也自主取消了事件发生后一周内的所有商业广告。由于是媒体单方面取消商业广告，不但媒体自身损失广告收入4000万美元，还要赔偿广告商的损失。各家报纸取消广告版面，电视台取消广告时间，新闻杂志如《时代》《新闻周刊》和《美国新闻和世界报道》等都出版了不带任何广告的911事件专辑。请分析一下，美国的新闻媒体为什么要在重大危机事件发生后自主取消广告版面或事件？新闻媒体这么做的主要目的是什么？

第二节　媒介组织与媒介内容

一、媒介组织的编辑方针和经营导向

所谓媒介组织是指专门从事大众传播活动，以信息传播活动为生存手段的机构。在现代信息化社会里，大众传播媒介的作用越来越明显，媒介在社会发展过程中不断发挥着各种社会职能，如提供信息、解释信息、持续表现社会文化价值、提供娱乐等等。但是，媒介同时又不同于其他组织的信息发布行为，它是一个特殊的信息传播组织，它的工作具有固定的程序，它强调重视新闻报道的原则并遵守新闻伦理，具有自己的编辑方针和经营方针。

（一）编辑方针——判断什么是好新闻

何谓媒介组织的编辑方针？也就是媒介组织判断什么是好新闻的具体标准。作为一个判断基准，编辑方针是为媒介组织中的成员所深刻理解并在实践中用以指导实践的。有些媒体的编辑方针是被明确表述出来的，但是很多媒体的编辑方针并没有文字化，而是作为可意会不可言传的潜在规则被执行着。媒介组织的编辑方针具体体现在这样几个方面：

● 文字表现基准：也就是用怎样的文字来表达新闻内容。例如，《时代》杂志主张面向中高级读者，重视报道的专业程度，文字表述上有一般人难以读懂的部分；而《新闻周刊》主张面向一般大众，采用通俗易懂的表达方式，把报道使用的文字限制在常用词汇中。

● 时间的限制：不同媒体有不同的截稿时间，这反映了媒体关注的不同时间范围。如日报重视昨天发生的全部事情，晚报关注昨天下午和今天上午的新闻，相比之下，电子媒体和网络媒体则很少受时间的限制。

● 技术的使用：电视媒体重视视频的使用，如果没有现场图像就难以成为电视新闻；而报纸媒体重视文字的深度表达。新媒体环境中更多的传播技术被运用到新闻报道中来，如各种信息采集、编辑和即时发布的工具使用也能体现媒体编辑的技术导向。

● 新闻价值的判断：不同的媒体有不同的新闻价值的判断基准，例如，党报和机关报关注政党和政府的活动和宣传信息，而大众报或者都市报重视报道一般公众在生活中关注的问题。

● 对组织盈利是否侧重：有的媒体的编辑方针对经济利益有所倾斜，有的媒体的编辑方针与经营方针两立，互不干涉。

媒介组织的专业方针如何影响媒介的内容？库尔特·卢因在《群体生活的渠道》一文中提出，在研究群体传播的过程时，信息的流动是在一些含有"门区"的渠道里进行的，在这些渠道中，根据公正的规则或者是"把关人"的标准，决定信息是否可以进入渠道或继续在渠道里流动。在传播学中，把关人是一种普遍存在的现象。在传播者与受众之间，把关人起着决定继续或中止信息传递的作用。把关人可以是个人，也可以是集体。从整个社会的角度来看，传播媒介是全社会信息流通的把关人；从传媒内部来看，不同的媒介具有不同的把关人；从报纸、广播、电视等传统大众媒介来看，在新闻信息的提供、采集、写作、编辑和报道的全过程中存在着许多的把关人。其中，编辑方针就是一种把关的标准和尺度，它对新闻信息的取舍起着关键的作用。媒介组织在回答"什么是应该报道的好新闻""可以用什么词汇进行报道"时，实际就是一个根据编辑方针进行把关的过程。

对于什么是应该报道的好新闻，每个媒介组织都有自己的新闻评判标准，不同媒体有不同的新闻价值观，这对新闻内容的影响很大。例如，广州市地铁1号线因故障停开的新闻，广州市的几家媒体会有不同反应。《南方日报》作为省机关报，面向的是全省读者，像这样的地方新闻一般不会重点报道；而对《羊城晚报》这样面向广州市民、广州家庭的报纸来说，这就是一条很有价值的新闻。对于广东省内的政治新闻，《南方日报》一般都要重点报道，但《羊城晚报》就不一定花大量版面报道，它更重视社会新闻、人情味浓厚的市民新闻。两种报纸的新闻准则和编辑方针不同，在报道内容上的选择和侧重就有所不同。

在专业词汇的使用上，不同的媒介组织也会有所不同。面向普通大众的媒介就尽量避免使用专业词汇，而一些专业性强的媒介就不怕使用专业词汇。如《商业时代》杂志，它是权威学术期刊，面向的受众是工商企业高层经营管理者及相关研究人员。2008年《商业时代》某期有一篇题为《结构性物流需求预测方法研究》的文章，就有很多物流方面的专业术语，该杂志不怕读者看不懂而影响其销量，因为其面向的人群是高层管理研究人员。而《时尚家居》杂志面向的是普通女性，特别是家居妇女，就以图片为主，文字为辅，而且文字都要尽量通俗易懂，避免使用专业词汇。

由于编辑方针的不同，媒体在处理新闻事件时的角度也是不同的。如果比较一下党报和都市报对同一事件的报道，就会看到不同的报道重点。这是因为党报重视政治性，是党和政府的宣传机构。都市报纸虽然也要接受党和政府的领导，但不具备党和政府的喉舌的职能，而是直接面向市场，对公众负责，它们必须坚持社会效益第一的方针。

报纸的不同定位影响了报道内容。下面以2008年汶川大地震为例，比较《人民日报》和《南方都市报》的报道重点，分析两家报纸在内容上的侧重点。

《人民日报》属于党报，也是当今中国最具权威性和影响力、发行量第二大的综合性报纸，每天发行量曾高达300万份。主要受众是党政机关干部，其职能在于承担每天向全国和世界传播与介绍党和政府方针、政策的重任，其中《人民日报》的言论（尤其社论和评论员文章等），已成为《人民日报》的一面旗帜，直接传达着党中央国务院的声音。《人民日报》是综合性日报，目前主要栏目有要闻版、经济版、（政治、法律）社会版、（教育、科技）文化版、国际版、理论版、文艺版、体育版。《今日谈》《人民论坛》等栏目成为中国新闻界的名版栏目，《经济周刊》《民主与法制》《假日生活》《大地》等也深受欢迎。

《南方都市报》是南方报业传媒集团所属系列报之一，是广东省内发行量最大的综合类日报，平均每天出报100版以上，日均发行量已达169万份。主要受众是珠三角地区收入较高的中青年群体。《南方都市报》在国内首创分叠出版模式，每天出版A、B、C、D等叠，其中有时政和社会新闻版，国际新闻和体育新闻版，娱乐新闻和副刊版，经济新闻版，生活消费资讯版等，还按不同的发行地区附有《广州杂志》《深圳杂志》《东莞杂志》《佛山杂志》和《珠海杂志》。南方都市报的新闻及时、生动，聚焦热点，短评见解深刻，具有鲜明的城市特色、时代特色和广东特色。

比较两份报纸在2008年5月13日的报道主题，可见《人民日报》的报道重点是中央对抗震救灾做的部署和工作，如政治局召开的会议、温家宝总理抵达灾区指挥现场、武警部队实施救援的情况等。《南方都市报》内容关注得较多的是灾难对人民和地区发生的影响。从普通群众心系灾区同胞的角度，报道了地震重灾区人民的伤亡情况、地表的破坏程度、是否得到救援等内容。也就是说，《人民日报》由于报道方针和定位，必须承担党和政府联系人民群众的桥梁这样的任务，着重报道有关救灾的政府声音；而《南方都市报》则重视读者对灾情的关注，从普通读者的角度关注危机给人们生活带来的灾害。相对于《人民日报》的宏观和整体来说，《南方都市报》重视具体，介绍微观的、具体的现场信息和灾害中的个人，对于政府领导人的报道也更关注个人的角度。

具体从报道标题上来看，两报的不同之处在于，《人民日报》的相关新闻数量较少,但是篇幅较长;新闻信息的来源具有权威性,新闻主角是政府或者政府领导人;报道的角度较为宏观,重视全国和整体的视角,鼓动性标题较多,发挥了党报的作用。而《南方都市报》新闻数量较多,篇幅较短,适合读者快速阅读;标题生动,新闻图片较多;在标题上多采用具体的数字,简明扼要地陈述灾情;新闻主人公多为个人,注重读者的个人视角,积极报道与广东地区相关的信息,体现了都市报的地域性。

(二)经营方针——媒体如何生存发展

现代大众传播的产品一般来说都是由专业组织制作的,这些组织都是雇用大量员工的复杂的企业。过去,对大众传播的理论概括一般是将个人作为信息的加工者,将受众作为由一些群体的成员构成的集合体,甚至将研究停留在一些由人际连接的个人层次上。随着社会发展和媒介自身的不断优化升级,这些研究已经远远不够了。只有当我们把注意的焦点从对个体的分析转移到对媒介组织整体的分析上时,大众传播的某些特定方面才变得突显出来,这在媒介组织高度发达的美国表现得尤为明显,而贯穿其中的媒介所有制则对媒介传播内容有着举足轻重的影响。

1. 媒介体制的类型

媒介组织的所有制是媒介体制的集中表现,而新闻体制是指新闻事业的所有制性质、决策机构的构成、新闻事业的结构和社会对新闻事业的制约机制等。媒介的所有制决定了媒介的内容,也决定了媒介的主要影响力。新闻媒介所有制大致可以分为三种(如图6-5所示):

一是私营媒介。完全由私人独资或集股兴办。西方国家的媒体基本上都是私营媒体,其主要特点在于董事会为最高决策机构,依托财团,以盈利为目的,广告是主要收入来源,报道的内容迎合受众,在监督政府和公共政策执行方面保持独立,有一定力度。

二是公营媒介。通过向公众收取视听费来运作的电台和电视台,其特点是由各阶层代表组成管理机构,不受政府控制,属于半官方机构,以视听费为主要收入来源,强调对公众负责,不播放广告内容。

三是国营媒介。由政府提供财政来源的媒体,其特点不但在于经济来源完全依赖政府,管理层的人事也由政府指定,承担政府的宣传任务,节目内容偏于严肃和正统。

一般来说,媒介组织具有三大目标,分别是经营目标、宣传目标和公共性与公益性目标,这三者之间的关系相辅相成。当代的媒介组织的体制如上述可以分为以美国为代表的私营媒介组织、以欧洲为代表的公营媒介组织和以中国为代表的国营媒介组织。而每一种媒介组织类型的偏重点不一样,私营的以经

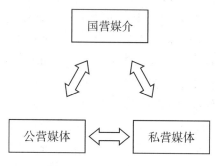

图 6-5 媒介体制的类型

营目标为主，公营的是公共性和公益性为重，国营的是以宣传为本。当然，每种类型绝不只是简单地以一种目标来运行媒介组织，都是在主要目标的基础之上兼顾其他。媒体组织在考虑到以上三个主要目标的同时，就会不可避免地对所报道的媒介内容进行取舍或是修改。这样一来，媒体内容就不可避免地受到媒体组织体制特点的影响。

2. 媒介体制与媒介内容

首先，当媒介组织受到经营目标驱使时，就会本着趋利的倾向去选择报道内容。比如说电视媒体，为了获得更高的收视率，增加自己的广告收入，会有针对性地去挑选一些观众感兴趣的、有吸引力的题材作为节目内容。从正面来讲，这样可以增加节目内容的娱乐性，增强媒体的吸引力，丰富受众文化生活。但从另一方面来看，当下的一些新闻媒体将自身简单地视为新闻商品的生产者，因而为了追逐"卖点"而偏爱炒作"八卦"话题。拿美国的电视新闻为例，近些年来，美国本土媒体在报道政治议题和选举新闻时重点关注党同伐异、个人竞争，忽视理性的政策讨论，背弃了原本应该承担的公正客观反映事实的责任。受媒体报道的影响，公民们难以自由、理性、平等地沟通，积极主动的受众群体在逐渐分化和缩小，对公共生活持犬儒主义和玩世不恭态度者大幅度上升，媒体渐渐丧失了使命感，各种媒体上充斥着暴力、色情和低级无聊的内容。公众对新闻媒体的信任感逐渐消退，甚至在民调中有将近四成的美国民众认为新闻有害民主。

其次，当一个媒介组织在受到公共性与公益性目标驱使时，本着作为社会公器的理念，就会将本身所肩负的社会责任感进行放大。它会号召记者将受众视作公民，作为公共事件的潜在的参与者，而不仅仅是牺牲者或旁观者；要帮助解决社会问题；要改善公众讨论的舆论环境，而不是冷眼旁观这种环境越变越坏；还要帮助公共生活走向更加和谐美好。它提倡正面的、有益的新闻，蔑视负面的、分裂性的新闻;将公众而不是将媒体作为议程的设置者;寻求广大民众普遍的团结。但这种新观点与传统新闻理论产生了强烈的碰撞,有人认为,因为这样的理念,记者从客观的局外人变成了主观的局内人,作为新闻和社区的参与者而非冷静的旁观者;有观点认为公共性新闻是媒体的不良趋势,记者应该报道事件,而不应该参与事件。

最后,当媒介组织受到宣传目标驱使的时候,起到的是一种政府喉舌或者宣传工具的作用。例如,中国的主流大众传播媒介都发挥着从政府角度进行宣传和教育公众的职能。我国的新闻传播界一直重视媒体的舆论导向的作用。舆论导向是中国共产党新闻和宣传理论中的一个重要概念,提出于1994年1月24日江泽民在全国宣传思想工作会议的讲话。他指出:"我们的宣传思想工作,必须以科学的理论武装人,以正确的舆论引导人,以高尚的精神塑造人,以优秀的作品鼓舞人,不断培养和造就一代又一代有理想、有道德、有文化、有纪律的社会主义新人,在建设有中国特色社会主义的伟大事业中发挥有力的思想保证和舆论支持作用。"[1] 后来这一思想被概括为"以正确的舆论引导人"。在这一方针的指导下,我国的主流媒体也作为政党和政府的宣传工作的重要一环发挥作用,在新闻信息传播过程中充分重视维护党和国家的形象。2016年2月,中共中央总书记习近平在北京主持召开党的新闻舆论工作座谈会并发表重要讲话,他强调"党的新闻舆论工作是党的一项重要工作,是治国理政、定国安邦的大事,要适应国内外形势发展,从党的工作全局出发把握定位,坚持党的领导,坚持正确政治方向,坚持以人民为中心的工作导向,尊重新闻传播规律,创新方法手段,切实提高党的新闻舆论传播力、引导力、影响力、公信力"。[2] 这"四力"也是政党媒体的政治性和大众传播媒介的公共性的重要体现。

如上所述,媒介组织是一个综合性的载体,各种社会因素相互作用,发生各种关联,最后通过对媒体组织的操作过程施加作用,完成对媒体内容的影响。媒体组织的利益导向、公共权利的追求和宣传的需要,都可以看成是外部因素和内部因素对媒介内容潜在的指挥。

---

[1] 江泽民:《在全国宣传思想工作会议上的讲话》,载《论党的建设》,中央文献出版社,2001年,第124页。

[2] 《习近平在党的新闻工作座谈会上强调:坚持正确方向 创新方法手段 提高新闻舆论传播力引导力》,中国共产党新闻网,cpc.people.com.cn/n1/2016/0220/c64094-28136289.html。

二、媒介工作惯例与媒介内容

（一）什么是媒体的工作惯例

为了更好地了解媒介内容的形成，我们必须考察媒体工作者的职业惯例和新闻生产的程序。在媒介从业人员的工作中，他们总是运用一些被程式化、常规化并被不断重复的惯例与形式来进行新闻生产。这些惯例保证了媒介系统按预期的方式运行而不会轻易地被扰乱。各种惯例之间也形成了紧密的联系，并成为媒介职业特性不可或缺的一部分。在分析媒介惯例的影响时，一般研究的关注点大都是较低层次的媒介工作者（如编辑）的日常工作。媒介惯例构成了这些从业人员的直接工作环境。虽然高层媒介工作者也会受到媒介惯例的影响，但毕竟他们的活动权和选择权也许宽松很多。所有的组织都希望通过工作的程序化和惯例化来提高效率，有些组织会要求更高一些，如电视新闻机构。但是同时，高度程式化的运作结构也通常具有缺乏弹性的缺点。

总而言之，媒介惯例的研究在认识和分析媒介内容的形成时是十分重要的，因为它们影响着媒介描绘社会现实的方法。

（二）媒介内容的生产过程

媒介惯例并非随意形成的。媒介组织的工作就是在有限的时间与空间内，运用最有效的方式向消费者传播最有可能被其接受的产品。媒介从外部消息供应者（如政府机构、官员、新闻报料人等）那里获得原始素材，加工成新闻，之后将其传播给消费者（读者、观众、听众）。在上述的每个阶段中，媒介组织都会受到各种工作上的限制与约束。可以说，媒介惯例便是起源于与这三个阶段相关的各种限制（如图6-6所示）。

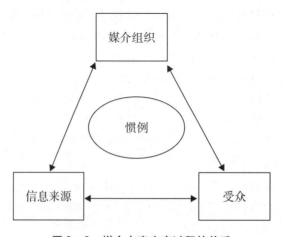

图6-6 媒介内容生产过程的关系

如图6-6所示,位于三角形中间的惯例必须平均满足这三方面的需求,同时任何一种惯例都要在这三方面的限制中寻求平衡,不能忽视任何一方。

(三)新闻写作的"假说"

除了从受众方面考虑的惯例外,媒介还有其他类型的惯例。研究表明,并非所有符合新闻价值的故事都能见之于报纸,而对新闻工作的观察研究也指出,新闻活动受到职业及组织的限制,远比来自受众需求的限制要大得多。因此,我们必须考虑新闻生产过程中另两个阶段的媒介惯例。接下来要讨论的是第二个因素——媒介组织或者新闻的生产者。这一方面的惯例是为了满足媒介组织的需要而形成的,已经标准化、制度化组织的人员对之也十分了解。

另外,媒介组织的新闻采写者在具体采访写作新闻时,也有一套程序化的过程。这就是新闻的故事化写作方法。一般来说,新闻记者在得到一个新闻事件的线索时,会按照以下程序来展开工作(如图6-7所示):

图6-7 新闻记者的工作程序

例如,一个记者接到有关"某中学有一学生跳楼自杀"的线索后,首先会按自己的采访和报道经验以及事件的时间和背景等来推测这个事件可能是一宗"因高考失败而导致自杀"(假说)的案例,因此当他到校园采访时,会针对"该学生是否因高考失败而导致自杀"来询问或者收集相关信息(证实)。如果收集到的信息不支持这个假说,记者会重新建立新的推测如"家庭问题""学习压力""个人感情问题"等(新假说),并重新开始假说的证实,最后形成新闻故事。这说明记者在思考事件和新闻写作时也是有固定的程序的,这种程序也会对新闻的内容产生影响。以前发生的新闻事件会对日后发生的类似事件的判断产生影响,因为记者会根据前例的原因来推测后者。

(四)媒体的共同思维

媒体之间互相依赖是媒介组织的另一种惯例。许多人批评这种集体思维,认为这会导致媒介内容同质化。然而,由于缺乏衡量产品的外部标准,媒介工作者通常将"一致性"作为准则——与其他媒体保持一致,与自己的报道保持一致。这种惯例十分常见的一种表现形式就是媒介工作者们总是喜欢团体（in packs）地报道新闻。他们不但报道同样的人物与故事，也依赖彼此对新闻的判断①。也许是媒介组织在尝试着提供一些互补性的信息。媒介间相互影响的这种惯例在许多情景下都被证明是很重要的。Atwater & Fico（1986）提出假设，这种媒介间的相似性表明了在不同的媒介组织中有一个共同的价值体系，接近性、信息共享，以及对其他媒介工作者工作的观察强化了这个体系。而某些媒体在某个方面会有着特别的影响力。当然，媒体必须平衡团体报道与独家报道所带来利益。

（五）新闻来源的渠道

媒体组织一般都会有一些固定的信息收集渠道，这些渠道一般具有这样的特点：①具有权威性和重要性，如政府机构、法院、警察局、大型的商业机构、知名的、有影响力的社会组织等；②经常会有新的消息产生；③这些消息对大多数社会成员来说是比较重要的。媒体组织会派记者常驻或者经常走访这些机构，或者与这些机构的宣传、公关部门结成密切的联络关系，甚至还有专门的记者俱乐部。

在媒介内容的生产过程中，媒体在很大程度上不得不依赖于各种原始素材的供应者，如政府机关、各种企事业单位和社会组织等。尤其是随着公共关系的兴起，很多政府机关和大型企业以及社会组织都积极通过公共关系活动影响媒体的新闻内容的选择。从理论上讲，新闻媒体有数不胜数的原始素材提供者，Sigal 将媒介获得信息的正式渠道梳理为官方渠道、非官方渠道和自主渠道三类②（如图 6-8 所示）。首先，官方渠道有：①官方言行；②新闻通告；③新闻发布会；④媒介事件，如纪念活动、大型展览、演讲、庆典等。其次，非正式的渠道有：①背景简介；②故意泄密；③非政府行为的事件；④其他新闻媒体的报道、对其他记者的采访、社论等。最后，出于记者自主性较强的渠道则有：①记者自主安排的采访；②亲眼目睹的自发性事件；③独立调查；④记者自己的总结与分析等。

但是从比例上说，出于记者自主性采访的信息就比较少了。Sigal 的研究

---

① Timothy Grouse（1972）的研究证明了这一点。Martindale（1984）的研究结果却与此不尽相同。参见 Timothy Crouse：*The Boys on the Bus*，New York：Balarntime Books，1972，以及 C. Martindale："The Pleasure of Thought：A Theory of Cognitive Hedonics"，*Journal of Mind and Behavior*，1984（5），pp. 49-80.

② L. V. Sigal：*Reporters and Officials*：*The Organization and Politics of Newsmaking*，Lexington，MA：D. C. Heath，1973.

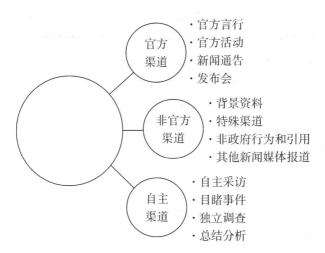

图6-8 新闻来源的渠道分类

结果表明美国媒体上大多数的政治新闻中存在官方观点和行为,例如,《纽约时报》和《华盛顿邮报》的新闻来源的比例构成是这样的:
- 美国政府官员、机构:46.5%
- 外国政府官员、机构:27.5%
- 新闻机构:4.1%
- 非政府性美国人:14.4%

政治新闻的背景则来源于:
- 官员名人访谈:24.7%
- 记者招待会:24.5%
- 通稿:17.5%
- 官方公告:13.0%
- 背景材料:7.9%
- 记者自己的调查分析:0.9%

电视新闻的信息来源
- 政府发言人:51.5%
- 政府以外的社会团体:14.1%
- 一般市民:13.9%

Sigal对《纽约时报》的599件新闻以及《华盛顿邮报》的547件新闻的分析结果表明,这些新闻中来自政府渠道的信息占74.0%,另外,来自非政府机构的新闻信息也有到政府机构寻求佐证和解释的倾向①。这表明在现实生活中，政府机构很容易成为新闻媒体的信息来源。政府为何容易成为媒体的信息源？原因在于，政府机构具有主动积极的传播动机，由于是权力机构因而具有行政权力和信息提供能力；由于政府掌握着各种公共信息资源，新闻媒体出于对公共信息重要性的判断会积极地接近政府机构寻求信息，而来自政府的信息一般来说具有可信性、权威性和重要性。

由此可见，新闻来源其实在一开始就规定了新闻内容的具体特点，例如，来自政府和大型企业和社会组织的信息会比较容易成为新闻，而由记者独自发现的信息相对之下比较少。

日本的国会就有专门的记者俱乐部，它最初称为"共同新闻俱乐部"，是日本的一个特有媒体组织。它是为了让记者在报道时事新闻时，能够参加国会旁听以及时转达政府的声音而创建的。记者俱乐部由公共机关和全国众多媒体选出的最好的记者组成，被选记者必须经过"日本民间放送联盟协会"和"日本新闻协会"的批准。其成员每天上、下午聚集在日本政府的心脏地带——永田町，等待政府配置的一整套预备转达给各路记者的新闻，经由各自对口的主管部门召开所谓的记者招待会，把当天披露的新闻发布给自己。例如，政治方面的情报由内阁府的新闻发言人负责向所属的俱乐部记者传达；总务厅、邮政省、自治省的情报由总务省的新闻发言人负责向所属的俱乐部记者传达。俱乐部还有特派成员常驻宫内厅，皇室内所有的消息都来源于内阁宫房召开的记者招待会②。这种俱乐部的新闻发布和采访方式就会导致新闻报道内容的类似和单一，也会助长政府对舆论的引导。

三、媒介内部因素与外部竞争对媒介内容的影响

上一章我们探讨了媒介惯例的影响。这些惯例是各种媒体通用的，它影响了个体媒介从业人员工作的直接环境。媒介组织是由不同的部门组成，每一个部门都有自己的惯例。而本章要探讨的，就是更大、更复杂、更宏观的因素——组织结构。

（一）组织结构与媒介内容

组织结构对媒介内容有着关键性的影响。我们考察媒介组织时，会考察其

---

① L. V. Sigal, *Reporters and Officials: The Organization and Politics of Newsmaking*, Lexington, MA: D. C. Heath, 1973.

② 王波：《从日本"记者俱乐部"看日本报纸》，载http://www.zjol.com.cn/05cjr/system/2003/06/19/001682965.shtml.

组织角色、组织架构,在这个架构中它遵循什么政策,以及其运用什么方法来强化这些政策。图6-9清楚地展示了媒介的组织结构及组织中的各种角色、作用,也展示了谁应对谁负责、政策如何推行、管理者拥有怎样的权力来确保政策的推行。

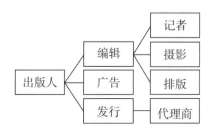

图6-9 媒介的组织结构

现代社会中的大部分媒介组织都带有浓厚的营利性质,它们的基本目标在于获取经济利益。独立的媒介组织面临越来越大的经济压力,这种压力对他们的新闻选择发挥了较大的支配作用。媒介社会学家如甘斯和辛格尔认为经济利益对新闻工作有较大的限制,媒介工作者很难将受众需求、广告收益与新闻报道的本质和质量统一起来。辛格尔认为,利益最大化并没有给新闻活动提供准则,反而带来了各种限制[1]。

为了完成组织目标,组织必须设计各种角色,制定一个架构,让其员工以最有效的方式工作。大部分媒介组织有三个层次的角色,最前线为职员,比如媒介工作者,他们搜集并包装原始素材;中间层次由管理人员、编辑、生产者以及其他处于媒介组织信息中介的人员组成;最高的管理层则制定组织政策、做出预算、制定重要决策、捍卫组织的经济及政治利益。在必要之时,他们还要保护组织职员免受外来压力。而在一个典型的新闻组织当中,出版人管理整个组织,这个组织则包括了新闻采编、广告、发行和生产各个部门。媒介组织的结构方式通过影响职业文化以及决定媒介组织独立性的程度来影响媒介内容。

当然,媒介组织本身也受限于其所在的社会环境,不同的媒介组织具有不同的组织文化,这种文化的特性也会对其传播内容产生影响。

---

[1] L. V. Sigal, *Reporters and Officials: The Organization and Politics of Newsmaking*, Lexington, MA: D. C. Heath, 1973.

(二) 不同的媒体组织文化与传播内容

从空间的角度而言，不同的媒介组织文化具有相应的内部制度结构、报道理念和运作机制，受到不同因素的制约。相异的媒介组织文化决定了其各异的报道内容和风格。以中央电视台和香港凤凰卫视对于 2008 年汶川地震的报道为例，两家电视台的报道的差异主要取决于其背后不同的组织文化。

作为国家级电视台，中央电视台有其独特的组织地位。就其社会功能而言，相比于凤凰卫视，更注重主流意识形态的传播和舆论引导。其受众更为广泛，政治地位更加权威。而香港凤凰卫视在政治地位上与中央电视台是中央与地区间的关系，但从受众范围上讲，它在华语传媒范围又同样具有重大的影响。这种地位上的异同，决定了二者各自的组织文化，这种组织文化既有受众方向的趋同性，又有各自不同的社会功能而导致的价值取向和报道方式的差异。

在 2008 年汶川地震的报道中，从媒介组织反应的时效层面和报道方式的权变层面，央视和凤凰台没有表现出巨大的差别；而对于报道内容，二者就采取了不同的角度。中央电视台作为覆盖全国、影响华语世界的权威国家电视台，在其组织文化内部的价值观念中，仍然以主流意识形态为核心，更注重媒介的社会责任和舆论引导的功能。在多天的连续直播中，由最初的三天以"救人"为中心到后来逐步转向"防疫""安置"，报道多集中在一个相对宏观的角度，而内容和主持人播报方式也都趋向于以鼓励的、安慰的，具有凝聚力的播报方向。

有一个很典型的例子，在央视的直播过程中，震区记者采集到一帧画面，50 个遇难的孩子躺在操场上，他们的老师在鞠躬。这是一个很感人的画面，有很大的播出价值，但是中央电视台没有实时播出，原因是这样的画面过于感伤，对观众会产生较大的刺激，引起悲观情绪，与其内容选择原则不符。有诸多电视观众对于央视报道不够全面有所指摘，认为虽然此次汶川地震报道改变了以往"报喜不报忧"的状况，但报道仍然信息不足，偏向性明显。例如，其直播后期，每逢整点，交待领导人行踪的时政要闻便出现在屏幕上，而且重复报道较多。

应该说，这样的报道方式和报道内容取决于其特定的组织社会地位、职能以及由此产生的组织文化，其对于稳定社会、引导正确的舆论方向是有一定的积极意义的。在地震的报道中如果过多涉及死亡场面，渲染悲观情绪，对于受众而言极容易产生消极影响，进而导致危机的产生。所以，在保证信息的真实和相对全面的前提下，媒介组织具有一定的报道倾向是完全正常的，任何媒介组织都会由于受到社会、政治、经济等因素的影响而不能够做到完全客观、中立。

而与央视报道产生鲜明对比的是,凤凰卫视在灾区的报道中,有这样一组画面:主持人陈鲁豫透过车窗看到地上满是陈列的尸体,泣不成声,同时画外音陈述对于生命的思考。这则报道给人以强烈的心灵震撼。凤凰卫视这样的选择源于其"以人为本"的组织文化。凤凰卫视从内部的组织管理到媒介内容的采编都围绕着"以人为本"这一理念,这从其特色鲜明的主持人和风格各异的栏目就可见一斑。在这次地震的报道中,凤凰卫视采取的角度一直是相对微观的,常常是以个人感受为出发点来报道灾情,极力追求信息的全面和真实。同时,在节目的编排上,强调叙事性和情感性,这与央视相对理性的报道是有巨大差别的。

媒介组织文化对媒介内容产生影响的过程中,组织内的工作者具有重要的作用,媒介工作者在组织文化的影响下,形成组织认可的共同价值观、行为方式和媒介伦理认识,进而在媒介内容的遴选中使得其最大限度的满足组织文化。央视主持人之间的趋同性和凤凰卫视主持人之间的差异性都是组织文化影响下的一个重要反映。

在汶川地震的报道中,受众很难发现央视各个主持人之间报道内容有本质的差别,无论是在语言的表达上还是对灾情的评论上,都是趋同的,即便是以评论见长的知名记者白岩松,在灾情报道过程中也没有突出的表现,评论也止于相对宏观的层面。而在凤凰中文台,从专题地震新闻报道到《鲁豫有约》《锵锵三人行》《时事开讲》等,主持人都展现出了鲜明的特色。以窦文涛的报道为例,他对于地震中发生的故事是以一个非常个人的角度展开叙述,并加以评论。将个人的感受和观点加入新闻报道之中,更加注重叙事性和情感性,与凤凰卫视的整体报道风格相吻合。这些主持人(包括幕后的编导)是组织文化对于媒介内容产生影响的一个重要依托和纽带。

第七章　媒介组织外部对媒介内容的影响

主　要　知　识　点

● 媒介组织外部对媒介内容的影响主要来自政治权力、商业机构和社会组织
● 政治权力对媒介内容的影响有较长历史，也具备影响媒介内容生产的主观必要性，主要通过四种控制方式、两种影响手段来影响媒介内容的生产
● 商业机构对媒介内容的影响主要体现在商业广告、商业信息发布和商业公共关系的层面上
● 社会组织对媒介内容的影响主要是通过社会行动来促成新闻报道，引发舆论对特定议题的关注设置新闻议题

第一节　政治权力对媒介内容的影响

人类社会是一个需要沟通交流的社会，传播行为可以说是使人类生存社会延续的一种基本的社会行为。同时，人类社会的形成和发展也依靠了人类社会中具有的传播机制，它使社会成员能得以彼此联系、团结、整合、维持共同的生活目标，这是社会发展的动力之一。但是，人类的传播活动并不如人们每天自由自在的交谈和沟通那样是没有限制的。社会管理机构或政治权力机构对人类传播行为的控制行为几乎可以说是与传播行为同时存在的。

一、政治权力影响媒介内容的必然性

（一）政治权力影响媒介内容的历史

远古时代，散见于古典哲学和政治学中的有关媒介控制思想的论段就已出

现，这些论段从国家统治阶层或者政治管理的角度出发，体现了不同历史时期不同的思想意识形态对传播活动的认识，也体现了不同时代国家权力在传播活动中的作用和不同时代的统治者对如何通过媒体达成社会控制的思考。例如，下列的著名论述：

● 思想家柏拉图指出，过分的自由是衍生专制的原因①。
● 亚里士多德在其《政治学》中主张用强硬的政治手腕管制民众的言论自由②。
● 意大利政治学家马基雅维里主张，要从国家安全的角度对传播活动进行严格控制③。
● 英国哲学家霍布斯主张政治权力统治者应该拥有绝对的主权传播权④。
● 德国哲学家黑格尔从强调国家理念的角度出发，主张传播权力应该服从国家⑤。
● 德国政治学和历史学家特雷契克认为，与传播自由思想相比，应把国家的自由和意志放在首位⑥。

不同的时代有不同的社会制度和统治方式，这都直接关系到特定的时代的统治者控制社会传播行为的方式。例如，古代社会的媒介控制是专制式媒介控制，奴隶社会和封建社会的社会传播活动不太发达，主要是印刷出版业的传播活动。这正是当时的统治阶级即奴隶主和封建君主严格控制的对象。在文艺复兴前的欧洲，英国国王亨利八世从1528年开始具体实施对社会传播活动的法令控制，可谓最早开始管制出版物的统治者。他不断颁布相关命令限制外国出版商在英国出版书物，同时建立了出版物的皇家许可制度，任命皇家官员监督出版，未经皇家官员的许可不准出版任何刊物。18世纪初期，英国国会拥有处置违法传播行为的特权，例如，凡属指责国会、批评政治权力或者国王大臣的传播内容以及有关反对国会的言论报道，都可按煽动诽谤罪论处。

近代社会的媒介控制是集权式媒介控制。近代新闻传播事业始于16世纪，18世纪在英国、德国等西欧国家及美国形成一定规模。近代新闻业的起源与

---

① 柏拉图著，郭斌和、张竹明译：《理想国》，商务印书馆1989年版，第128-130页。
② 亚里士多德著，颜一、秦典华译，中国人民大学出版社2003年版，第34页。
③ 马基雅维里著，张志伟译：《君主论》，陕西人民出版社2001年版，第78页。
④ 托马斯·霍布斯著，姚中秋译：《哲学家与英格兰法律家的对话》，三联书店2001年版，第192页。
⑤ 黑格尔著，王造时译：《历史哲学》，上海书店出版社2006年版。
⑥ 转引自胡兴荣《新闻哲学》第六章，新华出版社2004年版。

统治阶层和执政党的宣传需求密切相关，当时的报纸媒体大多直接服务于政治集团的斗争需要，统治阶层的媒体拥有传播特权，其他媒体则受到限制。19世纪末至20世纪初期，资本主义新闻传播业开始萌芽，传媒媒体的基本功能也发生了变化，当初的政党宣传工具的主要功能开始让位于信息传播等其他功能。而直接反映社会生活信息的便士报等小型社会类报纸也得到了急速的成长，其发行量和影响力不断增大，渐渐取代政党报纸的主导地位，成为近现代社会新闻传播事业的重要组成部分。在报纸媒体急速成长的过程中，国家政治权力对私营的商业媒介通过税收与新闻检查制度等行政管理手段来达到媒介控制，这与传播媒体产业化的发展和新闻自由思想的普及确立有很大的关系。

现代社会的媒介控制比较多层次、多样化。随着社会生产力和科学技术的发展，近现代的大众传播媒介组织开始走向商业化体制，媒体影响社会的力量不断壮大，媒介垄断集团也开始出现，至20世纪初，资本主义新闻事业产业化初具规模。从这时开始，现代化的传媒企业以先进的传播通讯技术为基础，以企业化经营方式为发展手段，通过激烈的市场竞争成为现代社会中举足轻重的社会组织。由于传媒企业的特性，它们的生存手段和竞争目标是更多地占有、使用和控制各种社会信息，所以现代传媒组织的发展壮大的过程就是他们反对信息控制的过程。现代的传媒企业不论其所在国家的制度如何，都试图在最大程度上摆脱社会权力机构的信息控制与传播干预，也就是不断争取各个领域里的新闻自由。新闻自由一方面是社会发展的要求，同时也是传媒企业追求和维护自己商业利益的必由之路。20世纪中期以来，多数西方国家都陆续设置了维护新闻自由的法规，政治权力机构一般都会避免直接地干涉或限制传媒的传播活动，而是通过公共关系的手法和潜在控制的手法来实施控制。只是在当国家利益受到威胁的危机时刻，西方政治权力对媒体的控制行为会比较明显。

现代社会中不同的国家存在不同的政治制度，政治权力在社会传播领域中的控制方式会因国家性质或社会体制的不同而不同，从控制主体的角度来说有三种控制方式（如图7-1所示）：第一是国家控制式。这种控制方式以国家统治者的个人意志或者执政党的权力意志和政党利益为主宰，对大众传播媒介进行专制性控制，传播内容需要符合特定的审查制度才能得到传播。第二是法律控制式。也就是说大众传播媒介虽然是不受政治权力直接约束的独立的社会组织，但是政治权力制定的相关的法律条款会规定大众传播媒介的作用和行动范围，如果其传播活动超出这个范围就会受到法律制裁。第三则是垄断控制式。政治权力对特定的传播媒介组织实行国家占有或国家垄断，经营主权属于国家管理下的公营制或者公私合营制，从而对媒体的传播行为进行参与介入式控制。

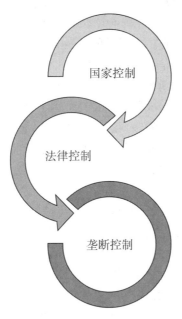

图 7-1 控制主体与控制方式

美国的信息自由程度高吗？

美国是一些人印象中信息自由程度最高的国家之一，这并不是说美国的政治权力不进行媒介控制，而是美国政治权力的媒介控制手段比较"高明"而已。美国宪法明确了对信息传播自由的法律保障，美国政治权力从法律上说不能公开控制新闻报道，但是他们深刻了解信息的传播会给社会带来的正面或者负面的影响，了解信息的不适当传播会给政治权力工作带来被动，给社会管理带来棘手的问题。美国各级政治权力官员深知日常公共信息管理的重要性，积极采取各种对策与媒体合作。一般来说，美国政治权力的舆论控制和信息管理都是采用各种引导手法进行的。

美国政治权力很早就重视政治权力信息的传播发布工作，每当白宫需要发布新政策时，都会根据政策信息的内容和重要程度采取不同的传播方法。最为重要的信息一般由总统或者副总统以及指定发言人召开新闻发布会传播，也有总统挑选、指定媒体亲自进行新闻发布。美国的罗斯福总统亲自在哥伦比亚广播公司的节目中发布并解释自己的新政策，克林顿总统在任期间曾每周定时在广播节目中说明政治权力的最新政策。

美国政治权力的日常新闻操作其实就是通过各种手法巧妙地、不动声色地在大众传播媒体上树立政治权力议题，并通过媒体的报道来引导公共舆论。克林顿在任期间有42人的媒体沟通班子，布什政治权力的媒体沟通班子也有44位成员。这些工作人员有新闻秘书、公关人员、写作班子、传播管理主任等。每天早晨，新闻秘书同白宫官员围绕昨天或当天的美国新闻进行讨论，确定希望媒体新闻报道的方向，如何向媒体和记者展示说明白宫的立场等，得出统一意见后，媒体沟通小组会通知政治权力新闻机构统一口径，让白宫新闻发言人了解主要观点，然后设置信息发布日程。

白宫不强求新闻媒体的记者完全采用白宫的官方观点，而给予记者站在媒体立场上写新闻的自由，这是因为白宫明白美国媒体的记者都比较重视来自白宫的信息，这种依赖关系为政治权力树立议题引导新闻报道的方向创造了有利的前提。

请从政治权力与媒介的关系的角度分析评论一下上述美国政府的具体做法。

（二）政治权力影响媒介内容的目的

可以说，政治权力天生就有对社会传播活动的控制欲望和需求。具体来说，其目的有以下几种，如图7-2所示。

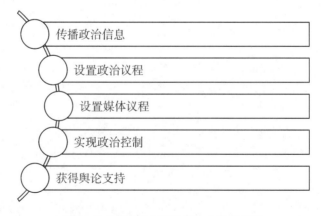

图7-2 政治权力影响媒介内容的目的

1. 传播政治信息

媒介的主要功能之一即大量搜集、储存、整理信息与传播和交换信息。就政治方面来说，其中包括报道最近发生的政治事件（政治新闻），预告某些即将到来的信息、危险和变化，如国内、外的政治、军事的动态变化，以使受众、政治组织及时了解自己所处环境的变化，确定自己的应变策略，调适政治行为等。

在大多数情况下，媒介遵循"把关人"理论对所发布信息进行筛选，而某些时候，政府出于某种目的会通过媒介发布指定信息。如我国的历次人民代表大会，政府会提前通过媒介发布会议日程，并在会议进行中同步发布会议信息。在这种情况下，媒介从自身利益、公众需要及政府影响等方面考虑，大多会积极主动地完成信息发布。而在另外一些情况下，政府会基于某种原因，如为了维护自身形象、维护公共道德秩序、达成政治目的等而通过媒介发布虚假或部分处理过的信息，如"大跃进"时期的高产丰收报道、先进典型树立报道等。这部分信息更能体现政府对媒介的控制作用，而往往发生在集权环境与民主性不高的环境。

2. 设置政治议程

政治议程设置对于政治过程来说是非常重要的。谁能够确定议程，谁就可以掌握政治活动的主动权。不管是平时的政治运作还是大选期间，力图影响政治议程是政治人物优先考虑的课题。而各国政府或各种政党往往通过引导各级传媒，进行信息发布和宣传，来实现对人民群众的议程设置。控制信息及信息量是政府设置传媒议程的主要手段之一。作为传媒的重要信息来源，政府利用对信息的控制使得他们在对外事件议题上占有明显的优势，因为传媒需要政府的解释、态度和立场。政府通过策划大量的信息并主动向传媒提供，来巧妙地影响和引导传媒与国内外舆论，为国内外舆论设置议程。

这点在西方世界尤为突出。在 20 世纪 60 年代以前，议程的设置是由总统、行政首脑、议会或政党领袖决定的。到了 60 年代，设置政治议题的功能逐渐转给了在政治生活中发挥着巨大作用的大众传播媒介。美国学者兰斯·本奈特等认为，如果没有对媒体多方面的运用，政治统治以及一系列相关的步骤诸如形成舆论等，是不可能以其现有的方式顺利实施的[①]。

"911"事件后，布什政府进一步加强了对不利于"反恐"的信息的控制。美国打击塔利班开始后，一方面，白宫、国务院、五角大楼等部门频频组织新

---

① 兰斯·本奈特、罗伯特·恩特曼著，董关鹏译：《媒介化政治：政治传播新论》，清华大学出版社 2011 年版，第 1 页。

闻发布会，引导传媒按政府的口径报道；另一方面，政府施加各种影响，限制发出不同的声音。通过控制消息发布来源来控制新闻传媒的内容和态度，是看起来较少对新闻传媒进行严格控制的资本主义国家的政府部门对传媒进行控制的最主要方式。通过掌握是否提供消息、提供给谁、提供多少、何时提供等问题的决定权，资本主义国家的政府在一定程度上达到了控制传媒的目的。

通过对政府信息的选择性发布，政治权力可以有效控制媒介内容，从而影响公共舆论，使公共舆论趋向于自己所希望的方向。

3. 设置媒体议程

美国传播学家马尔科姆·麦库姆斯和唐纳德·肖于1972年正式提出的议程设置（Agenda Setting）理论认为，大众传媒往往不能决定人们对某一事件或意见的具体看法，但可以通过提供信息和安排相关的议题来有效地左右人们关注某些事实和意见及他们对议论的先后顺序。媒体无法影响受众对某个问题的观点，但是却可以影响受众关注某个问题，通过议程设置来影响公众舆论，进而影响到政府议程。反过来，政府也可以设置媒体议程。"如果一个政府有能力让某些议题成为全球性媒体的议程，那么它就能对世界舆论造成可观的影响，美国就具备这种能力，并且比世界上其他任何一个国家都强。"因而有美国学者认为，在现实中不是美国政府跟着新闻媒体的议程跑，而是新闻媒体跟着美国政府跑。

政府在设置媒介议程中注意突出对主流媒体的关注，继而通过媒介间的相互议程设置使得一个国家主流媒体、精英媒体在新闻报道中的领导角色得到充分体现。如《纽约时报》是美国新闻媒体的领导，《纽约时报》的新闻报道经常被其他媒体所效仿。当《纽约时报》受到政府的议程设置影响后提出一项新的外交政策议程，大部分其他新闻媒体就会很好地模仿。新闻媒体间的这种相互关注以及追随主流媒体、精英媒体的趋势已经成为一种日复一日的报道模式。

4. 实现政治控制

一个国家政权建立以后，其相应的法律制度和意识形态也就随之诞生，任何一个统治阶层都会认识到舆论传播的极其重要性。美国学者罗斯认为，社会控制就是社会对个人或集团的行为所作的约束。控制的目标是使个人和集体的行为服从社会整体的利益，使个人和团体的自由与社会秩序实现对立的统一；通过控制过程及其手段（如奖励、惩罚）完成社会成员的角色定位。在控制过程中，政治体系可以利用的手段是多种多样的，有法律约束、道德约束、经济约束、教育约束、文化约束等。它们有的凭借自身的力量，如经济约束（利益分配的杠杆作用）就能够直接地控制人民的行为；有的则要借助于其他的力量，如法律须以国家的强制力为后盾。道德约束、文化约束等则更多需要借助于大众传媒才能实现，不道德的行为、不文明的举止，一经大众传媒曝光，社会舆论的压力必将使行为者有所收敛。即便是经济约束、法律约束，如果能在报纸、广播、电视上有所反映或得到相应的评价，其约束的效能将会明显加强。

政治体系为了支持有利于自身利益的政治文化的传播，尽可能地控制各种传媒，特别是诸如学校、大众传媒等在社会中具有广泛影响的传媒，传播支持现行政治体系的政治文化，培育和塑造适应其统治秩序需要的政治人格，同时还要对各种传媒传播的政治信息进行认真的选择，如政治教育内容的确定、学校教科书的审定、新闻出版审查等。除了政治文化的传播和政治人格塑造外，政治体系还可以利用大众传媒引导、争取社会舆论的同情和支持。

政府实现控制的案例有许多，如1973年《纽约时报》最先得知美国中央情报局从大西洋底打捞出一艘沉没的苏联潜艇，中央情报局就要求该报不要报道。英国政府1985年8月禁止了英国广播公司播放的一部关于北爱尔兰的记录片，政府的理由是该片涉及民族矛盾和领土，危害国家安全。

5. 获得舆论支持

由于传媒和政治互相依赖的密切关系，新闻传媒始终把总统和政府各级官员视为信息的主要来源，政府则通过传媒向公众宣传施政意图、政策及具体行动等，影响舆论，争取支持。对于传媒来说，或多或少地被政府通过各种渠道控制是在所难免的，因政治压力而被迫倾向政治利益方是最普遍的表现。在美国对外的多次战争中，包括驻各国部队都有"随军记者"这一特殊身份，军队对记者有保护义务，同时，作为获得第一手资料的前提，记者必须在报道中倾向美国军方，即减少负面消息的曝光率。1998年"海湾战争"就因为美随军记者的美化报道而使其在美国国内成为了"一台理想化了的戏剧"。

通过传媒成功地在大众面前展现、加强和美化政府的形象，这是当代西方政治系统的重要特征。这是因为，传媒具有直观性，传媒所带来的政治可视性，比纯粹的观点的说教和逻辑的推论更能激发受众的兴趣。在政治传媒化的语境下，政治不再是抽象的政治哲学，而是经过传媒编码成具有可视性的一幅幅画面或图片。由于与政治事件和政治人物的距离，受众的政治态度和观点的形成在一定程度上依赖于直观、实在的画面和细节。正如美国著名政治学家迈克尔·罗金斯针对越战报道指出的，实际上，美国的电视界从未解释越南战争是怎么回事，而仅仅给出了一张西贡军官枪杀一个越共刺客的胶片剪辑，但却激发了美国人的反战情绪，这是因为电视能够绕过人们大脑的思考而直指人的内心。

同样，在处理外交问题上，政府也充分利用了媒介。例如，1962年10月14日，美国一架U-2间谍飞机发现苏联正在古巴境内秘密安装导弹，这对与古巴毗邻的美国是一种挑衅和威胁。当时的肯尼迪政府通过大众传媒放出了大量将采取"压倒优势的报复行动"的威慑言论，意图使苏联退却。《纽约时报》就曾报道说："一旦核武器用于军事，美国人民将全体丧生。""肯尼迪与其幕僚研究了13个日夜后决定，宁冒第三次世界大战的危险，也要与苏联对抗到底。""10月27日，一辆苏军坦克闯入了我们的封锁线，我们的一架U-2飞机也在侦察行动中被苏军击毁。总统已发出最后通牒，如果36小时内苏联不撤出古巴，美国将发起全面进攻。"在这次事件中，美国媒体强化了核威慑的力量，从而给苏联一方造成了巨大的心理压力。这无疑为美国在这一轮美苏

美国政府故意泄密

20世纪90年代末期，在试图说服日本主动限制对美汽车出口的贸易谈判过程中，美国政府对大众传播媒介巧妙地采用故意泄密的方式进行信息引导。美国政府不想公然地采取措施限制日本出口，于是利用媒介对日方施加压力。当时有一份来自"美国贸易官员近旁人士"的新闻发布稿，表示谈判进展不顺，美方希望日方能提供其他方案。而受其诱导发布了该消息的记者事后认为自己不明就里地就被利用了，结果是帮助美国完成了向日本突然施加压力的计划。事实上，美国政府利用媒介作为谈判的砝码，但表面上始终声称他们并不想限制日本出口。

一位分析家曾经根据不同动机归纳了美国政府曾使用过的几种泄密方式：

政策性泄密：目的在于利用内部消息直接支持或反对某一提议。

测试性泄密：目的在于发现一些政策提议的舆情反响。

自我泄密：目的在于满足消息提供者的自我意识。

善意泄密：目的在于获取某位记者的信任。

恶意泄密：目的在于试图陷某人于尴尬境地。

揭发性泄密：多来自组织内部的成员，出于对组织的不满而泄密。

讨论一下，政策性泄密在政治上的运用反应了媒介与政府的共生关系，政府需要媒介来传达信息并支持政府决策，而媒介又需要政府作为信息的主要来源。除了上面的案例，你还能举出一个其他类似的案例吗？

外交竞争中取胜增添了强力助动剂,这种宣扬不管是在战略上还是在策略上都为美国在国际关系中获得更大的利益而争得优势。

不仅如此,古巴导弹危机的解决还展示了大众传媒作为危机解决中的非官方管道的不可或缺作用。古巴导弹危机前后历时两周,之所以能在短期内迅速解决,除了对核战争共同的恐惧心理使得美苏双方基本上都保持克制和忍耐的态度外,还有重要的一条就是美苏之间建立了迅速、有效和秘密的大众传媒沟通渠道。1962年10月26日,苏联驻华盛顿克格勃官员福明与美国广播公司记者斯卡利秘密接触,首次提出苏联将从古巴撤出导弹,条件是美国保证不入侵古巴。会谈打破了美苏两国之间的僵局,首次提出了谈判的方案,为此次危机的最后解决打下了基础。在严重的国际危机或者当所有的外交渠道都被切断时,大众传播媒介为对立国之间保留了一条恰当且有效的沟通管道。

从以上论述中我们可以看出,政治权力对媒介内容有巨大的影响,与此同时,媒介也在受政府干预的同时以自身的职业限制、抵御政府的过度干涉。政治权力与传播媒介在某种程度上来说是互相依存的关系,关键在于既能够寻找到二者利益契合点又不影响到受众对信息的汲取。

(三) 政治权力进行传播控制的必要性

不同的社会发展阶段政治权力有不同的媒介控制方式,其对传媒机构内容传播的调控程度也各不相同,但是必须明确的是,作为社会管理者的政治权力在任何情况下都是不会放弃其对社会传播行为的管控行为的,政治权力的各项职能也可以说都与传播行为有关,政治权力需要通过媒介控制手段来促进其各项职能的实现。

所谓政治职能是指政治权力在社会中承担的角色和应该起到的作用,也就是政治权力行使行政权力的范围、程度和方式。不同的历史时期政治权力的职能也不相同。自由资本主义时期的西方国家政治权力的职能发挥相对较小,新兴资产阶级主张政治权力不干预的自由放任理论,政治权力的干预被限制在最小范围之内。但是,后来的资本主义周期性经济危机迫使资产阶级政治权力不得不实施强制性政治经济干预。同时,科学技术的高速发展和工业化社会导致的社会分工和专业化,也促使社会各个方面开始依赖于社会的管理者——政治权力,政治权力的职能范围不断变大。第二次世界大战以后,社会矛盾不断尖锐化,社会冲突屡屡发生,这使资本主义社会变得不稳定,政治权力的管理职能被进一步扩大。之后的时代又有反复,主张政治权力不干预社会或少干预社会的思潮时起时伏。

不管学术思潮如何变化,政治权力职能具有不可代替的特点,也就是说,政治权力职能只能由政治权力来行使才有效,是政治权力的必须作为,其他社会组织不能替代。一般来说,政治权力职能可以分为政治权力基本职能和政治权力运行职能两种。从各国政治权力的行政实践来看,政治权力的基本职能有四种,即政治职能、经济职能、文化职能和社会职能。政治权力的基本职能是政治权力管理的范围,也就是政治权力可以介入和干预社会的程度,在现代社会,这些职能都可以借助政治权力传播来促成和实现。

政治权力的政治职能是指政治权力在国家和社会中所起的政治作用。政治权力的政治职能包括政治统治职能、保卫国家主权的职能和民主职能。这些具体职能都可以通过政治权力传播行为体现出来。例如,政治理念、各项政策和国家主权的倡明需要宣传,民主参政需要信息公开和公众参与。而政治权力的经济职能、文化职能、社会职能也都是要通过政策传播来具体实现,要通过与社会组织和成员的沟通协作来协调步骤达到目标的。

进入20世纪,通讯科学技术的发达使传播媒体在社会发展中和人们日常生活中所起的作用越来越多、越来越大,信息产业作为一个巨大的生产力在社会中的地位举足轻重。政治权力不但在各项职能的实现上要借助传播媒体的传播活动,同时,政治权力还是一个社会信息政策的制定者、公共信息的生产者和分配者,无疑也是信息时代里最大的信息消费组织。这种关系的形成是由于信息化时代的特性,政治权力要实现其政治、经济、文化以及军事等各个方面的职能,必须要在相关的信息领域里参与竞争并获得优势。同时还需要对社会信息的合理流通制定管理规则,实施管理职责,协调信息市场的合理分配,平衡或解决因信息失衡导致的社会不和谐问题。

传播科学技术的不断发展也导致社会信息化程度的提高和多种新型传播媒体的出现,传播媒体作为一个信息企业在其经营形式上不断更新变化,社会成员对信息的公开和交流的程度也有更高的要求。所以,政治权力与社会传播行为之间的关系变得越来越复杂。新闻媒体等信息产业期望的是更大程度上的信息公开和自由流通,以此繁荣信息流通市场;而对政治权力而言,一方面它需要借助信息传播来实现社会管理,另一方面,流通自由程度较高的信息传播活动却更加难以控制和管理。但是,不断促进和提高社会信息化程度这个课题是现代政治权力都明确主张的,虽然在西方国家的管理过程中以上的两难选择越来越明显,但一些国家已经在相关的法律条文中表示积极支持的立场。这也间接表明了政治权力的社会信息管理和调控的课题会变得越来越难,同时也预示了政治权力必须改善以往与传播媒体的关系,需要开始建立新型的相互关系,尤其是在人类社会不断全球化的背景下。

危机后的新闻发言为什么要快？

美国政府充分认识到公共危机发生时对媒介信息控制的重要性。公共危机发生时的美国政治权力的传播策略是融控制于合作之中，表面上采取与媒体合作的姿势，其实是通过各种手段操作、控制新闻媒体的信息发布。首先，美国政治权力极为重视政治权力树立议题的迅速性、及时性。也就是说，政治权力要赶在记者通过其他途径获得信息之前发布政治权力的立场和观点，杜绝谣言以正视听，只有当政治权力及时发出自己的声音时，媒体才不会过多理会其他信源的信息。但是，美国政治权力也认为，及时迅速地发布政治权力议题并不是把政治权力知道的所有信息都告知媒体，而是根据政治权力工作的需要，从有利政治权力工作展开的角度告诉记者相应的信息。当然，政治权力向媒体提供的信息一定要准确。政治权力信息的价值在于信息的重要性和政治权力的可信程度，如果政治权力信息失信，政治权力形象也就会受到损失。在最近几年来美国发生重大危机事件的时候，都可以看到政府部门的快速回应，甚至在危机发生后不到45分钟，美国总统就出现在媒体上进行新闻发布了。请从迅速性的角度分析一下美国政府在突发事件后对媒介信息进行控制的做法。

二、政治权力控制媒介组织的形式

不难发现，在人类发展的漫长历史上，统治阶级在拥有社会的政治、经济权力的同时，也在激烈地争夺社会的媒介控制权。也就是说，在不同的国家、不同制度的政治权力管理之下，人类的传播活动都会受到强大的政治权力的控制，这种控制有多种形式，其形式、层次、控制对象或者控制源都有所不同。

（一）四种控制方式

政治权力对媒介组织的控制方式有以下几种（如图7-3所示）。

首先是政治权力对媒体的宏观控制与微观控制。所谓宏观控制，是指社会的统治阶级及其执政党或者一个政治权力，针对社会中的各种传播行为，通过意识形态的灌输引导以及法律法规实施的控制。在宏观控制中，政党或者政治权力不直接参与传播活动的具体操作，或者说对传播媒介的传播内容并不进行详细的限制，而是通过意识形态的灌输、教育和引导，使传播组织和传播者自

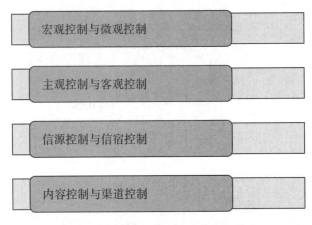

图7-3 政治权利控制媒介组织的形式

觉地在传播内容上认同特定的意识形态。例如，一般统治阶级都会给传播组织划分一个安全的传播范围，在此范围内传播媒介可以自由传播，超出范围就会受到限制。这是一种常见的对传播权的宏观控制。也有通过立法和行政权力制定各种约束传播行为的方式。例如，把传播媒介纳入政治权力行政架构中，使传播媒介从属于政治权力，对传播事业的所有制形式、数量规模、人员配备有决定权，从而影响传播组织的传播方针和报道范围，在可控制的范围内统一各传播媒介的报道口径，从而体现出统治阶级的意志。

所谓的微观控制，则是指统治阶级或者政治权力通过对传播组织把关人员的控制来达到控制的效果。传播组织的体制和性质决定了报道方向，政治权力对传播组织的管理权决定了传播把关人的素质，特定的新闻教育的内容决定了传播从业人员对传播行为的理解：这些都可以是政治权力控制社会传播行为的手段。这样，即使政治权力机构不出面，不进行具体的控制举动，传播组织和传播工作者都会在某一程度上自觉地按统治阶级意志进行具体的传播工作。这是微观的媒介控制。

其次是主观控制与客观控制。从控制行为的源出处来看，媒介控制可以分为主观控制和客观控制。主观控制是指统治阶层的意识形态或者说一个社会的主流意识发出的对社会传播行为的控制作用。例如，突发事件发生后或者战争爆发期间，政治权力为了国家利益和社会安全都会对传播行为进行控制，这些都被看成是具有积极意义的主观控制。

客观控制则是源于传播过程中对传播效果产生影响的各种社会因素的控制作用。例如，自然环境、社会环境、通讯工具、受众心理等客观条件会限制传播活动,山高水远不利信号传递的地理条件、闭塞落后的社会环境、公众知情权意识的强弱和对社会信息的需求都会对传播行为起限制作用。

第三是信源控制与信宿控制。一般来说,信息传播行为和信息接受行为必须要适合社会环境,传播信息和接受信息,都要与所处的社会环境相适应,传播的方式和内容也要为特定的社会环境所容纳和接受。媒体工作者有"无冕之王"的声誉,但是并不是说信息传播者可以自由地按照自己的理解来传播信息。首先,他们面临来自权力机关如政治权力、社会组织、大型商业机构等的压力,政治控制、经济控制和社会影响力都是形成信源控制的源头。其次,传播者自身的知识修养和社会经历都会影响他们对信息价值的判断。虽然专业传播者会遵守客观、公正、全面的报道原则,但是实际操作过程往往难以较高程度地实现这些原则。还有来自媒体组织生存方面的考虑,如果要重视市场效益和广告收益,专业传播者就不得不用大量的娱乐信息或者煽情新闻来充斥版面。同时,民族宗教意识和文化心理因素同样是制约传播权的一种重要社会力量。

信宿在传播过程中被看成是最后一个要素,很多人都忽视信宿对传播过程的影响力。作为传播过程中的信息接受者,受众也在主动或被动地影响着传播过程。受众具有多种层次,具有不同的复杂的信息接受习惯和理解方式,也有自己的信息需求。受众的信息要求对传播者的信息选择和传播方式影响最大,它要求传播者在传播内容、传播技巧、传播时间、媒介选择上不是按照自己的意愿,而是要按照受传者的需求特点来进行。这也是一种间接的控制作用。

第四是内容控制与渠道控制。从控制的手法上来看,媒介控制可以从内容控制或者渠道控制上实现。所谓内容控制就是对将要被传播的内容进行筛选,剔除不适合的内容;或者通过法律、法规和条文、通知等告知传播者不适于发布的内容的范围。一般来说,内容控制多从传播主题出发进行不同层次的范围划分,在较为宏观的层次上受到控制的内容有:危害国家安全的信息,违反宪法和国家主权的信息,制造民族分裂的信息,非政治权力机构发布的有关重大自然灾害的信息(如地震、核事故、传染病疫情、汛情等),有关国家政治、经济和军事机密的信息。在法律层次上受到控制的内容有侵害他人名誉权、肖像权、隐私权等的信息。

从控制的效果上看,渠道控制能比较迅速地达到控制目的。一般的控制手法有:限制或拒绝媒体的采访和调查;通过行政、经济或者法律手段给媒体施加压力,限制报道;给媒体主管或者主要传播者施加行政、法律或者人身安全上的压力,迫使其放弃特定的传播行为;通过技术手段干扰、屏蔽、封锁某个渠道的信息流出(扣押报纸书籍、干扰电子信号、屏蔽网络链接等)。通过控制传播渠道来控制信息流出的做法虽然比较有效，但是在现代社会，公众的知情权意识不断高涨，大众传播媒介追求新闻自由，不适当的渠道控制比较容易引起社会对立和不良的社会后果。

由于传播活动是一种社会活动，它与社会中的各种因素有着复杂的联系，参与传播活动过程的社会因素很多，对传播活动进行干预控制的因素也很多。研究传播行为必须了解社会环境中对传播活动起重要作用的一些要素并对此展开多角度的分析。

（二）两种影响手段

媒介的内容生产过程，一般来说就是媒介组织内部的信息加工过程。那么，处于媒介组织外部的政治权力又是如何影响媒介的内容生产的呢？对媒介组织内部的内容生产过程进行各种看得见的把关和看不见的引导，是具体的操作手段。

1. 把关式影响

由于对公共信息的收集和管理的特权，政治权力通过把关行为来实施媒介控制是有诸多有利条件的，例如，政治权力具有掌握权威信息源的优势，这对传播媒体具有很大的吸引力。政治权力通过新闻发布会来控制消息的发布，这是较为常见的一种把关控制方式。一些西方国家较早开始使用这种方式，并将之制度化。最近一些发展中国家也开始采用这种政治权力主导的信息发布方式。当然，政治权力的把关型媒介控制有多种方式。

第一是行政把关。通过政治权力的行政权威对下属组织或者所属媒体发布行政命令，控制特定信息的传播范围和传播对象，这是最为普遍的政治权力媒介控制方式，多针对政治权力组织内部各个部门和政治权力管辖范围内的媒体。同时，由于政治权力是重要的公共信息的信息源，在政治权力新闻发布会或者记者招待会上，政治权力可以从自己的立场出发选择封闭信息，推迟信息发布，或者选择愿意让媒体知道的信息发布。美国在实施攻打伊拉克的"沙漠风暴"计划前，对所有媒体严格保密相关信息，战争开始后美国军方提供给新闻媒体的也是经过剪辑的轰炸录像。

政治权力通过政策规定从宏观角度指导、规定社会传播行为也是一种比较常见的控制方式。例如，2006年10月11日中国共产党第十六届中央委员会第六次全体会议通过的《中共中央关于构建社会主义和谐社会若干重大问题的决定》就明确指出新闻出版和网络传播在构建和谐社会中的任务和作用："正确的思想舆论导向是促进社会和谐的重要因素。新闻出版、广播影视、文学艺术、社会科学，要坚持正确导向，唱响主旋律，为改革发展稳定营造良好思想舆论氛围。新闻媒体要增强社会责任感，宣传党的主张，弘扬社会正气，通达社情民意，引导社会热点，疏导公众情绪，搞好舆论监督。健全突发事件新闻报道机制，及时发布准确信息。加强对互联网等的应用和管理，理顺管理体制，倡导文明办网、文明上网，使各类新兴媒体成为促进社会和谐的重要阵地①。"

另外，政治权力制定的社会发展战略中也会含有支持或者限制特定传播行为的内容，这些内容对特定的媒体发展来说会起到一种约束或者促进的作用。例如，2006年3月中共中央办公厅、国务院办公厅发布的《2006—2020年国家信息化发展战略》就指明我国信息化发展的战略重点之一是："开发科技、教育、新闻出版、广播影视、文学艺术、卫生、'三农'、社保等领域的信息资源，提供人民群众生产生活所需的数字化信息服务，建成若干强大的、影响广泛的、协同关联的互联网骨干网站群。扶持国家重点新闻网站建设。鼓励公益性网络媒体信息资源的开发利用。制定政策措施，引导和鼓励网络媒体信息资源建设，开发优秀的信息产品，全面营造健康的网络信息环境。注重研究互联网传播规律和新技术发展对网络传媒的深远影响。"② 这个政策表明了对国家重点新闻网站建设的支持和鼓励。

在一些与传播行为看似无关的政治权力政策规定里有时也包含着一些与媒体传播有关的行政指令。例如，2006年2月国务院办公厅发布的《中国遏制与防治艾滋病行动计划（2006—2010年）》的通知里就包含了政治权力对预防艾滋病的宣传教育工作的指示："加强大众媒体宣传教育。有关部门和新闻单位要广泛组织开展艾滋病防治、无偿献血知识和'四免一关怀'等政策的宣传。中央、省和市级主要媒体积极刊播防治艾滋病、性病和宣传无偿献血知识的公益广告，其中广播电视媒体确保按一定比例播出。各重点新闻网站要开设预防艾滋病健康教育栏目，定期更新栏目内容。"③ 这项规定对中央、省和市级主要媒体的艾滋病防治内容的播放比例有一定要求。

第二是法律把关。这是指政治权力通过立法对社会信息传播行为进行规范管理。一般来说，规范管理社会传播行为的相关法律大致有著作权法、煽动叛乱罪法、色情管制法、诽谤罪法、保障隐私权法、保密法、反垄断法、广告管

---

① 《中共中央关于构建社会主义和谐社会若干重大问题的决定》，中国政府网，http://www.gov.cn/gongbao/content/2006/content_453176.htm。

② 《中共中央办公厅 国务院办公厅关于印发〈2006—2020年国家信息化发展战略〉的通知》，中国政府网，http://www.gov.cn/gongbao/content/2006/content_315999.htm。

③ 《国务院办公厅关于印发中国遏制与防治艾滋病行动计划（2006—2010年）的通知》，中国政府网，http://www.gov.cn/gongbao/content/2006/content_284340.htm。

理法、许可证申请法、广播、电视与电影管理法、图书出版法和新闻法等。另外，不同国家的基本法律体系也存在适用于社会传播行为的内容，例如，宪法、民法、商法、刑法中有关传播活动的法律文件和条款。我国的《宪法》中有关于"中华人民共和国公民有言论、出版、集会、结社、游行、示威的自由"的规定，有关于"中华人民共和国公民在行使自由和权利的时候，不得损害国家的、社会的、集体的利益和其他公民的合法的自由和权利"的规定，有关于"中华人民共和国公民必须遵守宪法和法律，保守国家秘密，维护公共财产，遵守劳动纪律，遵守公共秩序，尊重社会公德"的规定等，这些规定都可以看成是对社会信息传播行为的控制内容。同时，我国的《刑法》《刑事诉讼法》《民法通则》《公民诉讼法》《行政诉讼法》《行政处罚法》等也设置了指导、制约和规范媒体传播活动的有关内容。在《中华人民共和国国家安全法》《中华人民共和国未成年人保护法》《中华人民共和国消费者权益保护法》中也有对媒体传播活动的相关规定。这些法律法规都是政治权力控制管理社会信息传播行为的一种方式，任何传播组织和传播者个人都有义务要遵守这些规定。

第三是经济把关。这种方式是政治权力通过各种经济手段，如参股、控股或者税收、拨款和商业政策制定等方法，对社会信息传播活动实行间接控制的一种行为。政治权力可以独资创办组织内部或者外部的媒体，也可以以参股、控股的方式干预某个媒体的经营运作。各国都有政治权力独自创办或隶属于政治权力的媒体，这些媒体被称为国营媒体和公营媒体。

一般来说，每个国家的主要对外传播媒体大多数为政治权力所办并接受政治权力的资助，例如，美国之音（VOA）、俄罗斯之声电台、中国国际广播电台、英国广播公司（BBC）、德国之声电台都属于国营媒体，其经费均由政治权力提供，其传播实力也是世界上较强的。俄罗斯政治权力通过参股、控股的方式控制了70%电视媒体、20%的全国报刊以及80%的地区报刊的股份，是俄罗斯最大的媒体股东。通过这种方式控制社会传播行为，其效果可想而知。

政治权力也可以通过税收、贷款、财政补贴等方式对特定的媒体施加影响来达到控制其传播行为的目的。不少国家的媒体税收政策针对媒体性质而设置。例如，针对私营媒体的税收政策较为严格；而国有媒体的税收政策则较为优惠，对后者同时还有增加银行贷款和财政补贴等扶持方式。这无疑是一种间接控制的方式。

以上的把关方式是各国政治权力针对不同媒体的社会传播行为而实施的。由于各国的具体政治经济制度和社会状况的不同，政治权力具体实施的幅度和深度也有所不同。一般说来，当一个社会面临较大社会改革时，政治权力会较多采用行政控制手段；在发生重大社会危机时，法律手段和行政手段的同时运用比较常见；当政治权力需要促进媒体事业发展来带动社会发展时，经济控制手段中的参股和政策调整方式会比较有效；在社会稳定发展时期，用法制手段来规范社会传播行为比较合适。不管是哪一种把关控制，政治权力都应该结合当时社会发展的具体情况和媒体、受众的状态来选择。

把关性媒介控制的特点是方式简单，收效较快，但是这并不是一种万能的媒介控制手法。对于过去的封闭型社会这种手法可能很有效，但是在信息化时代的现代社会，这种媒介控制手法就时时面临各种挑战，而另一种媒介控制手法却越来越受到重视。

2. 引导式影响

政治权力对媒介内容的引导式影响表现在以下几个"软性控制"方面。

第一，是强调式引导，即通过强调政治权力议题达到控制目的。通过头版、头条、图片、社论、评论和篇幅等制作手法在大众传播媒介上积极强调政治权力议题，提升政治权力议题的传播地位，让公众自然而然地关注并理解政治权力议题，让政治权力议题在众多的议题中脱颖而出。成功地强调了特定的议题就等于间接地抑制了其他的议题，人们每天能接收的信息量有限，可以关注并留下印象的信息更加少，所以留在公众的视线和记忆里的议题需要媒体传播手法上的强调。

第二，是重复式引导，即通过多媒体同时传播政治权力议题达到控制目的。相关调查表明，积极接触媒体的人每天会主动接触 2~3 种不同的媒体。例如，有的人每天早上上网看最新消息，中午读报纸获得深层信息，晚上则打开电视收看现实的画面。尽管如此，他的信息接受量也是相对固定的。所以，政治权力传播可以通过传播渠道控制促成特定的议题在各种传播渠道中的主导地位，加深特定的信息对公众的影响的时间长度和空间广度。

第三，是人际引导，即借助人际传播的效果达到控制目的。议程设置的效果不仅表现在大众传播媒介上，同时也与人际交流等多种信息累积的效果有关。这要求政治权力传播在设置媒介议题时要有整合传播的思维，在发动电视、报纸、广播、杂志、网络资源的同时，还要重视目标公众的社会成员的人际交流方式，电话、传单、海报甚至邮寄广告都可以借用。这种议题的整合传播可以增强特定议题的传播气势，加速政治权力议题向公众层面的流动速度。

第四，是目标公众引导，即通过明确政治权力传播对象的类型及其导向需求达到控制目的。政治权力媒介控制的效果表现在目标公众是否最大程度地接受到了特定的政治权力议题这个问题上。同一议题对不同类型的公众会有不同效果。社会公众可以按性别、年龄、经济收入、教育程度、生活方式、社会集团、信仰、价值观等划分为不同的类型，不同类型的人会有不同的信息接受导向和不同的信息内容需求，同样的政治权力议题在不同层次的公众身上会有不同的设置效果。政治权力的传播战略和具体传播活动应该建立在一个公众信息接触数据库上。这个数据库包含从人口统计、社会意识、社会心理等多个层面出发的对公众信息接受状况的统计，这样才能针对政治权力传播的目标公众，增强议程设置的针对性和有效性。

第五，是时机引导，即通过把握议程设置的最佳时间来达到控制目的。萨尔文在一项研究中发现，媒介的议题设置效果是在新闻报道后5～7周才显示最佳效果，而对公众认知冲击最大的时期是报道后的8～10周[①]。但是，不同性质的事件其报道的议题设置效果也有所不同，重要的突发性新闻事件的议题会被公众迅速感知。时间是影响媒介议题设置效果的重要因素之一，政治权力传播需要事先把握最佳传播时机，尤其是公共危机事件发生后，如果没有及时的政治权力议题满足公众的知情欲望，谣言或者虚假信息便会泛滥，影响社会的安定和谐。

白宫的新闻发布会

通过议题设置的方法达到控制大众传播媒体议题传播的目的，这种引导型的媒介控制是一种软式控制，往往不为被控制对象所察觉和反感。美国政治权力经常使用并且较有成效的媒介控制手段主要有以下几种：

1. 记者吹风会。白宫经常有记者吹风会，由总统新闻秘书或者白宫发言人宣布当天的主题并回答记者的问题。政治权力传播者可以借此机会主动设定媒体每天的头版头条。吹风会也是政治权力官员和记者亲和关系的场所，通过经常性的交流，政治权力传播者可以在友好的气氛中向媒体传递政治权力的声音，拉近官民关系。

2. 新闻发布会。政治权力首脑亲自出马解释政治权力决策和立场，还可以树立政治官员的亲和形象，这种方式还因为信息的权威性和重要性更为大众传播媒体所关注。

3. 记者招待晚宴。邀请美国最有名的记者、艺人和政客到场与政治权力首脑见面交谈。2003年的白宫记者招待晚宴有近3000人的记者和政客到

---

① 陈力丹：《舆论学——舆论导向研究》，中国广播电视出版社2005年版，第207页。

场，晚宴上对报道政治权力事务有贡献的记者颁奖，总统会展示自己的才艺和自拍照片，目的则是借此表现政治家人性化的一面，缩小政治家与记者之间的距离。

4. 政治权力官员的私下爆料。由于政治权力传播者熟知媒体对政治权力独家新闻的渴求，所以时不时策划一种有计划、有目的的泄密行为。有意的媒体泄密还可以散布对政治对手不利的言论，在国际政治舞台上通过有意地泄漏一些国际战略构想可以达到威慑对手国家的目的。

请分析一下上述白宫的几种做法具体是如何影响大众传播媒介的记者和他们的新闻内容的？

第二节 商业组织对媒介内容的影响

一、经济发展与大众传播媒介

大众传播媒介不是独立于其他社会因素而发展的，相反，大众传播媒介的发展往往受政治体制、经济体制和文化传统的制约和影响，其中经济的因素是最具有变化性、最为活跃的，它对大众传播媒介的影响有四个方面（如图7-4所示）。

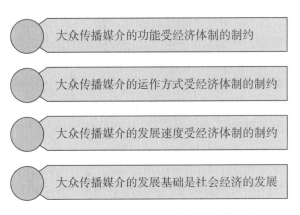

图7-4 经济体制对大众传播媒介的制约

第一，大众传播媒介的功能受经济体制的制约。信息传播是一个社会经济发展的重要因素，反过来，一个社会的经济发展状况也决定了社会成员和社会组织对信息及大众传播媒介传播内容的需求。在自给自足的封建社会，人们在小范围的生活圈子里就能完成个人的生活需要，对外界的信息和情况没有迫切的需求。但是在现代社会，尤其是在全球化进程越来越快、全球成为一个地球村的时代，社会经济的发展早已不局限在一个城市或者一个国家，而是扩展到整个世界了，一个社会人不但需要知道自己生活圈子的具体情况，还需要知道国际环境的信息，因为国际环境即使距离遥远，其信息也会对自己周围的生活产生影响。我们提到过的"蝴蝶效应"在信息化社会里就可以解释为"一个微不足道的信息可能会在遥远的国度掀起惊涛骇浪"。经济发展较快的社会里，人们自然地对各种信息有较多的需求，这与经济不发达的社会里信息需求量不大成鲜明对比。因此，受社会经济发展和经济制度的影响和推动，大众传播媒介的功能也从以宣传为中心转为以传播信息为中心。

第二，大众传播媒介的运作方式受经济体制的制约。不同的国家存在不同的媒体制度和媒体经营方式。例如，国有制的媒体一般以政府拨款为主，公有制的媒体则依靠公众的视听费生存，私有制的媒体所有的命脉都在自己的发行量和广告收入上。这些不同的媒体运作方方式与媒体周围的社会经济体制有密切关系。改革开放前，我国的主要经济体制是国有制，我国媒体的主要运作方式也是国有制。改革开放不但带来了经济体制的改革，也带来了媒体运作方式的改革，一些大型媒体集团的产生标志着国有制媒介生存方式的渐渐消失，以读者为中心、以发行量为目标的媒介运作方式已经成为主流。

第三，大众传播媒介的发展速度受经济体制的制约。经济的发展需要及时、广泛、快速的经济信息的传播环境，因此，经济发展所需要的大量的产品信息、市场信息、消费者信息和广告新闻也为大众传播媒介的运作提供了基础。在一个经济发达的社会里，人们往往习惯接受大量的各种信息来满足自己的生活和工作的需要，而较高的生活水平也保证了人们能够有信息消费的实力。例如，一个经济收入较高的家庭可能定有两份报纸、四份杂志，拥有两台电视机和两台个人电脑，这些都是接受信息的物质保证。而一个经济收入较低的家庭可能就不能达到这样的条件了。

第四，大众传播媒介的发展基础是社会经济的发展。信息的快速传播有赖于通讯技术的发展和建设，新闻采访和报纸运送依赖交通，印刷设备、广播网、电视网、互联网的形成依赖于科技业和制造业。就以网络媒体来说，个人电脑的技术不断革新、越来越大的信息容量、越来越快的传播速度、越来越丰富的表达形式和越来越方便的操作方式，使网络媒体成为社会成员不可缺少的传播工具之一，这些与社会经济不断发展、社会科技水平不断提高密切相关。只有在社会经济基础较为雄厚的社会里，大众传播媒体才能有快速发展的基础。同时，大众传播媒介的高质量的、稳定的读者群和观众也依赖于现代化大型城市的崛起。

由此可见，大众传播媒介的发展是与社会经济的发展相辅相承的，社会经济的制度和发展水平制约着大众传播媒介的发展，而经济社会里重要的商业组织也需要大众传播媒介的传播活动来帮助他们传递各种商业信息。在信息化社会里，各种商业活动都不得不依赖信息传播，这样，大众传播媒介和商业之间的关系就更加密不可分了。

二、商业组织的社会传播

（一）商业组织的传播目标和传播优势

商业组织的主要目标是市场和消费者，为此，任何企业都非常重视面对市场和消费者的传播活动，这是因为媒体的传播活动可以帮助商业组织达到如下目的：

● 提高产品的知名度和美誉度；
● 提高企业的知名度和市场的认可，完善企业自身的形象建设；
● 提高品牌的认知程度，促进品牌的推广活动；
● 帮助企业内部动员，提高凝聚力；
● 促进企业和公众的双向交流；
● 加强企业与政府、非政府组织等机构的合作；
● 帮助企业开展危机公关和传播活动。

因此，不难理解商业组织为何积极利用大众传播媒介，主动影响大众传播媒介的议题了。而同时，商业组织在展开传播活动时也具有以下优势：

（1）拥有资源。资源包括人力资源、人脉资源、信息资源等。拥有资源使企业与外界的联系产生必然性，也为其发展提供了方便。而且某些资源也是企业对媒介内容产生影响的根本要素。例如，一个知名的企业提倡环保意识，减少自己产品的多层包装，减少成本，这本身就是一个具有新闻价值的信息，会引起新闻媒体的关注。另外，重大企业的人事调动、股东变化、盈利亏损状况、政策改变等也属于重要的商业新闻。

（2）拥有资金。拥有资金就为商业组织的传播活动的展开提供了可能性，其中也包括了社会地位、话语权等，这也就使企业拥有进行社会传播的基本条件。一些资本雄厚的财团会购买媒体的股份，借此拥有控制媒体的能力。

（3）传播能力。大型企业和商业机构因为重视传播，所以会吸收一些专业的传播人才为企业所用,设立企业的公关部、广告部、宣传部、信息部、对外联络部等,还会建设、发行企业内部的媒介如杂志、报纸、企业网站等。

(4)知名度也有新闻价值。知名企业具有较大的社会影响力,来自这样的企业的信息往往具有这样的特点:市场和消费者关注、与社会成员的生活有关因而重要、影响范围广等。这种类型的企业信息也正是媒体所关注和传播的。

由于商业组织具备上述的特点,它们也成为大众传播媒介关注的重要对象。总之,企业既然是为社会提供产品和服务的经济组织,就不能避免和公众以及各种各样的社会存在打交道。要达到盈利,企业不依靠传媒展开相关的传播活动是无法达到企业目标的。因此,可以说企业既具有传播信息的能力,也具有传播上的优势,可以吸引大众传播媒介的视线。

那么,商业组织是通过什么方式来影响大众媒体的传播内容的呢?一般来说,企业影响大众传播媒介内容的方式有以下几种(如图9-5所示):

● 商业组织的信息发布;
● 商业组织的公共关系活动;
● 商业组织的广告投放;
● 商业组织成为媒体的股东。

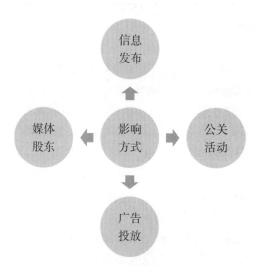

图9-5 企业影响大众传播媒介内容的方式

(二)商业组织的信息发布

商业组织面向媒体进行信息发布是影响媒体内容的一种方式。商业组织重视信息传播的作用,理解大众传播媒体在信息传播上的巨大作用和效果,因此会积极地通过传媒为商业组织传递信息,塑造公司的良好形象,传播公司的商业理念,促进市场销售等。当商业组织面临危机的时候,也会通过各种公关行为使组织化险为夷,渡过难关。由于大众传播媒体的公信力和报道上的客观性,新闻报道往往比广告宣传具有更大说服力。因此,商业组织的公共关系部门非常重视与新闻媒体建立良好的合作关系,公共关系人员都掌握了一定的新闻专业素质和能力,例如,商业组织会把新闻发布会与记者招待会作为自己整合营销的一部分,将公关、广告与营销巧妙地结合起来,针对记者和受众的心理需要,制造新闻热点,形成话题,从而最终实现商业组织的经济目标和文化目标。

而另一方面,对于新闻记者来说虽然有很多信息来源,但并不是所有的来源都能平等地到达媒体。相对而言,具备了经济实力的消息源比较容易受到新闻记者的关注,例如,甘斯在1979年的研究就表明这一点[①]。

商业组织的新闻发布会是商业组织根据需要召集媒体前来发布相关信息的一种做法。一般商业组织在奠基、建成、投产,或者新产品投产、投放市场,或有庆典纪念活动以及处理危机公关时,都可以通过召开新闻发布会以及记者招待会来进行宣传。在这种场合,商业组织往往邀请相关的媒体记者,向他们发布相关的数据和新闻稿件等,这些信息往往具有商业组织想要传播的"经济价值信息",同时也必须是新闻媒体所期待的"新闻信息"。由于新闻发布的形式可以集中相关的人和事,时效性强,参加发布会也免去了预约采访对象和采访时间难以调和的问题,通常情况下记者都不会放过这些机会。当然,以上情况必须是知名大型商业组织的新闻发布会才能引起媒体的关注,如果商业组织的知名度不够,就要在发布信息的新闻价值上做文章了。

新闻发布会通过发布具有新闻价值的信息,向媒体和读者传递商业组织的基本理念和主张。如果得到媒体的报道,商业组织不但占领了媒体的版面,获得了媒体上的话语权,也在读者心目中留下了印象;此外,这种传播行为的成本还很低,所以商业组织是非常重视这个机会的。

(三) 商业组织的公共关系活动

商业组织比较多地通过公共关系活动中的"新闻策划"来影响媒体传播的内容。新闻策划是商业策划与新闻报道联姻的产物,也是一种公关手段,是商业组织借助媒体的社会影响及稳定的受众群体,通过精心策划某些新闻事

[①] H. Gans: *Deciding What's News, A Study of CBS Evening News, NBC Nightly News, Newsweek, and Time*, New York: Vintage Books, 1979.

件，以达到树立商业组织和产品良好形象，引导和创造市场需求，营造最佳外部环境的目的。在此之中，新闻媒介是一个必不可少的环节。商业组织将自身的经济信息转化为媒体的新闻信息，吸引新闻媒介对其进行编辑、报道、宣传和评价等。

例如，被媒体广泛报道的芙蓉王诉讼案就是一例。这也是一个新闻策划活动，它以起诉美丽王侵权案为契机，通过形成新闻热点，利用媒体传播，发挥新闻舆论的优势，来达到保护芙蓉王知识产权、捍卫消费者利益、扭转并消除"美丽王"烟对"芙蓉王"的负面影响、增强公众对芙蓉王的亲和力、提升芙蓉王的品牌形象并适度塑造商业组织良好形象的作用。首先，这个策划以芙蓉王商标的索赔金额为新闻热点，通过索赔金额创全国最高的纪录来形成全国第一高的新闻点。其次，围绕索赔金的用途做新闻，索赔金将用于支持西部开发，展示了企业的社会责任感，博得公众的好感。同时，还能增加媒体对企业新闻报道的频度。最后，作为报道的背景，媒体介绍了芙蓉王创牌生产以来对国家做出的重大贡献，发出"保护民族工业，拯救国家名牌"的呼吁，以引起国家有关部门和媒体的关注。

在具体的新闻媒体的发布形式上，芙蓉王品牌所有者侧重在不同性质的报纸媒体上发布不同的相关报道，充分考虑了媒体对目标对象读者面的互补，以及新闻视角的多样化，力争全方位整体连动，确保传播效果。例如：

● 在《人民日报》发布《赢了官司，索赔金捐赠公益事业，常德卷烟厂造福社会见真情》的新闻，重视社会公益这个要点；

● 在《法制日报》的名牌栏目《周末专刊·法制时空专版》上发布以《为了法律的尊严——常德卷烟厂依法维权纪实》为主要内容的特写，突出法制观念；

● 在《经济日报》的栏目《经济与法》上发布以《国有名牌岂容肆意践踏》为题的综述性新闻；

● 在《湖南日报》上除刊发新闻外，还在畅销的周末特刊上发表评论性文章《在刻意仿冒的背后……》。

像上面这样的新闻策划是商业组织经常使用的传播手段之一，其特点就是表面上看起来好像都是媒体的客观报道，但是背后则具有"策划"的痕迹。

此外，企业的公关活动还有面对新闻媒体进行软文发布、广告宣传、危机公关等各种活动，都在不同程度上影响着媒体内容的形成。通过新闻题材来获得新闻媒体的关注也是一种手法，例如，有人总结出媒体最爱报道的的五种新闻题材：

● 弱势者与强势者的故事；

- 不寻常、大胆新奇的事情；
- 具有争议性的故事与话题；
- 名人的故事；
- 已经是热门新闻的故事。

当商业机构能创造一个具备上面一点或者两点因素的新闻事件时，那么，如此经过媒体报道所达到的宣传效果将远远超过发布广告所达到的效果。

20世纪90年代初，美国航空业处于衰退阶段，各大航空公司纷纷裁员，但是在新泽西州的一个小屋子里，一些被裁员的飞行员共同创办了他们自己的航空公司——Kiwi（原意是一种没有翅膀不会飞的鸟）。可以说，这个起名是一件不寻常且大胆新奇的事情，于是这个带有讽刺意味的名字反而吸引了媒体的注意，他们报道说一家无法起飞的航空公司反而起飞了，如此，Kiwi开始吸引媒体注意。当各大航空公司裁员之际，Kiwi反而大量接收被裁员的飞行员，当各大航空公司涨价来弥补损失时，Kiwi反而大幅度降价以招揽顾客，如此挑战强势者的英雄行为再次引起了媒体的关注。大陆航空公司为了彻底摧毁正在起飞的Kiwi公司，开始大幅度降价，但是如此行为更让Kiwi找到了机会。Kiwi航空立刻发布了一份新闻稿，指责大陆航空公司违反联邦政府的掠夺性定价法规，当时美国运输部对掠夺性定价战采取不干预态度，于是Kiwi又开始向运输部提出法律控诉。Kiwi航空与大陆航空和运输部打起了官司，这是一个典型的弱势者对抗强势者的故事，各大媒体开始竞相报道这些新闻，Kiwi也因此获得了极大的知名度提升，营业规模也在这一时段腾飞。

（四）商业组织的广告投放

商业组织需要进行商品宣传，最有效的方式就是在大众传播媒体上投放商业广告，这同时也是大众传播媒体经营的最重要的来源，因此，商业组织可以通过投放广告的主动权和选择权来影响媒体的内容。例如，如果媒体刊登了不利于企业的新闻信息，企业可以通过提出收回下次的广告投放计划来要挟媒体，或者索性事先说明广告投放的条件之一就是不得刊登有关这个企业的负面消息。这样的做法也会给媒体工作人员带来新闻选择上的限制，如果有不利于企业的新闻信息，他们会事先考虑到企业的反应。

（五）商业组织成为媒体的股东

由于近几十年来媒体发展迅速，不少媒体成为成功的盈利机构，也成为其他商业机构积极购买媒体股份的重要理由，不少世界知名媒体集团的股份掌握在其他财阀或者商业机构的手中，而作为股东，通过董事会来控制媒体报道的方向并不是难事。

三、商业广告对媒介内容的影响

(一) 媒介与广告的关系

现代社会商业机构与媒体的关系越来越密切,可以说两者之间具有较大的相互依赖性。一方面商业机构需要媒体的信息传播和商品宣传,另一方面媒体也需要从商业机构那里获取自己所需要的信息和资金。而前者主要是商业机构对媒体的广告投放。如今的广告产业的发展可谓进入了一个辉煌的时代。以中国为例,根据央视市场研究(CTR)的报告,2017年全国广告经营额高达6896.41亿元,相比前一年的6489亿元增长了6.3%。全年广告业营业额占国内生产总值(GDP)的0.84%,基本保持与同期GDP增长率6.9%的持平状态。同时,在互联网广告规模快速发展壮大的同时,传统媒体上的广告花费也有下滑趋势,整体来说,2017年同比下滑1.5%,电视和户外媒体下滑趋势明显,但是广播却成为传统媒体广告逆势上扬的一枝独秀,同比上涨5.9%。电视和传统户外媒体的广告花费下滑影响了传统媒体的整体走势。互联网媒体的广告花费在2017年的增长稳定,为7.3%。

广告商在选择媒体的时候,所关注的一个最根本的因素是如何以较低的成本价格达到最大的宣传效果,即广告上会选择那些能以最低的投放成本来接触最广大的受众群体、具有最大公信度的媒体。媒体所面对的受众购买力的强弱又与媒体公信度的高低紧密相关。所以,广告商通过比较每个选择范围之内的媒体的成本与媒体所面对的受众群体的数量与质量,把二者有机结合,就能够较为准确地判断出究竟哪个媒体才是广告的最佳载体。

广告商的广告媒体选择一般来说都是属于大面积撒网的类型,关注的都是哪个媒体拥有最广泛的受众群体。如今,在世界范围内出现了小众化的传播,商业机构开始根据自己的形象和产品的定位来选择媒体。

例如,《金融时报》是英国著名的金融类报纸,全球发行,所面对的受众群体是著名大企业的领导者、成功的企业家和金融从业人员等。这些受众群体的收入水平都很高,也很舍得花钱。据统计,他们的人均年收入为18.6万美元,十分之一的读者是百万富翁,90%的读者认为,值得多花钱买高质量的产品。《金融时报》为了确定自己在激烈的市场竞争中的优势,首先就确定了自己的受众群体的定位和品牌影响力。对很多商业精英来说,每天早晨"一杯牛奶,一份《金融时报》"已经成为了他们的习惯,这也就意味着,如果广告商想要把他们的产品广告信息传达给这些商业的精英,《金融时报》就是他们的最佳选择。

很多广告商会和自己所选择的媒体进行长期合作,构建伙伴关系,广告商为媒体提供准确、可靠的广告信息,而媒体则作为商家长期的广告载体来获得长期的盈利。媒体也会为了建立自己的广告商合作伙伴,将自己的定位明确化,将自己所面对的受众群体明确化。

(二) 广告影响媒介的议题

很难用简单的语言说明现代社会的广告到底给人们带来了怎样的影响,人们只是直接地感觉到,广告信息无处不在——报纸版面、广播、电视节目中固定穿插的广告,街道上无数的广告牌和广告灯,地铁和公共汽车也成为移动广告牌,就连人们在等电梯、乘电梯的时候也会有电梯视频广告在冲击人们的视线。而媒体上的广告不但影响人们的生活和工作,也影响到媒体的新闻议题的选择和形成,这包括对新闻报道议题、报道内容的倾向、版面设置和报道空间的侵占。

1985年8月15日,日本发生了一次重大航空事故,号称百年未有事故发生的日本航空公司的一架飞机在山区坠落,机组成员和全部乘客无一生还。这个事故发生在上午,因此它无疑成为当天所有新闻媒体的头条新闻。可是比较当天日本的三大全国性报纸,《朝日新闻》和《每日新闻》都用头版的整版版面报道了这起突发事件,而《读卖新闻》的头版只有一条新闻,更多的消息被放在第二版来报道。为什么《读卖新闻》的报道比前两家报纸更为低调呢?原因很简单,日本航空公司是《读卖新闻》的大广告客户之一,因此《读卖新闻》刻意回避了使用头版整版来报道这次的重大负面新闻。

1989年,美国科学家通过实验发现,怀孕中的女性如果吸烟将有害于胎儿的发育成长。这个信息立刻在美国的各家媒体上得到了报道,但是与女性健康有关的美国六大女性杂志却无一报道"吸烟有害母婴健康"的信息,这是为什么?原来,美国女性的吸烟率较高,这六大女性杂志正好是美国的烟草商大量投放香烟广告的场所。不知是由于烟草商的警告还是杂志本身的顾虑,总之,这条对女性来说十分重要的消息没有出现在杂志上。

在中国也有类似的现象。例如,有学者质疑部分媒体为什么对社会上发生的艾滋病问题避而不报时,媒体回应说,这是因为登载了关于艾滋病新闻报道的版面无法吸引广告,广告商不愿意自己的商品信息与艾滋病的新闻放在一起。

这是广告商影响新闻报道议题的例子。你还可以轻易发现,很多大型媒体的报道内容有以下固定化的倾向:

● 节假日的提示和节日新闻;

● 节假日前有固定的消费报道或者专版;

● 名人的生活方式的详细报道;

- 消费风尚的报道；
- 本季节最新时尚商品的介绍。

这些都可以看成是媒体配合商业广告的投放而设置的内容，也就是说，媒体在选择新闻内容或者设置新闻版面时，有时会考虑如何才能更多地吸引广告的问题，与人们的消费有关的内容最容易吸引广告。这也说明了为什么大多数媒体设置的专版都集中在房地产、汽车、IT（手机/电脑/通讯娱乐产品）、家用电器、时尚、美食、旅游和保健等能招徕广告的内容上。

不单单是新闻媒体，作为另外一种大众传播媒介的电影，其中的广告植入也是内容呈现的一个组成部分，也会受到提供赞助的广告商的左右。一般的广告植入形式有特意凸显赞助厂商的 Logo，电影的主角在片子中使用某品牌的服装或用品，推动剧情主线进展的是某品牌的新款汽车，而手机、电脑、食品等在电影中的特意使用也随处可见。这些植入式广告初看起来无伤大雅，但是反复出现就会令人厌烦，占用了电影作品的镜头空间。

从内容上来看，商业广告是一项创新程度较高，不但要与时俱进，有时甚至要超越时代的信息传播方式，因此，商业广告在大众传播媒介上的大量涌现也影响了人们的生活和思考方式，对新闻报道议题的形成也有影响。例如，商业广告往往在以下几个角度或者主题上下功夫，这些主题也往往会成为媒体新闻报道的主题：

- 掀起全民运动（清洁、卫生、健康）；
- 推行社会责任（环保、公共次序、义务、道德、互助）；
- 促进文化推广（地方特色、民族文化）；
- 创造潮流（新思维、新方法、新习惯）；
- 塑造公众人物的形象（公众人物的个人形象）。

四、商业化趋势带来的媒介内容变化

如前所述，大众传播媒介的发展与社会经济的发展密切相关，一个社会的商业发展的特点和趋势往往也会体现在大众传播媒介的内容中。例如，在一个重视商业价值的社会里，大众传播媒介的经营方针也会偏向于商业导向；相反，一个坚持新闻专业导向的媒体在崇尚商业价值的社会里会感到寸步难行。进入 21 世纪，大众传播媒体处在一个不断变化的环境中，全球化、信息化趋势对大众传播媒介的行业结构也产生了影响，一些巨大的全球性的传媒集团出现了，其全球化的经营模式给媒体行业带来较大的影响，一个明显的特点就是，媒介的商业化趋势不分国界地蔓延开来。

社会的商业化趋势或者说商业机构的经营模式给大众传播媒介组织带来的

影响突出地表现在媒体报道的内容上,具体有以下几点:

(一) 公共利益报道的淡化

所谓公共利益,可以看成是针对社会公众的公开的、易接近的、共享的、集体的社会管理的内容,而评判一个媒体对公共利益的贡献,则在于观察媒体在本质上是否提供必要的公共信息,报告公共事件,而不是获得私有经济利益。美国学者克罗图和霍伊尼斯认为,媒体对公共利益的追求可以表现在以下的内容特点上。

● 多样性:新闻报道要对问题表现出多样的观点和看法,反映不同阶层的特点和经历;

● 创新性:通过创新性和想象力反映出社会的多元文化;

● 实质性:新闻报道重视社会管理的公民参与和沟通,不把版面花费在丑闻等轰动性事件上;

● 独立性:媒体应该为公众提供独立于社会权力的信息和特点,无论来自政府或者企业的观点多么强势[①]。

商业利益导向的媒体在经营上会自然避开对公共利益的重点报道,这是因为涉及到公共利益的相关报道往往不符合市场口味,例如,媒体报道环境污染、种族政策、新移民现状、贫困和失业等。这些议题从传播学角度来看都缺乏利于传播的因素——如突发性、事件性、紧迫性、兴趣、色彩和噱头,虽然具有较高的社会意义和重要性,但是媒体出于读者可能不感兴趣的考虑会淡化这类报道。同时,涉及公共利益的报道在采访和制作时也会花费较高的成本。例如,环境污染的报道需要记者长时间的调查和取样分析,需要采访多家企业和多位居民,记者本身也要对污染的相关知识有所储备才能较好地完成任务,这对于媒体组织来说是一项成本较高的工作。

而突发事件、娱乐信息、暴力、色情、丑闻和怪异故事这类远离公共利益的内容却可以立刻为媒体带来看得见的市场效益,采访和编辑成本低廉,因此,不少媒体在内容选择上往往会回避公共利益的报道。

(二) 内容的趋同化

媒体对商业利益的重视导致他们新闻采编原则的一致化,而后果则是媒体报道内容的趋同化。例如,一个大型城市里的读者可以读到多份报纸,但是这些报纸的主要内容基本上是一致的,在某个日报头版上读到的内容可能原封不

---

① 大卫·克罗图、威廉·霍伊尼斯著,董关鹏、金城译:《运营媒体——在商业媒体与公共利益之间》,清华大学出版社2007年版,第132页。

动地出现在另一家报纸的头版上。这是因为对媒体来说，可以带来商业利益的报道模式是类似的。例如，上述的在内容上重视突发事件、娱乐体育信息、暴力、色情、丑闻和怪异故事，在版面上采用夸张、对比强烈和大幅图片来夺人耳目。也就是说，如果多家媒体在报道上的商业导向是一致的话，他们在新闻议题的选择上趋近哪些题材、回避哪些题材也会一致。

（三）模仿或者复制

所谓的媒体传播内容的模仿或者复制是指某个媒体的传播内容或者形式收到了较好的市场效果，其他媒体马上会对相关内容和形式进行效仿，或者跟风，或者改头换面，或者原封不动，导致一种传播内容和传播形式的雷同。电视节目主持人崔永元曾说，电视节目有一个套路，美国的电视学北欧，日本的电视学美国，港台的电视学日本，内地的电视学港台。在我国电视界也有类似案例，如湖南卫视有模仿港台节目而生的《玫瑰之约》，其他地方卫视马上开始克隆；中央电视台《焦点访谈》名声在外，其他电视台就出现一大堆形形色色的类似"焦点"；在电视频道设置和内容结构上也相互模仿，例如，几乎每个省电视台或者地方电视台都有影视频道，都设置了综艺频道，都重点关注股市栏目……

媒体的内容设置为什么会产生模仿或者复制？

首要因素无疑是媒体经济利益的驱动。让观众感兴趣的节目就会有高收视率，有高收视率就会带来丰厚的广告收入，也就是说，这类传播形式与传播内容会带来丰厚的媒体利益。为追求高额经济效益，对已经获得市场成功的传播模式进行效仿就成为很自然的事情。其次，模仿或者复制是激烈媒体竞争的后果。商业上有一种做法被称为"集中效应"，指的是销售同类商品的店铺往往集中在一起，看起来加剧了竞争，而实际上生意反而更好。例如，麦当劳的附近多半会有肯德基，这是因为集中化趋势可以吸引更多的消费者前来选择，比起无人问津的情况要好。一些缺乏经济实力和人力资源的弱势媒体通过模仿强势媒体的成果也可以暂时获得生存的机会。第三，媒体缺乏创新能力也是不得不模仿或者复制的原因之一。媒体数量不断增加，媒体传播形式多样，加上新媒体对传统媒体的挑战、媒体消费者价值观的多元化和多层次等因素都要求媒体在传播内容上和形式上不断创新，但是媒体创新并非易事，需要对市场和消费者的深入了解和前瞻性，需要优秀的人力资源和资本投入作为后盾。无法做到这一点的媒体就会走复制之路。

（四）新闻的地方性缺失

新闻报道的地方性是指关于地方行政区域的话题报道，例如，地方的新闻和有关地方建设的讨论平台等。一般来说，地方新闻是地方媒体的报道中心，同时也是地方媒体的特色和主要卖点。但是，由于媒体的并购和集团化进程，很多地方媒体被并购进某跨国媒体集团，地方媒体的报道指挥权也从原来的地方决策部转移到国际决策平台，直接的结果就是国际新闻选择标准代替了地方新闻选择标准。这是因为从媒体运营的成本角度考虑，适用于更广泛地区的新闻选择标准更符合媒体集团的连锁效应，符合特定地区的新闻往往因为受众面不广而不被报道。

（五）低级和煽情

低级和煽情的媒体内容包括对暴力事件的血腥报道、劣质的灾害新闻、黄色新闻、名人丑闻和过度的花边新闻、庸俗的脱口秀、真人秀、快速发财游戏等。这类媒体内容远离社会公共利益，尤其是电视媒体的内容借助电子媒体视频真实、生动的传播特点，希望观众能处在一种轻松愉快的"购买心境"下来观赏电视节目和附带的广告，而能给观众带来"购买心境"的节目都趋于娱乐化和煽情格调。另外，走低级和煽情路线的媒体往往在版面的视觉效果上下功夫，以下是一些通常的作法：

- 通栏标题；
- 大字号标题；
- 标题用词夸张、不雅；
- 大幅新闻图片；
- 图片内容具有刺激性、冲激性效果。

这些做法引起了不少学者和新闻工作者的警觉和批评。综上所述，商业化趋势给媒体内容的设置和选择带来较大变化。

第三节 社会组织对媒介内容的影响

一、社会组织的特点、功能和传播需求

社会组织是人们为实现特定目标而建立的共同活动的群体，具有一些特点[①]。社会组织一般具有明确的组织目标，标志着这个组织的性质和功能；社

---

① 郑杭生主编：《社会学概论新修（第三版）》，中国人民大学出版社2002年版。

会组织拥有一定数量的、相对固定的组织成员，这些成员需要通过特定的程序如申请、考察、审查、批准、宣誓等才能加入组织，成员也有自己属于这个组织的明确的意识；社会组织内部具有制度化的组织结构，也有体现不同作用和职能的各个部门或者职位；社会组织还有自己的组织章程，作为组织成员展开活动的依据，是每个组织成员必须遵守的，同时也起到维护组织统一性的作用。

社会组织不能独立于社会而存在，它应该是一个开放的系统，不仅要在周围的大环境中进行各种运作，而且还要与其他社会组织构成深浅不一的各种关系，组成不同的组织体系，如教育系统、卫生系统、商业系统等，以便在更大的范围内发挥作用，达成组织的目标。社会生活中各种实际存在的设施如工厂、机关、医院、学校、商店等都是社会组织的具体形式。

按照组织目标和获利的类型，美国社会学家布劳等人将社会组织分为：互利组织，如工会；私有者的赢利组织，如商业组织；服务组织，如医院；公益组织，如政府机构。还可以按照组织对成员的控制类型划分为：功利组织，即以金钱或物质控制其成员的组织；规范组织，即通过将组织规范内化为成员的伦理观念或信仰来控制成员的组织。

中国的一些学者则偏向于根据组织形式和从事的内容将社会组织分为经济组织，政治组织，文化、教育、科研组织，群众组织和宗教组织等几种类型。

现代社会里，社会组织的功能可以说是通过专业化能力聚集有相同志向的成员，以特定的目标和明确的规范协调人的活动和能力，从而更有效地达成组织的目标，满足成员的需求。大大小小的、不同性质的、具有不同功能的社会组织构成了现代社会的运作发展的基础。

近年来，我国的社会组织可以说从初步规范、结构调整到稳步发展，数量上也呈现出持续增长的趋势。截至2007年年底，我国依法登记的社会组织已经超过38.69万个，其中社会团体21.16万个，民办非企业单位17.39万个，基金会1340个。目前，仍以每年10%～15%的速度在发展。同时，在城乡基层，不具备法人条件的服务型、群众性社会组织也快速发展，经民政部门备案的农村专业经济协会有4万多个，城市社区社会组织有20万多个。

一般的社会组织尤其是非政府组织或者民间团体，代表来自民间的声音，资金和人力、物力都有限，而组织发展的目标又要求有得到社会越多越好的组织和个人的认同和支持为条件，因此，社会组织在利用大众传播媒介传播组织议题上面是积极而主动的。例如，在吸引媒体报道方面非常有经验的知名社会绿色和平组织会组织新闻记者到达事件现场采访，邀请记者登上绿色和平团体组织的船只，现场报道他们的生活；不但如此，对于发生在遥远地区、媒体记者难以到达的地方的事件，绿色和平组织还提供生动的图片和详细的新闻通稿，这非常符合媒体的胃口。对于电视媒体，绿色和平组织也会提供视频资料。

在中国，社会组织尤其是非政府组织的情况比较特殊。有学者指出，法律合法性、政治合法性、行政合法性、社会合法性是中国非政府组织存在与运作的合法性的四个方面①。在法律合法性层面，目前依照1998年颁布的《社会团体登记管理条例》与《民办非企业单位登记管理条例》，对非政府组织的成立和监管分别实行分级登记管理体制和双重管理体制。这一管制的后果是国内大多数非政府组织严格说来仍是以非法的地下身份存在，造成了其传播上的种种难题。由此，我国本土非政府组织通常的做法是，一方面通过寻求一定程度的国家权威支持和认可，借助官办、半官办社团的行政网络，来弥补自身法律程序的缺失所造成的合法性不足，另一方面就是不断加强同媒体的合作，除了借助媒体进行公关宣传外，也向新闻媒体提供舆论监督消息来源。本土非政府组织与媒体最为典型的一种特殊合作方式是开办记者沙龙，其中的成员大多既是环保组织成员，又是媒体从业者，而在许多环保组织中，有不少成员的身份就是职业记者②，即"双栖记者"。通过与媒体合作，借助媒体的传播去放大非政府组织声音，这点对于我国的非政府组织来说可行性更大一些。

另外，很多社会组织的目标是通过社会成员的意识和行为的改变来达成的，需要社会成员对组织的理念、观点和主张的认可和支持，因此，组织理念和主张的传播就成了他们必不可少的任务之一。例如，20世纪70年代，绿色和平组织开始环保活动时，一般的社会公众还鲜有环境保护的意识，而为妇女、儿童、自然、动物、同性恋和艾滋病患者争取权益的组织也在当时遇到过不同程度的社会意识层面的阻力。这些都需要通过大众传播媒介的不断报道来改变和促成人们的观念转变。

二、社会组织影响媒介内容的方式

有了社会传播需求后，现代社会组织在对外设置议题和发布信息方面都有积极的做法，也对大众传播媒介的内容有所影响，下面以美国同性恋组织的行动为例，具体从以下几个方面来分析。

---

① 高丙中：《社团的兴起及其合法性问题》。见http://www.chinanpo.org。
② 比如汪永晨是中央人民广播电台的记者，同时也是中国最早成立的环境保护非政府组织"绿家园志愿者"的召集人。

（一）影响政府决策和政策制定

对于需要改变人们固有的意识形态，接受特定主张为目标的社会组织来说，他们的社会传播活动的难度更大，如20世纪的美国同性恋组织。在20世纪70年代中期，社会传统意识对同性恋持反对态度，美国同性恋组织认识到很难一下子推翻现存的异性恋架构为自己争取利益，与其抗争和破坏，不如在这个体制内争取自己的权利，这样更符合组织成员的切身利益。于是，他们采取了美国传统的少数团体的政治传播策略——游说、沟通、协商和示威游行，在部分州和社区都取得了一些成果。这些地区由于同性恋组织的游说，通过了就业、住房和其他机构的反歧视法令。在80年代，美国有44个城市和郡通过了市民立法，到90年代中期，有另外52个法令通过。

同性恋组织发现，通过对政府施加压力，向政府呼吁制定法律法规保障其合法权利更能获得媒体的关注。这是因为一个媒体会时刻关注与政府政策有关的信息，媒体会认为与政策有关的新闻因涉及较多的人群而更有新闻价值，因此会时刻关注着政府的举动和政策的导向。一个权益倡导组织如果把自己的议题与公共议题和政府政策联系其来，必然会得到大众传播媒介的广泛报导，所以当政府颁布或废除有关法律法规时，相关组织都会积极介入，结合自己的主张，拿出自己的提案，借此得到媒体的报道。荷兰的"同性爱联合组织"曾派出游说者在政府部门层层上诉，反复讲明赋予同性恋者平等权益的必要性，最后终于说服了荷兰总统，使他敦促政府在80年代颁布了未婚伴侣登记法，使包括同性恋伴侣在内的未婚伴侣享受到类似于异性恋夫妻的平等权利。政府政策的导向往往会影响到更多的企业和其他社会组织，目前，大多数美国的跨国大公司如 IBM、微软、福特汽车、可口可乐、波音、迪斯尼、AOL 等，都制定了公司内部的基于性倾向的反歧视政策，这样一来，媒体对反对歧视同性恋的主题也更加关注了。

（二）寻找政治代言人

除了引起媒体的关注，社会组织还采取寻找政治代言人的方式来加强传播效果。媒体对知名人物有天生的兴趣，知名人物拥有的知名度和影响力都是增加媒体传播效果的重要因素，因此，如果由一位支持同性恋组织、对同性恋持赞同或宽容立场的政治人物在媒体上发表相关言论，或者引用其对己有利的言论，都是强化传播效果的好方法。美国最著名的同性恋权益组织的负责人伊丽莎白·伯奇曾在民主党大会上发言，呼吁支持当时的副总统戈尔，以此对抗对同性恋持反对意见的布什。而希拉里在竞选拉票期间为了获得同性恋选民的选票，曾悄悄访问人权战线组织，而该组织也首次将此类集会上的发言公之于众，因为他们想让更多的人看到希拉里的发言。美国前民主党总统候选人、马萨诸塞州民主党参议员克里则公开支持同性恋婚姻合法化。著名的政治人物往往具有巨大的社会影响力，他们的一言一行都会受到媒体的强烈关注，同性恋组织善用他们的知名度，为自己的群体寻找强有力的政治代言人，从而引导媒体的价值取向，影响媒介内容。

（三）寻求权威认同和科学鉴定

从科学的角度出发，解释一些与传统思维相异的观点和行为，给特定的观点以科学的基础，以获得更多的人的理解和认同，这也是一种传播方式。美国反同性恋歧视的运动首先在法官和律师阶层赢得了支持者。一些法律人士认为私人性行为不会带来什么危害，应该受到保护。1964年，联邦民权法案废除了由于种族、肤色、性、宗教和母国等方面而形成的法律歧视。法律界专业意见的转变极其重要，它代表了数个世纪以来美利坚法律传统的打破。由于法官和律师是拥有专业知识的权威人士，享有较高的社会地位，再加上他们具有执行法律的权力，所以获得他们的认同无疑找到了获得媒介认同乃至整个社会认同的突破点。1973年，美国精神病协会把同性恋从心理疾病行为名单里移除，这是一个很大的成就。虽然不少普通人仍然视同性恋为一种疾病，但是有了科学理论的支撑，使后来的媒体报道在介绍和描述同性恋现象时，都或多或少地引用科学的解释，也使媒介内容越来越趋向于客观和中立。

一些社会组织的理念可能在当时难以被政府和公众立刻接受，于是这些组织设置研究基金，开设指定课题的项目研究，把相关的科学研究成果整理成科学报告或者提案上交政府相关部门；如果研究结果有新闻价值的话，他们会直接给新闻媒体提供信息，促成新闻报道。

（四）组织召集有关的大型活动

美国同性恋组织的运动形式可以分为前后两段时期，前期以激进式行为为主，比如举行游行示威等活动；后期以温和式行为为主，如在某些纪念日举办庆祝游行活动、建立同性恋独立居住区等。这些行为虽然不一定都能抢夺到媒体的眼球，但是却能不知不觉地转变媒体对同性恋群体的观感。

另外，20世纪70年代美国的妇女解放运动也经常举办大型活动来造声势并赢得媒体的关注和报道，但是开始的时候并非有效。一是妇女解放组织的活动多在下午召开，而日报记者的工作中心时间是上午；二是妇女解放组织的活动口号是"自由"和"解放"，而当时报社主流记者多为已婚的中年男性，对妇女的"自由"和"解放"并不赞同，很少来现场报道。于是妇女解放组织改变了自己的口号，声称本组织的理念是"提高妇女的生活素质"，这个口号得到了当时主流媒体记者的认同，相关报道也纷纷见报了。

（五）及时回击歧视性言论

对于同性恋群体在维权过程中受到的不公正待遇和他人的一些歧视性的言论，同性恋组织一般都会在第一时间予以坚决的回击，尽量不使这些行为和言论左右媒体的视线。

如上所述，美国同性恋组织通过多样的传播方式来获得媒体和社会的认同，使一种难以让传统思维接受的观念在美国社会渐渐得到承认和赞同。

绿色和平组织的传播议题设置

绿色和平组织为知名国际环保组织，旨在寻求方法阻止污染，保护自然生物多样性及大气层，以及追求一个无核的世界。绿色和平组织通常透过下列方式表达对环境问题的关心与抗议：使用非暴力直接行动；借助舆论浪潮推动政府相关法令的出笼，与有关当局和国际公约组织进行谈判；借助研究结果提供关于环境问题的解决方法和选择；广泛推动环境技术与产品的发展。其中，通过行动设置传播议题，促成新闻媒体的广泛报道是常见的手法之一。

2003年1月，30名绿色和平组织成员成功闯入位于萨克福马海岸的英国赛斯韦尔核电站，对核电站存在的巨大安全漏洞表示抗议。他们冒着危险以亲身经历警告政府，恐怖分子要进入这些关乎英国民众性命的建筑实在是易如反掌。13日早上6时多，30名绿色和平组织成员翻过围墙，其中一些抗议者进入了控制中心大楼，另一些人则爬上120英尺高的圆形屋顶，在屋顶一侧写下大大的"Danger（危险）"字样。这些抗议者声称，在进入核电站时根本没有任何警报系统响起。这些抗议者最终在警察和安全人员的护卫下离开了赛斯韦尔核电站。这件事情自然被当作重大新闻被媒体报道。作为媒体报道和该组织期望的结果，事发后，连英国首相布莱尔都公开表示："我相信，所有负责安全的人员都将从这件事情上吸取教训。我们所受的威胁从来没有停止过，因此确保安全对我们非常重要。"

三、社会组织影响媒介内容手段的变化与效果

(一) 社会组织影响媒介内容的手段的变化

上述美国同性恋组织争取社会认同的社会传播行为有多种方式，这些方式并不是一成不变的，而是随着社会的发展而不断变化的，其社会活动和传播手法都带有时代的烙印。例如，从"二战"后到20世纪60年代，这一时期的同性恋群体的自我身份认同感还比较低，同性恋组织也还没有完全发展起来，他们主要要求平等的权利，维权的手段也比较温和。当时媒体对同性恋现象的关注相对比较少，组织的作用还没有完全体现出来，媒体的关注度也比较低。

从60年代末"石墙"骚乱①到70年代中期，这段时期被称为"激进的年代"。同性恋解放运动前期充斥着激烈的街头冲突和示威游行，同性恋解放阵线的成员在反抗中显得过于激进和具有强大的破坏性。这时的组织具有重要的作用，它调动起成员的热情参与斗争并领导整个运动，它激进的方式使媒体的注意力迅速聚焦。

从70年代中期到80年代，同性恋组织的作用依然显著并愈加突出。这一时期，维权方式又从激进转向温和，组织转而用软性力量——主要通过政治和权威的力量来影响媒介内容，例如，采取游说、协商、立法呼吁、寻找政治代言人、权威认同、科学鉴定等方式来引起媒体的关注和报道，大众传播媒介也开始从科学的角度解读同性恋现象，报道中会借用医学上的理论解释同性恋行为，这也使媒介内容有了理论的支撑。

从90年代至今，酷儿理论②的出现使同性恋行为有了合理的解释，为同性恋文化的完善提供了理论的支撑。这一时期的同性恋组织开始充分利用各种媒体平台如专业书籍、报刊杂志、电视、电影、互联网等来传播组织的理念和

---

① "石墙骚乱"是指发生在纽约的一次同性恋者和警察间的一系列暴力冲突。这次骚乱开始于1969年6月27日星期五，在石墙旅馆外，格林威治村的同性恋住所。这次骚乱被认为是美国乃至世界现代同性恋权利运动的起点。它是第一次有同性恋者拒绝警方的逮捕。

② "酷儿"由英文queer音译而来，原是西方主流文化对同性恋的贬称，有"怪异"之意，后被性的激进派借用来概括他们的理论，含反讽之意。酷儿理论是20世纪90年代在西方火起来的一种关于性与性别的理论。它起源于同性恋运动，但是，很快便超越了仅仅对同性恋的关注，成为所有性少数人群"正名"的理论，进而成为一种质疑和颠覆性与性别的两分模式、挑战男权文化的思想武器，是后现代主义在性学研究上的典型表现。资料来源：http://zhidao.baidu.com/。

主张，尤其注重利用网络媒体，例如，建立专业同志网站、交友网站、健康资讯网等，积极利用新媒体来宣传同性恋的相关知识，提供咨询服务。

（二）社会组织对媒介内容的影响效果

社会组织积极地通过媒体来传播组织的观点和立场，媒体的新闻报道也不可避免地受到不同程度的影响，这种影响表现在媒体对特定组织的立场的转变，也表现在公众对特定社会组织的认知的转变上。

1. 媒体报道内容与立场的转变

媒体对事物的理解和判断是不断变化的。以上述对同性恋的立场为例，媒体的看法发生过三次转变。第一次变化是把同性恋者由视为罪人到视为病人，这已经是一个人道主义的转变了，因为这样一来，同性恋人群就从被诅咒和镇压的对象变成需要理解和帮助的对象。第二次的观念转变是认为同性恋不是病态，而是一种异于常人的违反社会行为规范的个人倾向。随着同性恋解放运动的发展和在许多国家合法地位的获得，媒体对同性恋的立场又发生了第三次转变，认为它不过是一种与众不同的生活方式而已。媒体对同性恋看法的转变可以说是同性恋组织的社会运动获得成功的体现，也是社会组织不断影响媒介内容的明证。

过去西方媒体对同性恋的认识不充分，虽然很少正面表示歧视态度，但很多有关同性恋的报道多是负面的，以刺激字眼来满足受众的猎奇心理，而且在报道中不自觉地含有主观性的评论，产生误导公众的效果。而随着媒体的发展和同性恋组织积极主动地发展媒体关系，媒体也开始适当地向公众介绍一些有关同性恋的知识或医学常识，在报道有关同性恋话题的新闻时也尽量小心地措辞。从总体上来说，媒体内容已逐渐向客观中立的真实报道转变，态度也从开始的排斥和偏见逐渐转为理解和宽容。

2. 社会认知的转变

有学者说过，真正影响社会的还是必须通过学术与媒体的途径来推动社会认知的变化。大众传播媒体作为社会的观察者和监督者，具有提供信息、促进社会沟通和交流、监督社会舆论并引导公众认知的社会功能。因此，媒介内容的改变通过日复一日的传播活动也导致了社会认知的改变。同时，媒介言论（如社论和评论）在很大程度上也会影响公众的判断，甚至影响公众的价值观，对一些敏感而隐秘的话题，公众一般只能从媒介处获得相关的信息，容易认同媒介观点以保持和身边大多数人一致的评判标准，因此媒介负有非常重大的社会责任。

一般来说，社会组织对媒介内容的影响决定于组织所具有的媒体话语权的大小、所采取的影响措施以及媒体发展的程度。第一，与组织的媒体影响力有关,如政府组织或者知名的大型商业组织等能容易地吸引媒体的关注。第二,如果这个社会组织并没有社会声望,也不掌握重要信息来源,那就得通过制造新闻、提供媒体感兴趣的话题来吸引媒体的报道。第三,媒体自身的发展程度也影响着媒体对各种新闻事件和新闻主题的判断,发展程度较高的媒体工作者一般来说素质也比较高,能从各种新闻信息中较为准确地判断价值导向,因此,对一些社会组织的特定的理念可能会有超前的认可。

行动即新闻

2007年,绿色和平组织组织的所有活动都顺利成为各国大众媒体报道的对象,这是因为该组织的各种行为和活动,在主题内容、社会意义、新闻价值、行动方式及影响性上都是新闻媒体不能不报的重要内容,而且这些内容都有特定的现场,其行为构成冲突和对立,是媒体愿意用新闻图片和版面展示出来的内容。例如:

绿色和平组织示威者阻挠澳战舰赴伊战场;

绿色和平组织在美使馆外示威;

英国绿色和平组织抗议石油公司暗中支持对伊动武;

绿色和平组织要求美国消除大规模杀伤性武器;

英国绿色和平组织成员爬上核电站屋顶写大字;

绿色和平组织的代表为遭受污染的海鸟请愿;

图腾柱上挂标语:绿色和平组织呼吁保护海洋生物;

绿色和平组织警告:80年后纽约可能被海水淹没;

绿色和平组织成员爬73米高的耶稣基督雕塑挂标语;

绿色和平组织成员抗议澳议会拒批《京都协议书》;

绿色和平组织调查显示北极冰川在迅速融化;

绿色和平组织在塔斯曼海域掀起反核浪潮;

绿色和平组织成员别出心裁搞抗议;

西班牙绿色和平组织赶潮流12名模裸体宣传环保。

请分析一下绿色和平组织是如何把自己的主张变成媒体上的新闻报道的?

第八章 受众、社会文化对媒介内容的影响

第一节 受众的性质与特点

受众是传播过程的必不可少的因素,有关传播学和大众传播媒介的研究大多是围绕受众展开的,例如,受众作为信息的接收方有哪些接受和阅读上的特点?决定或影响受众信息接收习惯的要素是什么?大众传播学始终把受众研究放在中心地位,认为受众是传播学理论研究的中心内容,而要研究受众对媒介内容的影响,首先就要对受众的特点进行分析,例如,受众与信息的关系、受众的信息接受和阅读的特征、受众接受信息的动机等。

一、受众与大众传播媒介的关系

(一) 受众与信息环境

大众传播媒介生产并输出的产品是信息,媒介与受众相联系的纽带也是信息,那么,受众与信息是什么关系?大众传播媒介的受众首先是社会人,生活在复杂多变、不断发展的社会环境中,需要对社会环境有所认识和理解才能决定自己的行动。而人们认识环境的主要手段之一就是通过接受大众传播媒介的信息来认识、理解世界,所以说,受众是大众传播媒介信息的传播目的地;对于大众传播媒介来说,受众由于具有认识外部世界状况的精神需要,他们其实是信息的积极的寻觅者和阅读者,他们期望通过信息接受和阅读来判断自己在社会中的行为和活动。

同时,受众又不仅仅是简单地、直接地接受信息。由于具有亲身的社会经验,他们应该事先就具有不同层次的判断能力,对媒体的信息有分析和批评能力,最起码的,他们能判断媒体的信息是否符合自己的需要,因此,受众是媒体信息反馈的来源,重视受众的媒体都会积极设置收集反馈信息的渠道。同时,大众传播媒介也是社会系统中的一分子,其传播目标和传播行为都与媒介

组织周围的环境因素密切联系，而受众也是媒介传播环境的重要组成部分，受众的信息需求和信息接受方式都对媒体的传播活动有所影响。

大众传播媒介的受众具有怎样的特征？大众传播媒介的受众是不特定的人群，而且由具有不同社会经验的个人组成。由于每个人所处的社会环境、所承担的社会角色、所拥有的文化背景、所具备的知识结构和民族特征各不相同，因此，他们在信息接受活动中也显示了不同的特征。

受众生活在社会环境中，所接触的信息环境也比较复杂，大众传播媒介仅仅是一个社会成员接触的信息来源之一。作为不同社会群体中的一个个体，还同时受到人际传播与组织传播以及各种层次的社会关系的传播的影响。例如，一个公司的职员，除了大众传播媒介，他每天还会接受到来自他的家庭成员、公司的上司和同事、自己的客户、自己的不同圈子的朋友的信息，这些信息的接受都是与大众传播媒介信息的接受同步进行的，因此，受众可以按照现实情况与自身的习惯有意识地选择信息。例如，在某个信息的判断上，他更偏重家庭成员的观点，而在另外一个信息上，他则相信大众传播媒介的观点。

此外，受众的人数也是很难统计的。一份报纸通常用发行量来估算自己的受众，但是报纸可以重复阅读，这样的潜在人群就很难统计了。而且受众可以跨越多个阶层，成分复杂，数量众多，这个团体同时随着社会的变化而不断变化，阅读的兴趣和关注的热点都在不断变化，因此可以说，受众是一个不断变动的集合体。

即使面对同样一个新闻信息，由于受众的个人特点，如心理结构的差异、经验和学历的差别、社会背景的不相同，也会对信息的内容选择和事实认知产生不同的影响。

（二）受众的信息接受目的

每一个生活在人类社会中的人都会有信息需求，但是每个人针对信息的需求又是不同的，他们对媒介内容的接收是基于自己的目的，受众接受媒介信息的目的和动机不一样，他们对媒介内容的选择也不一样。

受众接受信息的目的有以下几点（如图8-1所示）：

第一是使用目的。受众有明确的行动目标，为了这个目标而寻求有关的信息，获得信息是为了更好地达成他的行动目标。例如，一个大学四年级学生想找一份与计算机有关的工作，他可能经常在报纸上寻找相关招聘信息，也可能在招聘网站上查阅资料。这种信息阅读和接受活动就是出于自己的使用目的。这种使用目的可谓是受众对媒体提供信息的重要选择标准。发行量全美第一的《今日美国》曾做过一个调查，希望了解他们的读者到底喜欢什么信息。调查结果表明，受众最需要的是生活指导类信息，例如，如何买到价美物廉的

媒介社会学

图8-1　受众接受信息的目的

日用品，如何给孩子选择学校，如何找到最近的医院，等等。可见，受众接受信息的最大动机就是获得能够给自己帮助的信息。

第二是娱乐目的。一个人生活在复杂的人群中不得不应付各种各样的人际关系，必须应对来自外界和内部的各种变化，承受着一定的压力，而释放这种压力、获得精神上的放松的方法之一就是通过大众传播媒介上的娱乐节目来消遣和寻求刺激。目前，绝大多数的大众传播媒介都把娱乐信息看成是重要的传播内容之一。以电视台的节目构成为例，影视、体育、休闲、旅游、美食、时尚、游戏、谈话、竞争类节目占了时间分配的大部分，而新闻联播类节目的分量则无法与之相比。也就是说，人们对大众传播媒介的期待不仅仅在通报外部世界的新闻上，同时也期望能从大众传播媒介上获得更多的娱乐信息。在提供娱乐内容方面，电子媒体和网络媒体由于其特性拥有更大的发挥余地，如电视台的影视节目和广播电台的音乐节目。网络媒体不但能包容视频节目，还能提供各种游戏功能。

第三是学习目的。人们通过获得各种信息来了解大千世界，通过学习不同的知识来丰富自己，使自己能更好地生活和发展。大众传播媒介具有的教育功能恰好能符合受众学习新知识、了解未知领域、指导自己的行动的目的。出于学习的意愿和接触媒体的便利性，人们往往带着好奇心，主动在媒体上寻求相关知识。网络媒体特有的信息链接和信息搜索功能就很好地满足了人们的学习愿望。例如，在一则新闻中出现了一个不太为人们所了解的儿童传染病，一位母亲可能在阅读完这个信息后，继续根据新闻的链接查询这个病症的特点，或者直接输入关键词搜索更多的相关知识。很多专业知识如政治、经济、法律、科技、卫生、心理等知识都可以通过新闻和新闻的背景解说来让受众得到了解。

第四是沟通目的。一个人作为社会成员生存就不可能是一个信息孤岛，他必须与其他人和组织交流沟通才能了解自己在社会中的具体状况。通过大众传播媒介，它可以更好地、更广泛地与更多的人交流信息和观点。例如，一个人可以通过读报了解专家对目前经济形势的具体看法，也可以打通广播台的热线节目发表对市政建设的意见，更可以在网络媒体的 BBS、QQ 和各种形式的论坛上接受他人的观点，发表自己的观点。大众传播媒介具有的讨论平台的功能就有满足社会成员之间的沟通、形成社会整合意见的作用。

受众这个名词虽然带有"被动"的意味，但是一般来说，大众传播媒介的受众并不是简单的信息接受者，他们有自己的信息接受动机和目的。如果媒体提供的信息不符合他们的需求，那么，媒体就会失去受众的市场。反过来说，受众对大众传播媒介的信息选择标准是有一定影响的。

（三）受众使用媒介信息的习惯

受众接触媒介的目的是为了满足他们的特定需求，如使用、娱乐、学习和沟通，这些需求源于受众个人不同的社会经验、知识储存和心理因素。当他们产生信息需求时，首先有两个条件，即媒介接触的可能性和受众对媒介的印象。所谓媒介接触的可能性，就是指受众是否能方便或者低成本地获得媒体信息。例如，当一个人希望了解今天的股市走向时，他首先寻找对他来说最方便、最便宜的信息载体，如可以看免费电视，或者花很少的经费购买报纸；如果他拥有电脑，也可以上网查询更多的信息。不同的媒介所具有的信息传递的便利性和成本是不同的。报纸不需要事先的设备投入，成本低，可以订购，也可以在报摊购买；收音机便于携带，成本也不太高，适于外出行动中的信息接受；电视媒体和网络媒体都需要事先的设备（电视机和电脑）投入，成本较高，但是信息接受的效果最好，在接受信息的过程中还会因情况产生即时费用，如有线电视的费用和上网费。人们一般会根据自己的信息需求和生活习惯来选择媒体的类型，方便和满足需求是首要条件。如果不具备这种条件，人们就会选择其他代替性的媒体。

相同的媒体也有不同的种类。如报纸有党报、省报和都市报，也可以分为日报、晚报；电视台和网站也有不同的传播特征和信息选择特点。这些特点就是受众确定媒体的第二个条件了：人们往往会根据自己或者他人介绍对媒介的初步印象来选择特定的媒介，并开始自己的具体的接触行为。例如，一个人想了解国家对中小企业的相关政策，他可能选择《人民日报》或者《经济日报》，也可以上政府网站或者专门针对中小企业的网站来了解自己关心的信息。在具体的选择时，自己已经拥有的亲身经验和学识，或者来自于人际传播渠道的推荐和建议，都会成为重要的选择标准。

当一个受众接触大众传播媒介后，他的这种接触行为可能产生两种结果，即他的信息需求得到满足，或没有得到满足。前者能让他对这个媒介留下印象，导致以后的继续接受行为；后者会阻止他再次使用同一种媒介。也就是说，受众媒体接触行为的结果满足与否，都会对他以后的媒介接触行为产生不同程度的影响，人们会根据满足与否的结果来修正他原有的对特定媒介的印象，或者失望，或者期望，在不同程度上改变他对媒介的看法。

二、受众对大众传播媒介的意义

大众传播媒介与其受众有着不可分割的关系，因此，任何一种大众传播媒介都会重视其受众资源。在这里，首先分析一下大众传播媒介是怎样看待他们的受众的。应该说，大众传播媒介对受众的看法是不断变化的，是带有不同时代的社会特征的。

（一）权力观与财富观

把受众看成是大众传播媒介的权力之源和财富之源和的看法古已有之，到现在为止仍然是定义受众与传媒关系的比较固定的看法。

在西方各国，大众传媒号称"无冕之王"和"第四权力"。这并不是媒体自身拥有什么特殊的权利，而是指媒体代表着广泛的、庞大的受众群的利益，代表广大的受众监督政府和公共管理，反映人们的心声，媒体报道是影响舆论的强大力量。受众自愿把自己的信任赋予大众传播媒体，相信他们的新闻报道是真实、客观和公正的，因此自愿购买媒体的产品，这正是媒体"无冕之王"的底气的源头。对抗媒体就等于对抗公众，媒体可以以"第四权力"自居来监督、批评各种政治、经济和社会权势。由于西方各国的媒体在经济上独立于政府，是依赖社会公众对媒体的信任和产品购买得以生存的，因此，西方媒体批评政府、得罪总统是常见之事，但是媒体不能对抗社会主流意见或者公众舆论的意见。西方的主流媒体总是顺应并力图代表、反映主流意见，来获得他们对政府、企业的影响力。

所谓财富之源，是指以盈利为目的的私营媒介形成后，在经营上要生存并获得更大的发展，必须重视媒体的市场——即受众对媒体产品的购买行为。这种购买行为中包含着巨大的财富来源，例如，报纸的发行量较大往往可以说明这个报纸拥有较大的影响力，也就是说很多受众相信并依赖这家报纸，因此衍生出来的财富之道有广告——企业和广告商更愿意把自己的产品信息登载在这家拥有大量受众的报纸上;同时,凭借知名报纸的名声,这家报纸媒体还可以开拓更多的经营渠道,如开设网络新闻媒体、出版杂志和书籍、经营音像制品等,都是借助于自己已经拥有的受众资源。在20世纪90年代后期,媒体追求经济利益的导向更加明显,媒体开始主动为广告商的销售需求来"量身定作"专门内容,例如,开设鼓励消费的专版、面对特定消费人群的电台专业频道,设置针对有消费能力的受众、能招徕更多广告的娱乐电视节目等。媒体会根据广告商在不同阶段的销售目标和产品诉求,通过市场定位和研究来明确界定其目标消费者的人口特征,然后再通过恰当的内容来聚合最感兴趣的这一群人,有的放矢地出售给广告商。这种做法的基础就是视受众为媒体财富来源的观点。

(二)主体观、市场观和群体观

随着社会的发展和各种社会理论的出现,有关如何看待并理解大众传播媒体的受众的理论也不断发生变化,这里介绍一下几种主要的受众观(如图8-2所示),这些观点代表了不同时期学者和媒体对受众的认识和理解。

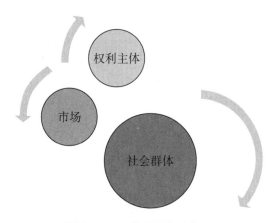

图8-2 几种不同的受众观

1. 受众即社会群体

首先是大众社会理论的受众观。大众社会也称"群众社会",是在大众媒介和大众文化作用下形成的群众性的社会。大众的特征被陈述为:组织松散;成员之间缺少直接接触;人员流动频繁,不受团体力量的约束;其信息传递是通过大众传播媒介来进行的,也就是说,他们对大众传播媒介的信息传递是依赖关系。

还有学者这样形象地描述大众社会理论中的"大众":大众是无定形的过

往人群,是转瞬即逝、无明显人格特征的人群聚合体,而不是一个组织严密的社会群体;他们彼此之间缺乏任何有效的联系,是孤立的、原子式的人群聚合体。同时,大众还是同质性极高的人群聚合体,具有"千人一面"的形态;而报刊、收音机、电影等大众传媒则促进了这种同质化和整齐划一的人群的形成①。根据这种特点,这种人群的信息接收特征也清晰了,他们对大众传播媒介的信息没有分析批判能力,只是接受;他们没有各自的特点,也没有形成特定的组织,因此难以对抗大众传播媒介的传播力量。

在大众社会理论的不同阶段,其主张的受众观有所不同。例如,早期贵族主义观点认为,大众是无知的暴徒,但是其力量巨大,甚至可怕。之后,大众社会理论趋于对法西斯主义的批判,这时的受众观认为大众是觉醒的,但易于盲动——揭示了大众的可引导性和盲动性。"二战"后美国大众社会理论主张的受众观认为,大众是失落、冷漠、麻木的。这是因为在"二战"后,美国民众体验过觉醒期的新鲜感后,觉得原寄予厚望的民主、自由、权利,如今又产生了种种新的问题,这些新鲜的主张使用起来很麻烦、很费劲、力不从心,对此陷入迷茫,产生了冷漠、茫然的感觉②。

克劳斯认为,受众可以按规模分为三类:一是特定国家或者地区中可以接触到媒介的总人口;二是对特定媒介信息保持定期接触的人群;三是接触媒介信息后在态度和行为上受到信息影响的人群③。最后一种人群对大众传播媒介来说是有效受众。

大众社会理论认为受众是分散的、无组织的、被动的、没有抵抗能力的人群,这种观点也促成了在大众传播学效果研究的早期"魔弹论"的出现,正是因为忽视媒体受众的能力和力量,魔弹论才过大地描述了大众传播媒介对社会公众的影响力。但是,如果真正分析作为社会群体的受众,就会发现受众并不是分散的和被动的,他们属于不同的社会组织和群体,具有不同的社会文化背景,他们的媒体接触行为会受到所属社会组织和文化背景的制约,有时这种背景对受众的影响可能会超过大众传播媒介对他们的影响④。

也就是说,大众传播媒介的受众并不是单一的和同质的,而是千变万化

---

① 郗彩红:《西方大众社会理论中"大众"概念的不同义域》,载《学海》,2007年第4期。

② 郭庆光:《传播学教程》,中国人民大学出版社1999年版,第10章。

③ R. Clausse: The Mass Public at Grips with Mass Communication, *International Social Science Journal*, 1968, 20 (4), pp. 625 – 643.

④ 例如,拉扎斯菲尔德等人在20世纪40年代进行的IPP指数分析研究就说明了这一点,具体参见郭庆光《传播学教程》,中国人民大学出版社1999年版,第174 – 176页。

的。受众的具体特征可以从两类指标分析得出：一是人口统计学的角度，包括性别、年龄、籍贯、民族、职业和学历等要素；二是社会学的角度，包括家庭、单位、团体、政治倾向、经济阶层和文化归属等。受众的人口学特征和所处的社会阶层不同、拥有的社会关系不同，他们接触大众传播媒介的方式、对大众传媒的选择和所受影响的程度也会不同。

2. 受众即市场

认为媒体的受众等于媒体的市场的看法早已存在，以营利为目的的私营大众传播媒体的出现是这种观点的基础。在市场经济社会里，受众等于市场的消费者，他们的媒体接触行为其实就是购买媒体的产品，这一理论在20世纪90年代比较流行，学术界将这种观点称为"市场导向新闻"[①]。这种观点在市场经济环境中比较容易理解，简单地说，媒体提供的信息就是商品，媒体组织和传播者就是卖方，受众就是信息商品的购买者。因为是信息购买者，受众在接收媒体的信息时就会从个人的喜好和需求、信息的经济利益和使用价值上来考虑是否购买的问题了。同样，作为卖方的媒体则要时刻考虑受众的需求，推测他们的喜好和需要的变化以及走向，好让媒介产品引起受众的购买行为。

出于这样的受众观视角下的媒体则有如下特点：

● 传媒组织是一个企业，其追求和重视的目标是获得市场占有额和盈利；

● 信息要具备交换价值，只有这样才能维持媒体消费者即受众的持续购买；

● 传媒业的激烈竞争不可避免，而且随着市场和媒体的多样化，这种竞争会越来越激烈。

3. 受众即权利主体

如果把受众当成一个社会的成员，看到他们在民主政治和公共管理中应该发挥的作用的话，就应该同时看到他们在社会传播中拥有的权利。那么，受众应该有哪些权利呢？一般来说有以下几种权利（如图8-3所示）。

第一，传播权。这是每个社会成员拥有的基本权利之一，社会成员有权享受各种媒体和人际传播渠道的信息，也有权利把自己的观点和经验与其他社会成员分享，分享的方式可以通过著述、言论等方式，也可以通过大众传播渠道和人际传播渠道来进行。

第二，知晓权。这既是一种基本权利——社会成员有必要对自己所处的社会环境有所了解，因而对发生在自己周围的信息享有了解、知晓的权利；同时

---

① J. H. McManus: *Market-driven Journalism: Let the Citizen Beware?* Thousand Oaks, CA: Sage, 1994.

它也是一种政治权利——一个社会的公民对国家行政和执法等公共管理领域的情况有了解的权利。

第三，传媒接近权。这是20世纪60年代在美国出现的概念，指的是一般社会成员也有权利通过各种大众传播媒介来发表、展示、说明自己的观点和主张，也可以通过大众传播媒介来进行各种社会和文化活动。

第四，更正权。这是指当个人或集团遭到来自大众媒介或传播者方面的攻击和对自身利益、权利的侵犯时，有权要求该媒介划出一定的版面或时间供自己做自由公开的反驳，以便人们对事情真相有一个客观、公正的认识。

第五，监督权。它是指受众对大众传播媒介的运作和传播者的传播行为有察看并督促的权利，以免其产生不良后果。受众可以根据法律条文、道德规范、行为准则等标准，并以起诉、写信、打电话、停止订阅、舆论声张等多种形式对新闻媒介和新闻传播者进行监督。

第六，隐私权。指受众享有个人独处，对个人与公众利益、公众事务无关的私生活进行保密、不受新闻媒介打扰和干涉，以及个人的名誉和利益不受伤害的权利。新闻媒介不得以营利为目的报道他人的隐私。如果不经本人允许而公开其姓名、财产、身体状况、私人信件、日记、家庭矛盾等，侵犯了个人生活的安宁，引起了个人精神上的痛苦和不安，就是侵犯了他人的隐私权。对此，合法权益受到损害的人，可以向法院提起诉讼，并要求道歉和赔偿。

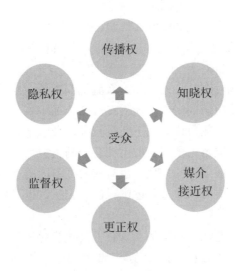

图8-3 受众的权利

从受众是一个权利主体的角度来看，大众传播媒介就不能忽视受众应有的权力需求而独自选择并确定传播内容，受众拥有的权利也对大众传播媒体的内容形成有影响。例如，公民的传播权和传媒接近权要求大众传播媒介在内容设置上考虑面向公民的节目，提供可以让公民在媒体上发出自己的声音的机会——报纸上的读者来信、短评栏目和讨论板块；电台和电视台邀请受众直接出现在节目中发表自己的看法；网络媒体在体现这项权利方面则具有不可比拟的优势。公民的知晓权也要求媒体在报道政治、经济和社会问题以及重大突发事件方面明确维护让公民知晓社会管理信息的原则，积极主动地报道与公民生活和工作有关的方方面面的情况，对社会管理者的管理行为进行监督和批评。而更正权、监督权和隐私权更是在传播内容的各个细节上要求传播媒介注意不要违反受众的权利。

总的来说，上述观点虽然各有侧重，但是也说明了一点：随着社会的发展，现代社会的受众的素质不断提高，他们应该不再是千人一面的集合体，也不应该是彼此孤立的、分散隔绝的，而是既有差异又相互联系的。但是作为社会集合体中的一员，他既带有集团的特征，也带有个人的特征，因而其对大众传播媒介信息的接收行为是复杂的，在宏观层面上看有相对的类似性，在个人微观层面上看又各有差异。大众传播媒介组织在认识和理解他们的受众的时候，只有认识到这一点，并用变化和发展的眼光看待受众的需求，不断调整传播的总体策略，才收到良好传播效果。

三、传播学理论中的受众观

拉扎斯菲尔德和梅尔文·德弗勒等人还分别陈述过其他几种受众观，具体如下[①]：

第一，社会分化论的观点。拉扎斯菲尔德认为，当代社会中的人们有着不同的类型，因社会阶层、政治态度、民族血统、经济收入、教育程度、宗教信仰、种族、城乡居住地等的不同而形成不同的社会阶层。城市化、现代化、移民和分工、个人社会地位的升迁等也对社会中的人们分化有着影响。

第二，亚文化论观点。拉扎斯菲尔德认为，不同的社会状况具有特定的团体所特有的生命空间，例如，贫民窟居民、罪犯、吸毒者、流浪汉、少数族裔、同性恋者、农民、医生等，这些不同类型的人有其独特的生活，从而构成一种区别于社会大众文化的亚文化，有属于自己的行话和活动领域，有独特的价值观和信仰。这是社会分化的产物。

---

① 参见德弗勒、洛基奇著，杜力平译：《大众传播学理论》第5版，台湾五南图书出版公司1991年版，第178－179页。

第三，个人差异论的观点。这个观点由霍夫兰在1946年首次提出，他认为每个人的兴趣、爱好、习惯、价值观等多是后天获得的，由于每个人所处的社会环境和经历不同，因而各自的生命空间也非常不同。个人差异论的观点促使研究者重视个人的心理因素对受众成员的媒介信息接收行为的影响，并提倡传播学中对于受众的研究，主张受众分析从受众成员的心理入手。

第四，社会范畴论，又叫社会分类论。梅尔文·德弗勒指出，受众分别在年龄、性别、文化程度、社会地位、兴趣爱好等方面有差异，但却能找到彼此的共同点，由此可以分成不同的社会范畴；属于一定社会范畴的人们总有着大体相同的经历，有类似的社会观和价值观，可能对传播媒介做出大体相同的反应。也就是说，媒介组织等各种传播机构可以通过分析和预测不同受众群体的有选择性的媒介信息接收行为，来设计和制作传播内容，达到希望的传播效果。

还有社会关系论的观点，这种观点注目于分析受众成员日常的社会关系对其媒介信息接收行为的影响，认为媒介向社会成员提供各种信息，但社会成员是有选择地接收和解释这些信息的。造成社会成员有选择的大众传播信息接收行为的重要原因在于他们的社会关系影响着他们的接收方式。当个人对媒介内容的选择性决策为家庭、朋友、熟人和其他与他有关系的人所改变时，就表明上述的社会影响在产生作用。个人对大众传播媒介的注意形式和反应形式，反映出他的社会关系网络。因此，大众传播媒介的效果既非一致的、强大的，也非直接的；个人与个人之间的相互影响极大地制约和影响着媒介的传播效果。这种社会关系论的基础来源于美国传播学家拉扎斯菲尔德、贝雷尔森、卡茨等人的研究成果，成果表明，人们之间的相互影响可以影响他们对大众传播媒介信息内容的接受。以上从社会学角度来看待和分析受众的观点有助于对受众特点的分类和理解分析。

美国学者巴伦提出的社会参与论也对如何看待受众与大众传播媒介的关系有所论述。社会参与论又被称为受众介入论，它是一种源于美国宪法中有关公民权利的一种受众理论。巴伦在其1976年《对报刊的参与权利》一文中认为，民众对大众传播媒介的积极参与是公民社会中参与意识的一种表现形式，为了维护受众的表现自由，要保障他们参与和使用传播媒介的权利[①]。

巴伦的主张在当时并未引起美国理论界和新闻界的重视，但是在20世纪70年代日本传播学界却展开了大规模的有关社会参与论的研究与探讨，

[①] 1976年巴伦在《哈佛法学评论》上发表《对报刊的参与权利》，首次提出"参与权"这个概念。

并在部分媒体的传播实践上进行了试行。20世纪80年代后,我国广播电视界也有了一些实验性做法。如今,这一理论已为学界和传媒界所认同和接受。

传播学界对社会参与的主要观点可以归纳如下:

(1) 大众传播媒介应是公众的讲坛,而不是少数人的传声筒;

(2) 公民及其团体既是信息的接受者,也是信息的传播者;

(3) 受众已不满足于消极地当一名接受者,一种试图积极参与报刊的编写、广播电视节目的制作和演播的自我表现欲望正在增长;

(4) 让受众参与传播,正是为了让他们积极接受传播,因为人们对于他们亲身积极参与形成的观点,要比他们被动地从别人那里得到的观点容易接受得多,且不易改变;

(5) 参与传播也是受众表达权、反论权(受众面对传播媒介对自己的批评意见,有权要求媒体提供免费版面进行说明反驳)的具体体现。

简单地说,这些观点在于主张社会民众积极参与新闻媒介的制作和传播过程,它认为,大众传播媒介不应该是少数人的传声筒,而应该是公众讨论和发表见解的论坛。同时,传播媒介的这种作用也体现了对公民的传播权、知晓权和媒体接近权的尊重。大众传播媒介应该让公众更多地参与他们的传播过程,这同时也能让公众更好地理解和接受媒体的传播内容。

随着时代的发展,受众的文化修养和媒体素质不断提高,对自己应有的权利意识也不断高涨。现代的媒体受众可能已经不满足于消极被动地接触媒介的信息,而是希望参与各种媒体的传播活动。互联网媒体的迅速发展和被称为"自媒体"的博客、播客和视频网站等各种新型传播方式的流行正好说明现代受众不仅仅是"受众",他们同时也希望成为"传播者"和"传播内容的制作者"的这个特点。

联合国国际传播问题研究委员会在1980年的工作报告中指出:"不要把读者、听众和观众当作消息、情况的被动接受者,大众媒介的负责人应该鼓励他们的读者、听众和观众在信息传播中发挥更加积极的作用,办法是拨出更多的报纸篇幅和更多的广播时间,供公众或有组织的社会集团的个别成员发表意见和看法。"[①] 这段话表明了对受众参与媒体传播活动的支持。

四、受众对媒介内容的影响

在大众传播媒介的传播内容的形成过程中,人们往往认为传播者,或者说

---

① 雅克·拉康让·鲍德里亚:《视觉文化的奇观》,中国人民大学出版社2005年版。

媒介工作人员具有较高的信息裁量权，他们是媒体传播内容的决定者。这个观点其实只反映了媒介内容生产的一个方面，当媒介工作者在思考和决定传播内容时，他们一般会从多个方面来衡量和判断一个新闻的价值，判断的重要尺度之一就是媒体的受众因素，例如他们会思考受众是否需要这个新闻？是否符合他们的喜好？新闻的角度是否代表了他们的利益？媒体应该设计出怎样的风格版面和视觉效果来吸引受众？也就是说，媒介工作者会在选择和确定新闻价值时考虑受众。新闻学和传播界经常提及的新闻价值这个名词，包含着时效性、新奇性、重要性、对立性、接近性和趣味性等多个衡量新闻的价值尺度，这些价值尺度无一不是从受众角度出发的。那么，媒介工作者是如何在新闻选择和内容确定上思考与受众的关联呢？这里讨论两个具体的角度，即受众的地理文化因素与受众的社会心理因素。

（一）受众的地理文化因素与媒体内容

一般来说，大众传播媒介为了满足受众的需求，赢得行业间竞争和市场的占有率，扩大媒体自身的社会影响力，都会强调并突出媒体自身在传播上的优势和特点。例如，美国和日本的报纸都具体分为面向全国的报纸和面向地区的州报以及都市报纸，前者关注全国新闻和国际新闻，后者重视本地区的新闻；两者在国际新闻的采编上相当不同，全国报纸设有国际新闻部，设置外派记者和专门的国际新闻版面；而后者不太重视国际新闻，采编基本靠通讯社稿件和转载，不设置较多的国际新闻的记者，这些州报和地方报认为，做好地方新闻才能体现自己的特色并满足地方读者的需要，如果读者对国际新闻感兴趣，那么他们会去找全国报纸来看。

这说明了媒体对受众的地理文化因素的重视，这种重视还表现在新闻播放时间的设置、新闻内容的选择和导向等方面。例如，每个电视台都有设置在每天不同时间的新闻节目，这种节目时间的设置和播放内容的选择也不得不考虑电视台受众的特点。

日本电视台的新闻节目时间设置

日本的民营电视台每天超过半个小时的新闻播报节目有四次，分别设置在不同的时间段，而且长短、内容和演示方式都按受众生活方式的特点来设置。

清晨的新闻节目设置为30分钟，时间是7点半，这个时间是日本的上班族出发前吃早餐的时间，这个时候的新闻节目主要是对昨天新闻的追踪和补充，国际新闻的含量较大，节目重视信息量的传递而不具体展开说明，主要是让观众在上班前对最新的新闻有个提纲挈领的信息知晓，方便对自己工作和生活的安排。

第二次新闻播报节目设在中午12点，这个时候是一般的公司和事业单位中午休息的时间，人们回到公司的食堂吃饭，可以一边吃一边看电视新闻。这个时间段的新闻是对上午发生新闻的简述，以经济信息为主，时间也不长，因为日本的午休只有一个小时，人们饭后会用半个小时休息，新闻节目如果设置过长也不会有太多观众。到了傍晚6点左右，各家电视台陆续开始45分钟到1个小时的新闻播报节目，但是这个时候上班族并没有下班，也不可能有时间看到新闻，这个时间带的新闻是针对正在准备晚饭的家庭主妇的，因此这次新闻的主要内容是社会新闻和生活信息，例如深受日本主妇关注的天气预报就被当成是这个时间段的重要内容来播报。日本的上班族一般下班较晚，所以在每天晚上9点开始到11点的时间段里，各个电视台都陆续开始他们一天中最为重要的新闻联播节目，这个时间短的的新闻联播节目的时间可以长达1个半小时到2个小时，既重视新闻内容的丰富也重视对重点新闻的深度分析，深度新闻的选题集中在重要的政治、经济和社会问题上，当天的突发事件也会成为重点分析的主题。这种新闻节目的播报形式也与当天前三次不同。前三次的新闻播报一般是1～2位新闻播报员播报新闻，而晚上的多家电视台的新闻联播不但节目名称各有特点，主持人也选择富有采编播经验的人员，除一男一女两位新闻主持外，还有一位专家在场，这位专家的作用是对新闻的背景进行讲解，对新闻的实质进行分析和解说。新闻主持不但播报新闻，当重要新闻发生后还要到现场进行采访，从媒体本身的角度来提示新闻的要点。这种新闻联播节目不但面对日本各阶层的受众，其中又特别重视作为社会中坚力量的市民阶层。

（二）媒体报道与受众的社会心理因素

大众传播媒介在报道新闻时会有自己的选择标准和侧重点，这种新闻选择标准和侧重点会重视当地受众的社会心理因素和信息关注层面上的喜好。以美国学者约翰·赖利为代表的学者所主张的社会类型论把受众看成是不同类型的，每个受传者的特点虽然千差万别，但是他们都处在特定的社会环境中，很多人的性别、年龄、地区、民族、职业、经济条件、宗教信仰、文化程度等可能相近或类似,这类人的社会特征也就会比较相似,因此他们对新闻信息的需求和喜好也会相似。大众传播媒介在传播内容的选择和编辑上一般都会考虑受众的社会类型,根据不同的社会类型展开媒介信息的采编、设计和制作活动。而不同社会类型的受众在接触媒体内容时也会将特别关注符合自己需求的节目。

1984年,英国王子查尔斯与戴安娜结婚,因名人效应引起全球媒体的关注和纷纷报道。但是,如果比较中国媒体和日本媒体的相关报道就会发现,中国媒体主要报道婚礼盛况,报道时间比较短;而日本媒体的报道不但报道量大、时间长,而且背景资料和相关报道也非常多。其原因无非是因为日本与英国一样也是一个君主制国家,受众中对皇室持有尊敬和抱有兴趣的人比较多,日本的媒体中甚至专门有"皇室报道"(专门报道皇室成员活动的新闻)这个分类,说明了受众对这类新闻的兴趣和需求。相比之下,中国的受众对于皇室和君主制度下的社会文化现象就没有那么多的信息需求了。

另外一个例子也能说明这一点。日本媒体非常重视地震灾害报道,国内的地震灾害报道及时而详细,尽量符合受众在自然危机状况下的需求;对发生在远离日本的其他国家的地震灾害的媒体报道也同样迅速而详尽,这是为什么?日本是一个地震灾害比较多的国家,其国民在长期的生活中多次经历这种灾害,自然对其他国家的人们如何面对这种灾害也非常关心,关注这些国家的救助和善后状况,日本媒体的新闻选择自然不能无视这种倾向。

受众为什么不喜欢这些广告?

日本丰田公司推出新车"霸道",其广告内容为,一辆"霸道"汽车飞驰而来,停在两只石狮之前,一只石狮抬起右爪对新车敬礼表敬意,另一只石狮向下俯首,画面配以"霸道,你不得不尊敬"的广告语。广告一出现首先引起中国网民的关注和批评,后来成为社会各界舆论关注的焦点。

在立邦漆的广告视频中,凉亭的立柱因为涂抹了立邦漆,上面盘踞的中国龙因柱面太光滑而滑落下来了。因为使用了代表着中国文化的龙和"滑落"的贬义动作而引起舆论的纷纷议论和指责。

日本山水音响在泰国推出一个广告,如来佛正在静思,一阵轻柔的音乐传来,美妙动听,大佛不禁睁开了眼睛,随着音乐越来越欢快,大佛不禁走下佛台,开始翩翩起舞,最后舞姿跟随音乐变成了迪斯科……这个内容在佛教国家泰国引起非议，认为是对佛教的不尊，山水音响最终不得不撤回广告。

耐克公司的"恐惧斗室"的广告也引起消费者的不满联想。该片采用"中国武术高手""类似飞天的东方美女""龙"等形象代表"恐惧力量"，"中国古代老者和中国飞天被脚穿耐克鞋的詹姆斯打败了"的内容，受众非常不满，认为广播电视广告应当维护国家尊严和利益，应该尊重祖国传统文化。

以上的广告内容由于忽视传播受众的民族宗教信仰和文化背景等因素，没有取得好的传播效果，也说明了受众的地域、民族文化、社会心理等特点是媒体进行传播内容选择是不得不重视的一个因素。

（三）媒体内容与读者调查

由于受众对大众传播媒介的内容有着重要的影响，所以现代大型的媒体组织都比较重视与了解他们的受众。怎样了解媒体的受众？主要的方法就是实施读者、视听者的调查。在这方面，英国的BBC的受众调查是最有历史的。

BBC是英国历史最久的大众传播媒体，它非常重视受众调查，积极了解受众对媒体内容的看法和态度。BBC于1936年开始对其广播受众进行调查，1952年开始对其电视受众进行调查。具体调查的方法多种多样，例如：广播研究部每天访问1000名受众，询问他们对广播节目内容的意见和喜好；在电视节目方面，他们设立与受众互动的电视栏目，邀请观众直接在节目上出现并发表意见，《观众》节目还每周一次综述受众的来信。不仅如此，BBC在1988年还开办《亲自看一看》节目，邀请受众在电视上与BBC公司高级管理人员对话，沟通交流他们对电视节目的看法。

像BBC这样媒体组织自己实施各种调查并通过多种沟通手法获得受众意见的做法很多，但是随着国外专业受众调查公司的出现，很多大型媒体都把受众调查的任务直接委托给专业公司展开。这样做的优势在于专业调查公司的调查面和样本更为广泛并具有代表意义，对收视率数据的统计更为专业，对媒体组织来说这种委托的成本也更为低廉。

目前，世界上著名的涉足于媒体受众调查的大型公司很多，不同国家的媒体都纷纷委托这些公司开展调查业务。在美国，阿比伦调查公司和尼尔森调查公司是最为出名的两家调查公司，其调查数据也很有公信力；在英国，不少媒体通过调查公司了解节目收视率的相关数据；在法国，最高视听委员会下设有收视调查公司,可以帮助媒体了解他们的受众对节目的反应;在日本,知名的全国性媒体几乎每年都实施广泛的受众调查并发表调查结果,同时,每逢重大社会事件或者突发事件发生后,媒体也会立刻委托电话调查公司了解公众对这件事情的看法,调查结果不但反映了民意,也可以成为当前新闻报道的参考。例如某次日本首相被爆丑闻,《朝日新闻》当天就委托电话调查公司在全国电话用户中抽取一千个样本,了解公众对这个事件的看法和他们对首相的支持率的变化,这种在热点话题发生时的电话调查结果往往也是一个好新闻。

第二节 大众文化对媒介内容的影响

一、大众文化的定义和特征

(一)什么是大众文化

大众文化一词在英文中有两种表达方式:popular culture 和 mass culture。很多学者认为,mass culture 指的是一种为平民所存在的低层次文化,蕴含着对大众文化的轻视和不屑。因此,popular culture 被普遍认为是可以与"大众文化"相对应的词。

约翰·斯托雷在《文化理论和大众文化导论》中列举了大众文化的六种定义[①]:

(1)大众文化是为许多人所广泛喜欢的文化。这个定义强调大众文化的受众在数量上众多,具有数量上的优势。

(2)大众文化是在确定了高雅文化之后的所剩余的文化。这个定义注重大众文化与高雅文化的明显区别,指明大众文化的非主流性。

(3)大众文化是具有商业文化色彩的、以缺乏辨别力的消费者大众为对象的群众文化。这个定义是从批判和否定意义上来理解大众文化的,认为大众文化的消费者并非具有较高的文化素质。

(4)大众文化是人民为人民的文化。这个定义说明大众文化的创造者是人民,享有者也是人民大众。

(5)大众文化是社会中从属群体的抵抗力与统治群体的整合力之间相互

---

① John Storey: *An Introduction to Cultural Theory and Popular Culture*, Athers: Unrversity of Georgia Press, 1998, pp. 6-18.

斗争的场所。这个定义表明大众文化的内容反映了社会阶级对抗斗争的内容。

（6）大众文化是后现代意义上的消融了高雅文化和大众文化之间界限的文化。这个定义突出大众文化与高雅文化的融合或互相渗透的趋势，但是没有关注到两者之间的差异性。

如上所示，定义上的大众文化呈现出多种多样的特征。有学者认为应该从以下几点来把握大众文化的含义：第一，大众文化并不是任何社会形态都必然伴随的现象，而仅仅是工业文明以来才出现的文化形态，尤其是在大众传播媒介作为社会信息传达的主要工具，社会信息的流通规律按商品市场规律去运行的情况下才存在的；第二，大众文化是社会的都市化的产物，以都市普通市民或不特定的大众为主要受众，他们同时也是大众文化的制作者；第三，大众文化具有一种与政治权力斗争或思想论争相对立的感性愉悦性，是非主流的、不严肃的；第四，大众文化的特征在于它不是神圣的，而是日常的。因此这位学者认为，可以对大众文化有一个简洁的定义，即：大众文化是以大众传播媒介为手段、按商品市场规律去运作的、旨在使大量普通市民获得感性愉悦的日常文化形态[①]。

在这个意义上，通俗诗、报刊连载小说、畅销书、流行音乐、电视剧、电影和广告等都属于大众文化。而网络、手机、数码相机等多种多样新媒体和辅助性工具的产生也促成了网络大众文化的浪潮，通过视频制作和博客写作等各种形式形成的文化如"恶搞"等层出不穷。

（二）大众文化的特征

在科技不断进步、普及和商业经济迅速发展的时代，社会公众都是文化参与的主体，新媒体的传播机制和传播手段更加促成了大众可以一起分享和营造大众文化，而现代大众文化则越来越具有消费主义和享乐主义的特征。

一般来说，大众文化具有如下特征：

● 日常生活性：内容主要反映都市生活和人们的日常生活；

● 商业化操作手段：大众文化具有商业化的特征，其目标在于商业上的利益收入，如商业电影就必须有严格的投入和市场预算，主角要有票房号召力，宣传投入大，上映时间必须符合市场规则；

● 娱乐性强：经常作为贺岁大片出现的商业电影在内容上必须符合大众的口味，内容轻松愉快，娱乐为主，不涉及严肃主题；

● 内容和主题较为肤浅：能让大多数社会成员理解和接受，如果稍有深

---

① 王一川：《当代大众文化与中国大众文化学》，载《艺术广角》2001年第2期。

度就等于限制了接受者的人数；

● 功利性强：大众文化作品的主要目的是通过传播行为获得市场和占有份额，获取经济利益，赢得公众的注意力资源，因此，在制作和推出产品的过程中其功利性目标都很明确；

● 全球化趋势：大众文化的产品可以通过不断复制和推广来扩大收益，而全球化趋势是近年来大众文化产品的重要特征，例如电影的主角是来自不同国家的明星，便于影片在各地推广；题材也趋于国际化，故事内容涉及多个国家等等。在大众文化的推广上也不再局限于单一的国家和地区，而是以全球为目标；

● 内容上和表现上具有较强的感性冲击力：要吸引受众的目光和购买行动，大众文化产品必须具有较高的冲击力和刺激性，如动作片中的各种高难度表演，娱乐片中的豪华场景和服饰等都是为了增加作品对受众的感性吸引力。

（三）大众文化的内容特征

从大众文化的基本特征上可以看出，大众文化的内容有以下这些特征：

● 时尚：讲究时新，讲究超前的观点，过时的东西没有价值；

● 肤浅：大多数人都可以接受和理解的，拒绝艰深难懂的和阳春白雪的东西；

● 通俗：通过流行歌曲、电视连续剧、广告、时装、模特表演、网络文学、畅销书、动漫、网上视频、网络游戏、手机视频、手机短信等方式迅速获得市场，得以流传；

● 方便：容易获得，成本不高，方便购买和入手；

● 批量：容易被复制、被大量制作。如流行音乐通过 CD 媒体可以大量复制，通过书店、音乐连锁店或者网上下载可以简单获取；

● 快速：制作和发行、销售渠道便捷，从发售到获得的时间越快越好。

这些特点都符合现代大众传播媒介对传播内容的基本要求。如时新性，符合大多数受众的信息接收特点；获得媒介内容的手段要方便——网上报纸和手机报纸应运而生。而且，媒体内容也通过各种传播方式被不断复制和快速发行，以广东省羊城晚报集团旗下的《新快报》为例，在当天晚上 9 点之后读者可以在其官方网站上看到第二天的《新快报》。这都是为了更好地突出媒体的快捷、新鲜和方便的特点。

西方媒体有时为了更好地以更少的成本获得更符合大众口味的娱乐节目，会采用各种包装好的节目来填充电视栏目。这种如罐头一般填装好内容进行标签化和包装后的节目一般来说是由媒体组织外部的个人或者机构制作的，内容有包罗万象如有地理、文化、美食、猎奇等，按电视台栏目的要求制作成电视台立刻可以使用的版本——长度45分钟左右，内容有趣并符合大多数受众的口味。这种如快餐一般打包好的节目可以填补电视台节目不足的问题，同时制作成本又比电视台自制低，因此很受欢迎。

另外，大众传播媒介的娱乐节目也是反映大众文化内容的重要场所，例如时尚、体育、美食、消费、影视、各种真人秀和谈话节目，其实都是大众文化的主要产品。这种内容的不断增加也导致大众传播媒介上新闻类节目的娱乐化和过度包装。

大众文化与大众媒介关系密切。大众文化由专业传媒机构使用大众媒介，大量、迅速地传播信息，影响受众。大众媒介的应用拓展了大众文化的公共领域和大众文化的对象、范围。简而言之，大众文化主要是在大众传媒的引导下发生、发展和变化的，没有大众传媒，也就没有大众文化。在这个意义上，大众文化也是一种传媒文化。

2008年的香港的"艳照门"事件正是由于网络媒介平台为面广量大的受众群体提供了传播的条件，以至一时间，大城市小乡镇，街头巷尾，大报纸、小报纸，甚至很多电视媒体都不断报道"艳照门"的最新进展情况。由此可见，利用当代大众传播媒介成批地制作和传输大量信息并作用于受众，是大众文化的重要特点。

以上可见，大众文化与大众传播媒介是密切相关的。所谓大众文化必须通过广泛传播和普及才能形成文化，而大众传播媒介是传播大众文化最合适的渠道。同时，作为大众传播媒介也无法将自己与大众文化分离开来，在面向大众这一点上两者是一致的。大众传播媒介在内容选择上与大众文化的内容特点有类似之处，如时新、通俗、有吸引力、易于传播和复制等，因此，大众传播媒介的内容选择也不可避免地受特定社会的大众文化的影响。

二、大众文化对媒介内容的影响

大众文化对媒介内容的影响主要表现在四个方面，即媒介内容的多元化、浅显化和娱乐化，以及对文化版本的反映。

（一）媒体内容多元化

随着改革开放的深入、市场经济的建立和健全，我国的大众文化也得到很大的发展。如今，中国的大众文化已经发展成为与来自官方的主流文化、来自学界的精英文化并驾齐驱，形成三足鼎立的社会文化形态。它打破了官方主流文化对话语权的垄断，更加贴近大众。

而大众传播媒介的内容选择也不能忽视大众文化的特点。为了赢得更多受众的关注，媒介的内容也随之发生了变化。一方面由倾向于讨好官方转向更趋向于关注大众,内容更加贴近生活、贴近群众、贴近现实。由年轻主播说新闻的新型新闻节目受到越来越多的欢迎,连中央电视台这样的国家主流媒体也不得不顺应这样的大趋势,改变其新闻报道的内容与形式。央视二套"第一时间"新闻里的主播马斌可以一边读报纸一边喝茶,时而拍案惊起,时而感慨而叹,让电视机前的观众大呼痛快。

同样,与大众文化相比,精英文化、高级文化由于其专业性、高端性的限制在媒体上阳春白雪,叫好不叫座,而一些学术精英分子由于走大众化路线而收到很好的传播效果。如《百家讲坛》这个节目,学者通过央视这个广阔的平台,迎合了大众文化的特点,抓住了受众的心理,将原本少人问津的学术内容变得妇孺皆知。可见,大众文化的崛起使官方主流文化、精英高级文化原有的地位发生了巨大动摇。人们从固有的或僵化或严肃的文化中脱离出来,思想得到进一步解放。这积极影响了国民人格的塑造和社会发展的面貌,也引发了多重社会效应和多种不同的评价和议论。人们听到了不同的声音,有庄严的、有深刻的,也有活泼的、浅显的,这一切都使得大众传播媒介的内容变得更加地多元化。

(二) 媒介内容浅显化

大众文化具有商业性,是一种消费品;传媒为了最大限度的吸引受众,必然极力地去迎合受众趣味。然而众口难调,为了取得利益的最大化,传媒必将舍弃精英类大众,转而极力迎合文化层次一般的大众,媒介的内容也随之改变。例如,中国古代文化经典著作艰深难懂,但蔡志忠的漫画将一切变得简单有趣;从四书五经到《孙子兵法》、从《世说新语》到《聊斋志异》、从《六组坛经》到《禅说》,这些用漫画说经典的方式浅显易懂,非常易于人们接受。

但另一方面,大众文化的商业性和易复制性也决定了它的作品是一种急功近利的速食产品,平面、没有深度、碎片化,很难维持较长时间。如《百家讲坛》节目自从推出易中天后,节目内容便按此复制,多次复制后,节目也导致了大众的审美疲劳,收视率严重下降。浅显的内容容易导致疲劳,容易过时和被遗忘。

(三) 媒介内容娱乐化

大众传播媒介的社会功能之一就是提供娱乐,使受众能够从工作、学习和生活的紧张压力下解放出来,获得轻松和休息。在大众文化的影响下,传播的娱乐功能不断被放大。麦克唐纳曾说过:"大众文化的花招很简单——就是尽一切办法让大伙儿高兴。"对大众文化的生产者来说,娱乐大众是一个基本目标。而对普通大众来说，寻求娱乐则是文化消费行为的基本模式。基于这样的认识，近年来媒介内容的娱乐化倾向越来越严重，传播内容中娱乐性成分所占的比重越来越大，新闻节目或版面受到挤压，而且新闻节目本身的娱乐性因素越来越多，连严肃新闻也竭力用娱乐性来包装。

在不断普及的数字电视频道里，大部分是专门的娱乐频道，如音乐频道、怀旧电影频道、时尚靓装频道等，娱乐节目24小时连轴上演，新闻主播更像是从选秀节目里走出的帅哥美女，方式或者像是说评书，或者像是说相声；新闻频道里也充满了政治家的花边新闻。正如媒体文化研究者和批评家尼尔·波兹曼所批判的那样，公众话语日渐以娱乐的方式出现，并成为一种文化精神；一切文化内容都心甘情愿地成为娱乐的附庸，而且毫无怨言，甚至无声无息，其结果是人们成了一个娱乐至死的物种[①]。

（四）媒介内容的文化版本

西方新闻学常常把新闻称为新闻故事，把新闻素材视为一个故事，主张新闻记者从讲故事的角度来收集和采写新闻。这样一来，新闻故事一般都会有一定的模式，而正是这个模式恰恰反映了媒介的社会文化的特点。例如，很多新闻故事都通过一个事例说明善有善报、互相帮助、与人为善和亲情至上的理念，这些都留有社会文化的印记。

媒体内容的"文化版本"是指大众传播媒介的信息基本上都反应着特定的社会文化价值观和思维导向，并不是独立于社会文化脉络的。一个社会的文化版本的存在主要体现在媒介内容常常无意识地反射一个社会的主流价值观这一点上。所谓的社会主流价值观就是一个社会统治阶级的主要意识形态和社会道德的基本取向，社会主流价值观的传播和承继在很大程度上是通过大众传播媒介来传播的，例如反映在新闻故事中的意识形态和价值观。

北京时间1999年5月8日清晨5时45分，以美国为首的北约使用至少3枚导弹袭击我驻南斯拉夫大使馆，造成3人牺牲，1人失踪，20多人受伤，馆舍严重毁坏。当地时间5月7日晚，北约对南斯拉夫首都贝尔格莱德市区进行了空袭以来最为猛烈的一次轰炸。晚9时始，贝尔格莱德市区全部停电。5月8日清晨，至少3枚导弹从不同方位直接命中中国使馆大楼。导弹从主楼五层楼顶一直穿入地下室，使馆内浓烟滚滚，主楼附近的大使官邸的房顶也被掀落。当时，中国大使馆内约有30名使馆工作人员和驻南记者。新华社女记者邵云环、光明日报记者许杏虎不幸遇难。这是很大的一个新闻，但是美国媒体

---

① 尼尔·波兹曼著，章艳译：《娱乐至死》，广西师范大学出版社2004年版。

对这个事件的报道很少。

而在 2001 年 4 月 1 日上午，美国一架军用侦察机入侵中国海南岛东南海域上空，撞毁中方对其进行跟踪监视的一架军用飞机，中国飞行员王伟牺牲。事发后，美机未经中方允许，擅自侵入中国领空，并降落在海南陵水军用机场。中方暂时扣留了美方机组成员。为此，美国媒体大报特报，就此事谴责中国的做法。可见，美国媒体是站在美国主流价值观的立场上来看待这两个不同的事件的，因此它们对这两个事件新闻报道的程度也不同。

美国学者曾分析了 20 世纪 80 年代美国电视剧中的主要人物类型，发现主要人物多为白种人，而反面人物多为操外国口音的移民阶层。

20 世纪 80 年代曾发生过两宗航空事件，美国媒体都作了较为详细的报道，但是报道的新闻框架却截然不同。1983 年，苏联飞机击落一架韩国民航客机，导致全部旅客丧生。当时正是冷战期间，与苏联处于对立面的美国政府立刻发表声明，定义这个事件为"袭击"，谴责苏联的这种行为。美国媒体的报道也反映了这种价值观，将这次事故定位为政治问题，指责苏联政府故意击落民航飞机。

1988 年，又有一次民航飞机被击落的事件，这次是美国战机击落了伊朗的民航客机，也导致了全部机组成员和旅客丧生。这次美国政府同样立刻发表声明，声称这是一次由于"技术失误"而导致的悲剧，主要原因是战机的成员误认了伊朗客机的符号；还公开强调这两次事件不能相提并论，因为美国与伊朗处于作战状态。美国的媒体也采用同样的声调报道这次事件，例如《时代》和《新闻周刊》的标题就明显不同：

对 1983 年民航机被击落的报道标题：
- 《空中谋杀》；
- 《空中的残忍伏击》；
- 《空中惨案——苏联击败民航客机》；
- 《莫斯科为什么这样做》；
- 《（空中）袭击》；
- 《让莫斯科招架》。

对 1988 年的航空事故的报道标题：
- 《它为什么发生？》；
- 《海湾错在哪里？》。

美国传播学家艾特曼从新闻框架的角度分析认为，两种不同的报道框架来自于对美国主流价值观的印证[1]。

美国传播学家布里德认为,美国媒体对主流社会的报道也是存在偏向性的,例如,对于美国社会的一些阶层的报道是趋于固定的:

● 作为美国社会主流阶层的象征,银行、宗教、法律、医疗等领域被塑造为神圣不可侵犯的;

● 一些主流的价值观在新闻报道中被强调,如宗教的重要性和爱国主义被正面渲染,法律界的相关报道都常常以正面新闻出现;

● 地方报纸避免报道银行贷款危机的新闻;

● 新闻媒体极少报道教会或牧师的丑闻;

● 法律工作者的媒体形象比较完美高大;

● 医疗和教育部门几乎没有负面新闻[2]。

为什么会有这种报道上的偏向?这是因为上述领域是美国主流阶层和社会精英的集中地,体现着西方社会的主流价值观。美国媒体虽然对此也有批评报道,但是在数量上大大少于对其他社会群体和阶层的负面报道。

---

[1] R. M. Entman: "Framing U. S. Coverage of International News: Contrasts in Narratives of the KAL and Iran Air Incidents", *Journal of Communication*, 1994, 41 (4), pp. 6-27.

[2] W. Breed: "Social Control in the Newsroom: A Functional Analysis", *Social Forces*, 1995, 33 (4), pp. 326-335.

第九章 媒介社会与媒介素养教育

第一节 媒介素养的起源和发展

一、提倡媒介素养的背景

现代社会可谓媒介社会，大众传播媒介和各种物质媒介已经深深地参与到人们的日常生活和工作中了，人们的工作方式和生活形态都受到各种传播媒介的不同程度的影响。例如，手机媒介让人们能随时随地地与他人通话，它的出现大大地加深了人与人之间的日常沟通；网络媒介给人们提供了易于查询的信息库，人们对知识的获取和储备又更上了一个层次。不仅仅是提供信息的媒体，人们对信息本身的需求也比以往大大增加了，信息可以帮助人们作出更准确的判断和选择，同时也是工作和生活不可缺少的支撑。但是，媒介技术的进步和社会信息量的增大，并不是意味着所有人都可以正面地、有效地利用各种媒介获取信息，新媒介给人们带来了信息获取和使用上的方便，同时也带来了问题，例如下列这些问题就是随着新媒介的普及和应用而产生的：

- 信息量过多，导致人们在信息阅读和选择上花费更多的时间；
- 垃圾信息干扰人们识别判断自己所需的信息；
- 传播者的非专业化导致虚假信息不断增加；
- 由恶意的网络信息发布引起的各种犯罪；
- 网络信息导致对个人隐私等各种权力的侵犯；
- 由网络技术层面的漏洞引起的犯罪。

以上问题的出现也说明了现代人不但要会使用各种传播媒介获取信息，而且要具有足够的知识和判断分析能力来识别和审视媒介的信息，这就涉及媒介素养的课题。

媒介素养是英国学者富兰克·雷蒙德·李维斯和丹尼斯·托马森提出的概

念。1933年,他们发表了《文化和环境:批判意识的培养》,主张人们对大众传媒所带来的流行文化要具备批判意识。至今,媒介素养研究已经有了很大的发展,由最初的单纯的抵抗防御媒介负面影响的阶段发展到提倡加强全民对媒介的使用能力与表达能力,相关研究成果也越来越多。

二、媒介素养的定义和意义

媒介素养是指人们对各种媒介信息的解读和批判能力以及使用媒介信息为个人生活、社会发展所用的能力。所谓媒介素养的培育,就是指导学生正确理解、建设性地享用大众传播资源的教育,通过这种教育,培养学生具有健康的媒介批评能力,使其能够充分利用媒介资源完善自我,参与社会发展[1]。

在我国,媒介素养的概念在20世纪90年代以后才被介绍,并为学者所关注和研究。单晓红在指出我国媒介素养研究起步较晚的原因时指出,由于我国的传播学理论一直延续美国传统,热衷于研究传播的效果等具有实用功能的环节,对欧洲的批判学派的研究一直不够关注。另一方面,这与我国的媒介环境的特点有关。我国的媒介一直属于党和政府的耳目喉舌,媒介素养及其批判性的概念实质似乎不太适应我国的媒介特点。正是由于这样的双重背景,媒介素养问题长期未能在传播学研究的主流领域获得应有的关注[2]。

但是应该认识到,不管媒介制度和媒介环境有何特点,任何一个国家的大众传播媒介在制作上、报道特点上、表现形式上以及人们对媒介产品的接受和阅读方式上都是有其特点和共性的。而正是媒介在报道和表现形式上的这些特点,左右或者影响了人们对媒介信息的判断和接受。在现代信息社会里,大众传播媒介发挥的作用和影响越来越大,媒介素养教育的意义也越来越重要。

那么,大众传播媒介是如何左右或者影响人们的信息接受和理解的?首先,大众传播媒介的信息是一种产品,这一点往往是大多数媒介信息的获取者不能清楚认识到的。现代大众传播媒介是一个信息收集、编辑和制作的企业,它以信息传播为生存手段,有生存的压力和利益上的追求,因此,在媒体信息的编辑和制作方面,如何节省成本而能获得更大市场效益是媒体时时考虑的问题。这种思考方式反映在新闻收集和编辑方面,就是特定的新闻价值观和编辑方针指导下的程序化作业;反映在最终新闻的内容和风格方面,就是特定的报道角度和报道框架的呈现。也就是说,大众传播媒介把新闻视为一种面对大千世界的信息作品,在新闻采集、编写和发行方面是具有其特定的价值观和制作

---

[1] 该定义来自复旦大学媒介素养小组:http://www.medialiteracy.org.cn/index.asp。
[2] 单晓红:《媒介素养引论》,浙江大学出版社2008年版,第1章。

规范的。这些特定的价值观和规范在上述章节里已经得到了详细的论述。

其次,媒介的新闻作品还可以看成是多种社会影响力相互作用、相互博弈的结果。随着大众传播媒介在现代社会中发挥作用的不断增大,越来越多的社会组织和权力机构开始介入大众传媒,或者利用大众传播媒介的功能来达到说明、解释、议题设置、引导、疏导和危机管理等社会作用,他们越来越多地通过各种方式介入到大众传播媒介的信息作品的制作和发行过程中来,发布并说明自己的议题、观点和立场。而媒介处于对信息的需求和新闻价值的关注,也愿意把这些信息当作新闻来发布。这样一来,现代社会里的媒介信息就不是单纯的媒介作品了,而是受到各种社会影响力的影响,是一个多种社会因素共同作用的结果。

因此,现代社会的媒介阅读者不应该简单地依赖和信任媒体的信息,而是需要以分析、审视、批判的眼光来对待媒体信息。广州地区在一次关于大众传播媒介对青少年的影响程度的调查中发现,59.2%的学生认为他们的社会知识和信息主要来源于广播电视、报刊网络等大众传播媒介,中小学生课余最爱参加的是看电视、读书报、上网、玩电脑等以传播媒介为工具的活动。可见,大众传媒在很大程度上开始对现代人尤其是年轻人的人生观、价值观和行为方式产生影响。所以,媒介素养教育的意义更体现在对社会了解较少的青少年身上,这种教育可以帮助他们更好地认识和读解媒介信息,增加对媒体信息的分辨和分析能力。在网络媒体和各种新媒体成为社会传播的重要主体,信息传播的把关更加自由,人们可以轻松地面对和获取海量的信息,同时信息的呈现方式在视觉化、娱乐化方面达到更高层次的今天,媒介素养教育的意义被更加凸显。

第二节 媒介素养的理念与原则

一、媒介素养的八大理念

媒介素养理论的主要内容是什么?首先值得介绍的是媒介素养的八大理念。这八大理念来源于加拿大耶稣会士交流机构(简称 JCP),这是成立于 1984 年秋的一个重要的媒介素养教育组织。这个组织致力于为教师、家长、宗教组织、学校董事会、学生和其他对此感兴趣的人提供大量资源和服务,旨在鼓励、推动和发展全加拿大中学的媒介素养教育。JCP 执行主席约翰·庞金

特提出了媒介素养的八大理念,因而被誉为"加拿大媒介素养教育之父"[①]。这八大理念的内容如下:

第一,媒介并不提供外部客观世界的简单映像。告诫人们不要简单地把媒介当成一面镜子,或者是一部客观的照相机。媒介对外部世界的描述是有选择、有特定角度的,并非是客观事实的真实写照;媒介信息是客观事实的描述,但是只是出于一个角度的、而非全面的描述。

第二,人们对于外部世界的多数观察和体验是通过媒介获得的。这说明了人们与大众传播媒介的密切关系。现代媒体在信息提供方面具有传播速度快、传播范围广、信息量大等特点,人们出于信息获取的便利性,往往对媒介信息有一定程度的依赖,这种依赖导致媒介理所当然地成为我们观察社会和外部世界的窗口,我们对于自己所处的社会环境和外部世界的认识以及理解,在很大程度上是依赖媒介提供的信息而形成的。

第三,人们将根据诸多个人因素来捕获媒介信息的意义和蕴涵。这说明人们在阅读媒介信息时会结合自己已有的知识、经验和其他个人因素来判断和理解。也就是说,人们在接受媒体信息的时候并非永远是被动的,很多个人因素以及个人所处的社会集团因素会在信息读解的过程中发挥作用。

第四,媒介素养的目的在于提醒人们注意商业动机对媒介的影响。现代媒体组织可以看成是一个企业,其商业目的和利益追求是非常明显的。因此,较多的商业因素也会渗透到媒介信息的制作过程中去,在媒介作品中含有特定的商业诱导因素。

第五,所有的媒介产品都具劝服因素。大众传播媒介主张新闻报道的客观、公正、中立等原则,不能否认这些原则在媒体实践中的体现和运用。但是反过来,也不能把媒体作品看成是百分之百的客观、公正和中立原则的体现,这些原则在具体的实践中会在某种程度上被限制。而脱离了上述原则的信息作品都是含有特定导向的,也就是约翰·庞金特所谓的"劝服因素"。

第六,媒介对于政治和社会变革具有巨大的影响。回首人类社会发展的历

---

① 参见宋小卫《西方学者论媒介素养教育》,载http://academic.mediachina.net/article.php?id=2188。文中介绍约翰·彭金特(John Pungente)为"媒介素养教育组织加拿大联合会(Canadian Association of Media Education Organizations)"的主席。彭金特是《媒介素养教育——安大略教育部教师资源指南》的作者之一,该指南于1989年出版之后,先后被翻译成法语、意大利语、日本语和西班牙语等多种语言。他还与另一人合作,将澳大利亚巴里·麦克马洪(Barrie McMahon)和罗宾·奎因(Robyn Quin)所写的媒介教育课本《应对传媒》(Meet the Media)改编为适合加拿大学生阅读的课堂教材,这本经过改编的教材现在加拿大许多学校的媒介素养教学中使用。

程,或者回顾中国的现代化发展历程,大众传播媒介对社会政治和经济的巨大影响力都是无法否认的。

第七,每一种媒介都有自己的文本建构规则。也就是说,媒介的信息选择和编辑是出于特定的价值观和编辑方针以及报道框架的,这些要素极大地左右了媒介的新闻文本的建构规则和呈示方式。

第八,人们应该学会去品赏不同媒介带来的美的形式与影像,认识不同媒体信息传播的特点,从不同角度理解媒体的文本和影像特点。

约翰·庞金特上述八大理念中,第一、二、四、五、七都非常重要而且具有现实指导意义,可谓一针见血地道出了媒介传播和其特定的信息构造对人们的直接影响。这八大理念具有跨越国界的指导意义。

二、媒介素养的十八项基本原则

媒介素养教育的十八项基本原则是英国学者莱恩·马斯特曼提出的[①]。这十八项原则从不同的角度说明了媒介素养教育的意义和中心要点。具体表述为:

(1) 媒介素养具有重要的意义。
(2) 媒介素养的一个核心概念是"再现（representation）"。
(3) 媒介素养是一种终身教育。
(4) 媒介素养应当着眼于增强学生对于媒体信息的独立自主的批评、判断能力。
(5) 媒介素养重在调查研究,它不应将某种特定的文化价值强加于人。
(6) 媒介素养应当与时俱进,善于应对周遭情势的变化。
(7) 媒介素养的核心理念首先是分析的工具。
(8) 学会灵活地应用各种分析的方法与工具。
(9) 媒介素养效果的两种评估标准。
(10) 媒介素养教育中学生的"自我评价（self-evaluation）"很重要。
(11) 媒介素养尝试重塑教者与受教者的双边关系。

---

① 参见宋小卫《西方学者论媒介素养教育》,载http://academic.mediachina.net/article.php?id=2188。文中介绍的莱恩·马斯特曼（Len Masterman）,为英国利物浦大学高级研究员,联合国教科文组织及欧洲议会媒介素养教育问题咨询顾问。他的论著《有关电视的教育》（Teaching about Television）、《媒介教育》（Teaching the Media）和《20世纪90年代欧洲的媒介素养教育》（Media Education in Europe in the 1990s）是欧美媒介素养教育界的重要读物。

（12）媒介素养更多的是通过对话来展开自己的调查研究。

（13）媒介素养本质上是能动的、与人分享的，它鼓励发展一种更加开放的、民主的教学方法。

（14）媒介素养涉及合作的学问。

（15）媒介素养认定文化批评的位置高于文化生产。

（16）媒介素养是一种牵涉整体的教学过程。

（17）媒介素养信守变无止境的原则。

（18）媒介素养植根于一种独具特色的认识论。

上述原则中比较重要的有以下几点：

第一，媒介素养强调"再现（representation）"这个关键词，主张媒介不是简单的现实反射镜，也不是现实社会百分之百的真实写照；媒介是通过符号再现现实，而媒介的符号选择是具有其特定的原则的。媒介素养教育要求首先承认这一点，否则就无法开始。

第二，媒介素养是一种终身教育，现代人的教育过程贯穿其生涯，因此媒介素养教育绝不仅仅是在校学生的事情，走入社会后的青年人、中年人和老年人同样有必要进行媒介素养的提高。随着信息化社会的发展，各个领域里的人们也都有必要提高自己对媒介信息的判断和分析能力。

第三，媒介素养的培养重点在于增强学生对于媒体信息的独立自主的批评和判断能力，而不是要求学生死记硬背一些观点和判断标准。另外，媒介素养重视媒介内容和社会调查研究的结合，它是建议在调查和分析基础上的结论，而不是某种特定的文化价值的强加于人。媒介内容的分析尤其应该把事件和问题放在更广阔的历史和社会背景中来分析和考察。

第四，媒介素养教育的核心是让学生掌握分析工具和分析手法，而不是教材和课本上的章节。同时，媒介素养十分强调这种学习和教育应当与时俱进，善于应对社会情势的变化，善于应对媒体环境的变化。还有一点十分重要，媒介素养教育重视人和人之间的互动学习，鼓励与其他人分享自己的感受，鼓励一种在开放的、民主的氛围中的学习和分析，鼓励学习者自己承担更多的责任，对自己的信息需求有更清晰的认识，有更主动的接触行为。最后也是这些原则的点睛之处在于，强调文化批评的位置高于文化生产，这是媒介素养教育的中心点。

第三节 大学生就业信息获取行为的媒介素养解读

一、大学生的就业信息获得与媒介素养

在信息化和全球化时代，大众媒介的传播成为现代人最重要的知识获得方式之一，媒介的传播内容对社会和个人具有不可忽视的影响，这种影响可以是正面的，也可以是负面的。信息时代的大学生对新的信息有着天生的敏感和迅速的吸收能力，对大众媒体如电视、网络、报纸、杂志有着很强的主动接触意识，这是他们的优点，同时也可以看成是一种弱点。因为即使大众传播媒介的信息也有真伪之分。如果对伪信息缺少分析能力和识别能力、轻信妄动的话，小则给个人生活带来不必要的损失，大则给社会环境带来负面影响。例如，一些大学生对一些虚假的媒体信息和一些境外媒体信息没有相应的分析能力，易于相信盲从，最后导致盲目行动。同时，大众媒体也是一种能提供大量公共服务信息的公共资源，大学生应该正确有效地利用媒体传播来了解社会，发挥自己的特长，为社会服务，理性、有效地使用大众传播媒介是当代大学生必须掌握的一种实际技能。

很多先行研究表明①，大学生使用大众传播媒体的目的多在于：了解国内外新闻事件，增长知识、查找信息、娱乐、放松、追连续剧、连载、通讯、交友、聊天、展示自我，等等。其中最具有媒体接触主动性的目的在于查找自己想知道的信息和知识。而在各种大众传播媒介中，网络媒体又是大学生最为乐于和容易接受的媒体。

这里以大学生从网络媒体上获得就业信息的媒体接触行为为例，从媒介素养教育的角度探讨网络媒介素养教育的问题。近年来，高级人力资源不断受到社会的重视，高校扩招，高级人才源源不断流入社会，导致大中城市就业机会短缺，竞争激烈，就业形势变得越来越严峻。在这样的情况下，大学生对于网络媒体上的就业信息的关注程度也不断提高。这种有意识的信息接触活动比较明确地反映了大学生信息获取和媒体接触的特点，也反映了大学生目前的媒介素养水平和特点。

---

① 例如张玲《新世纪中国大学生就业首选企业调查》，陶然《网络传媒对大学生信息获取以及思维方式的影响分析》，江剑伟《当代大学生媒介消费行为统计分析》等研究。

从一个对广东省某大学城的大学生实施的问卷调查结果中可以看出大学生就业信息获取方式的一些特点,表现在媒体选择、专业资源的利用、求职实践、相关报道的影响力和信赖程度几个方面。这些方面也同时反映了大学生的媒介信息阅读理解上的特点。

1. **大学生就业信息获得的媒介选择：网络媒体为主**

网络媒体是大学生首选的信息传播媒体,这与网络媒体信息量大、更新速度快、信息范围广泛有关,也与大学生喜爱新媒体、认同网络传播的多样性有关。大学生之所以喜爱网络媒体,是因为网络媒体的互动性强,受众同时也可以是传播者,大学生既可以在网络上接受新的信息,也可以通过诸如BBS,QQ,博客等来与特定的群体进行沟通,发表自己的观点和想法。所以,网络媒体是最受大学生群体欢迎的大众传播媒介,遥遥领先于传统媒体的报纸、电视和杂志。同时,大学内网络设施领先,上网方便快捷,成本相对来说不高,也是大学生选择网络媒体的客观原因之一。

就业信息也是新闻信息中的一类,大学生还是主要选择网络媒体来获得相关信息。除了网络信息的获得比较方便、成本低的原因外,大学生们应该是注重网络信息的传递快捷和更新迅速这个特点。在网络媒体上,各个招人单位都可以通过自己的主页或特定的网页在第一时间发布本公司的招聘信息,发布信息的成本低廉,这是传统媒体所无法比拟的优势。同时,一般的大学生在开始就业活动前基本上都拟定了自己的目标公司,网络媒体可以帮助他们直接与目标公司接触,获得第一手信息。

但是,从大学生就业信息获得的媒体选择上看,他们对媒体的接触程度极不平衡,对网络媒体较为偏重,而其他媒体如报纸、电视和其他媒体的接触率就比较低。这说明大学生们的媒体选择还不太平衡,只从方便、快捷的角度选择媒体,而没有考虑到不同的大众传播媒体的传播特性会导致信息可信程度的不同和片面性的问题,没有认识到应该多方面接触各种媒体以获得全面客观信息的重要性。

2. **专业就业信息的接触与利用：忽视专业信息网**

网上的信息各种各样,从就业信息的角度来讲,专业的人才市场网和学校的就业网都是信息的汇总地。但是一些调查发现,大学生对专业信息网的接触并不十分积极,经常上这些专业网的人不多,大多数大学生只是"偶尔上",从来不光顾的人也比较多。这说明大学生们对专业的就业信息网还不够重视。虽然一些就业信息网商业性强,信息良莠不齐,真假难辨,但是应该能反映出就业大环境的特点,是大学生们应该了解的范围。同时,大学内的就业信息网络还是有一定的可靠性的,应该多多利用这些网上资源。网络媒体信息海量,如何选择对自己有用的信息，帮助自己的成长和发展，是大学生最应该具有的能力之一，是否主动接触大众传播媒体只是一个人媒介素养的基础部分，而能不能有意识地接触对自己有用的网络资源，并对这些资源有客观理性的认识和判断，才算是具有较高的媒介素养。

3. 间接就业信息的接触与利用

网络上的就业信息不但有来自招聘单位的信息，还由于网络媒体上信息发布的自由程度较大，所以不少人在BBS和博客上发表自己的就业经验，应该说这是一种传统媒体难以匹敌的传播优势，对大多数第一次进行就业活动的大学生来说也是获得经验的一种机会。但是，经常上网从BBS和博客上获得就业经验的大学生还是比较多。这说明大学生们把就业活动看成是个人的事，不太关注就业大环境和国家的宏观指导，也不太关心相关的政策和制度。这样的信息获得倾向表明，大学生们在就业活动中可能不会利用相关政策和制度来保护自己的权益。

4. 网络媒体上就业信息的影响力

那么，大学生对网络媒体上有关就业趋势和现状的报道有什么反应呢？或者说，网络媒体上的就业报道是否对大学生的就业心理和就业意向有所影响呢？相关调查表明，大学生最容易受影响的网络信息是"招聘条件"和"就业形势报道"。在这里应该注意大学生应该如何对媒体报道进行理性分析这样一个问题，这也是媒介素养教育的重要内容。关注媒体上的有关报道，但是又不为报道所轻易左右，对媒体报道的内容保持理性的态度和立场，这一点，往往是大学生在面对媒体的就业报道和就业信息时难以做到的，也是在大学阶段应该培养的基础素质和能力之一。

5. 网络媒体信息的可信度

调查显示，绝大部分的大学生认为网络媒体信息只有部分真实。从这个角度看，大学生对网络媒体上信息失实的现状还是有所认知的，对待网络信息还是比较理性、具有防范意识的。同样，在他们对所有传播媒体的可信性的排行中，网络媒体的可信程度被认为是最低的。这就说明大学生们最喜爱网络媒体，但是同时又认为网络媒体的可信度最低。这种互相矛盾的认识，反映了大学生媒体利用和接触上的不成熟，也反映了现代传播媒体的传播特性需要人们具有较高的媒介素养水平。

综上所述，可见大学生在就业信息的获取上具有以下几个特点：偏重网络媒介，各种媒体的使用率不均衡；对网上有关就业的专业信息，接触、利用不够，造成网上有用资源的浪费；利用网络媒体发布个人求职信息的人还不多；比较容易受到网络媒体就业报道的影响；对网络媒体信息有一定的警觉感，但是还是缺乏正确的分析意识和能力。

二、如何提高当代大学生的网络媒介素养水平

大学教育中面向大学生的一般性媒介素养教育应该在以下三个方面对大学生进行理论教育和能力培养。首先，通过面向各专业学生以公选课形式设置《传播学》《新闻学》等基础教育课程的形式，培养学生具有理性分析媒介信息的真实意义、辨别"媒介塑造的世界"与"真实世界"的差别、理性地接受或使用媒体的信息、根据自己对媒介信息的判断理智地决定自己的态度和行动的能力。其次，让学生了解媒体信息和新闻的制作、传播过程，对媒体传播的运作、经营理念有一定的了解，使学生具有能完整、客观地评介媒体的传播活动、功能和缺陷的能力。最后，对大众传播媒体组织的性质有所了解，使学生学会利用媒体促进自身发展和进步的能力，不断更新知识，学无止境。媒介素养教育的目的是使学生了解自己对信息的需求，了解媒体信息对现代社会成员的重要性，从而使自己能更好地成长为信息化社会的有用人才。

针对大学生就业信息的获取和就业活动的展开，大学媒介素养教育还应该注重各种传播媒体尤其是网络媒体的传播特性，在以下方面加强重视和指导的力度：

首先，应该在大学公选课的课程设置中明确媒介素养教育的课程，加大授课分量。我国大学教育的课程设置一般来说还没有体现出对媒介素养教育的重视，应该重视并促成以"媒介素养"为名的专门课程在全校范围内的必修或选修，在这些课程中设置专门章节讲述网络媒体的传播特性，以及网络就业信息的查询、搜索、收集和分析。

其次，加强对媒体上的就业信息的真实性和客观性的分析能力，培养学生分析信息的手法并进行分析训练。目前，部分大学已开设的相关科目如"传播学""新闻学""媒介社会学""现代媒体理论与实务"和"大众媒体研究"等课程中，已有对媒体信息进行实证分析的方法的讲授，让学生通过实例分析了解媒体的传播功能和信息传播的特点，举行特定题目的课堂讨论会、新闻分析会、读报会和媒体传播案例分析会等，培养学生的实际分析能力。

再次，指导学生学习媒体信息的制作方法和发布技巧，针对个人发展的目标提高科学收集就业信息、理性分析就业广告、在网络媒体上有效发布个人求职信息的能力。鼓励学生通过团体形式对网络媒体和网络信息做统计调查和分析，写出分析报告。

最后，大学应该重视每年对全体学生进行媒介素养教育评估。通过课程考核和发放实际调查问卷，了解学生的媒介素养水平。在课程考核中除了测试学

生对基础理论的掌握和理解之外，还考核学生对传统媒体和新媒体信息的接受、分析和批评能力。定时实施学生媒介素养调查，了解媒介素养教育的实施情况和学生媒介素养的水平及特点，作为相关研究的课题和教学改革的依据。

现代社会可谓媒介社会，正确、主动地接触媒体尤其是网络媒体，理性地接受、利用媒体资源已经成为当代大学生在学习、就业和自我发展过程中不可缺少的基本能力之一。大学教育应该重视媒介素养教育在全专业学生中的展开，重视针对三、四年级面临就业课题学生的辅导，以便更好地帮助他们顺利走向社会。

第四节　我国政府公务员的媒介素养

在我国政府工作人员中，政府公务员由于其地位高，容易被媒体关注，他们的媒介素养水平往往显得更为重要。政府公务员的媒介素养是指政府公务员通过掌握与媒介交往的技巧，提升自己的领导艺术和领导水平的能力。政府公务员提高自身的媒介素养，是提升自身综合素质的需要、正确有效引导舆论的需要、打造阳光政府的需要以及推进全民媒介素养教育的需要。对政府公务员媒介素养的要求，在不同时期有不同的具体表现。现阶段的重要课题则是建立健全政府新闻发布制度和加强官员媒介素养培训两个方面。

一、我国政府公务员的媒介素养现状

徐雁龙曾于 2006 年 4 月到 6 月间，对中部某省的 125 位县级及以上的领导干部进行了一项题为"政府公务员与媒体关系"的问卷调查。他将政府公务员的媒体素养分为了解媒体、接触媒体和参与媒体 3 个层次。调查结果显示，这些领导干部每天接触媒体的时间平均超过 3 个小时，跟各种媒体（包括网络媒体）打交道已经成为其工作的重要组成部分。而且领导者在了解媒体层面，包括熟知媒体形式、了解媒体运作规律、知道国际主流媒体情况等，具有较高的素养。然而，在接触媒体层面，包括成功辨识媒体信息真伪、判断媒体信息价值、被动接触媒体等，则还需进一步提高。在参与媒体层面，领导者则大多表示了高度的不自信，在参与媒体议程的建构、主动与媒体沟通、通过媒体应对危机等方面还没有形成应有的意识[①]。

---

① 徐雁龙：《当领导遭遇媒体》，载《决策杂志》2007 年第 3 期。

同样，黄琳斌在2006年5～6月，面向卫生部等国家13个部（局、署），全国除港澳台外的所有省（自治区、直辖市）及其下辖部分市、县，100所本科院校和100家国有大型企业的2510名政府公务员，其中县处级干部650名，地厅级干部1510名，省部级干部350名进行了问卷调查。共收回有效问卷270份①。黄琳斌的调查结果表明了我国政府公务员的媒介素养的一些特点。

（1）政府公务员能积极接触大众传播媒体，主要是报纸媒体。在回答"了解新闻最主要的途径是什么"时，51.39%的人选择报纸，27.78%的人选择电视，19.91%的人选择网络，0.92%的人选择广播。在回答"正常工作日的读报时间是多少"时，6.35%的人选择不到15分钟，29.10%的人选择不到半个小时，39.18%的人选择不到1小时，25.37%的人选择超过1小时。在回答"是否每周至少上一次网"时，88.85%的人表示肯定。黄琳斌指出，超过五成的人将报纸作为最主要的新闻源，并且超六成半的人每天读报时间超过半小时，可见多数政府公务员有读报的习惯；他们对报纸的信赖度也最高，这同他们的年龄和身份可能有直接关系。此外，面对网络媒体这一统合了传统媒介所有优势的传播平台，绝大多数人也能与时俱进经常接触使用。

（2）大部分政府公务员重视媒体的作用。在回答"传媒对本职工作的作用如何"时，72.12%的人称"很重要"，27.88%的人称"有帮助"。在回答"是否接受过如何与传媒打交道的培训或读过《新闻学概论》之类的书或听过类似讲座"时，63.70%的人表示肯定。在回答"您认为当前传媒总体状况如何"时，14.81%的人回答"较令人满意"；76.67%的人回答"尚可，有待规范"；8.52%的人回答"问题严重"。调查者发现，超过七成的人高度重视传媒与本职工作的关系，这说明多数政府公务员能清楚认识到传媒的巨大力量以及对促进执政工作的重要意义。此外，近六成五的人对传媒的基本情况也有所了解。而超过七成五的人认为当前传媒的总体状况还可以，说明大多数政府公务员对传媒现状的看法比较客观、理性。

（3）政府公务员对大众传播媒介的"防范"心理。在回答"有些地方要求记者采访应经过有关部门同意，您认为这一规定如何"时，81.63%的人赞成此举。在回答"您认为报纸应如何安排领导活动报道版面"时，5.62%的人回答"完全根据其政治地位"，13.96%的人回答"主要根据其政治地位"，15.47%的人回答"完全根据其活动的新闻价值"，64.97%的人回答"主要根据其活动的新闻价值"。在回答"假如某地一条新建高速公路一段路面突然塌

---

① 黄琳斌：《政府公务员"新闻执政力"调查及分析》，载《青年记者》2006年第23期。

陷并造成数人受伤,您认为最有利于社会安定团结的做法是什么"时,58.02%的人选择第一时间通报传媒,35.50%的人选择等基本控制事态或已有这个把握后再通报媒体,2.29%的人选择等大体解决问题后再通报传媒,4.20%的人选择不主动通报传媒。黄琳斌指出,不少地方为了维护本地"形象",明文规定记者采访应经相关部门批准。

从调查看,超过八成的政府公务员赞成对记者采访设限,暴露出他们对传媒很深的防范心理,这其中也可能有"多一事不如少一事"的官场心态。而超过八成的人认为报道领导活动应主要或完全根据活动本身的新闻价值而非其政治地位,这说明传统的那种按政治规格安排领导活动报道、不管实际传播效果的做法令广大政府公务员反感。此外,接近六成的人选择突发事件发生时在第一时间通报媒体,这说明懂得在"第一时间控制舆论主导权"的人多起来了。不过,仍有超过四成的政府公务员不明白这个道理,令人忧虑。

(4) 不少政府公务员对媒体报道持批判眼光。在回答"当前走市场路线的传媒最不能让您满意的是什么"时,34.71%的人回答"广告太多太滥",30.58%的人回答"对新闻事实把关不严",16.11%的人回答"格调有待提高",14.88%的人回答"舆论监督类稿件导向把握不好",3.72%的人选择"其他"。调查者认为,超过三成的人不满市民生活类媒体报道失实,仅次于不满广告过多,可见不少政府公务员能以批判的眼光对待传媒的报道。

对于这次调查,黄琳斌认为,较多的政府公务员能紧跟信息时代的步伐,与传媒保持积极的接触;对传媒的报道有辨别和批判能力;对传媒的概况有一定的了解,对传媒现状的评估比较符合实际;对传媒与本职工作的关系有清楚的认识,具备传播意识。对日常工作的议程设置,多数政府公务员对记者存在严重的不信任,不愿积极主动与之沟通,这是一个较为明显的问题;对正面宣传,多数政府公务员主张要回归新闻本位,而不是官本位,这对新闻界改革领导活动和会议报道相当有利;对公共危机管理,多数人懂得一开始就要借助传媒掌握突发事件的舆论主导权,但比例还有待较大提高。总体上看,当前我国政府公务员的传媒素养可谓高低不平,喜忧参半。这种情况也可以用来推测我国各级政府新闻发言人的媒介素养的水平和特点。

二、提升政府新闻发言人的媒介素养水平

由于政府组织在我国社会生活中的重要作用和特殊地位,政府的新闻发言人又处于最先了解和发布重要公共信息的特殊的传播地位,他们的媒介素养水平就更显得重要了。政府新闻发言人的媒介素养表现在以下几个方面。

首先是理解新闻,了解大众传播媒介的新闻制作原理。这一点对于政府组

织的工作人员来说是比较困难的,因为"隔行如隔山",没有在媒体组织有过工作经验的人是很难得知和理解大众传播媒介的新闻选择、新闻制作的原理以及实务的。政府组织的工作人员一般都会站在政府管理的立场上对待大众传播媒体。由于我国媒体的"喉舌"的性质,把大众传播媒介直接看成是政府管辖的下属之一的看法可能占大多数。这里就需要有一个观念上的转变。也就是媒体体制的变化和"喉舌"性质的淡化,使我国大多数媒体转型为以市场经济为主的经营体制,媒体更加重视市场的需要而不是政府的指挥。在新闻报道上,媒体往往从读者和市场的需求出发选择新闻,而不是完全听从政府和行政的命令。所以,作为代表政府出面与新闻媒体打交道的政府新闻发言人要理解新闻采写原理,了解新闻传播的规律和原则,这样就可以按照媒体的选择标准整理政府信息,使政府信息一开始就符合媒体的传播标准。这个要求也表现在政府新闻发言人应对媒体提问和采访的具体沟通中,去掉官腔,重视人本。对于这一点,各级政府应该积极开展各种面向政府公务员和工作人员的培训活动,让专业人员帮助他们提高这方面的知识。

其次是要理解不同的大众媒介的传播特性。对大多数政府公务员而言,大众传播媒介仅仅指报纸、电视和电台,他们忽视了"第四媒体"——网络媒体的传播效应,对被称为"第五媒体"的手机媒体也不够重视。但是在现代信息社会里,具有传播上的爆发效应的还是这些新媒体,它们的传播速度、传播范围和难控制性使其成为引发大型社会问题的"导火索"。在非典危机和近几年的大型公共安全事件中,都有网络媒体和手机媒体作为主要的危机信息传播渠道的案例。所以,政府的新闻发言人更要重视不同媒体的传播特性。传统媒体的特性是传播内容相对比较容易被控制,而网络媒体和手机媒体就具有更大的自主传播性,内容不容易被"把关"。

政府的新闻发言人不但要时时关注网络媒体、手机媒体的传播议题,还要在新闻发布时注意到这些新媒体的特性。这一点要求政府的新闻发言人要具有较高的计算机素养和网络素养[①],包括计算机使用能力、了解并重视网络资源的价值以及使用网络获得特定信息并加以处理和利用的能力。同时,还要对与政府工作有关的网络传播议题进行关注和监测,对可能引发社会公共危机的网络议题有预警意识。

最后是要与新闻记者建立良好的互动关系。政府的新闻发言人的角色不但

---

① 国外部分学者认为,媒介素养是由传统素养、计算机素养和网络素养组成的。参见蒋宏《信息社会环境下的重要课题——公民传媒素养教育》,见蔡国芬等编《媒介素养》,中国人民传媒大学出版社 2005 年版,第 94 页。

是传播者，也应该是一个出色的沟通者，信息社会里的政府新闻发言人要主动参与大众传播媒介的议题设置，善于将政府议题变成媒介的议题，继而影响公众议题。这需要政府的新闻发言人与媒体工作人员有良好的工作关系甚至是与工作划清界限的私人关系。这是政府组织与媒体组织保持畅顺沟通的保证。政府的新闻发言人要对如下原理有明确的理解，即媒介对某个问题的强调程度与公众对其关注程度成正比，媒介对各种问题报道的优先顺序与公众对其重要性的认识也成正比。政府新闻发言人作为媒介信息的一个重要来源，也对媒介的议题设置具有重要的影响；他应该在尊重和理解新闻传播规律的前提下主动、有效地扩大这种影响，使政府议题能有效地成为媒介议题乃至公共议题，更有效地引导舆论，提高政府的执政能力。

　　总之，在当前中国媒体市场化和产业化不断深化的情况下，政府的新闻发言人应该变被动为主动，提高自己的媒体素质水平，顺应新闻规律，运用传播技巧来达成政府传播的目的。

参考文献

中文文献：

柏拉图. 理想国［M］. 郭斌和，张竹明译. 北京：商务印书馆，1989.

包丽敏. 分析华盛顿邮报关于美众议院表决给与中国 PNTR 的报道［EB/OL］. http://www.chinamediaseudies.com/tsinghua_content.asp? DocID_134（2001，5）

本·巴格迪坎. 传播媒介的垄断——一个触目惊心的报告：五十家大公司怎样控制美国的所见所闻［M］. 林珊，等译. 北京：新华出版社，1986.

陈力丹. 美国传播学者休梅克女士谈影响传播内容的诸因素［J］. 国际新闻界，2000，（5）：79-80.

陈力丹. 舆论学——舆论导向研究［M］. 北京：中国广播电视出版社，1999.

陈燕，等. 传播学研究方法［M］. 北京：科学出版社，2002.

大卫·克罗图，威廉·霍伊尼斯. 运营媒体 在商业媒体与公共利益之间［M］. 董关鹏，金城译. 北京：清华大学出版社，1986.

戴维·巴特勒. 媒介社会学［M］. 赵伯英、孟春译. 北京：社会科学文献出版社，1989.

戴元光. 传播学通论［M］. 上海：上海交通大学出版社，2000.

戴元光，金冠军. 传播学通论［M］. 上海：上海交通大学出版社，2000.

丹尼斯·戴扬，伊莱休·卡茨. 媒介事件［M］. 麻争旗，译. 北京：北京广播学院出版社，2000.

单晓红. 媒介素养引论［M］. 杭州：浙江大学出版社，2008.

德弗勒·洛厄里著. 大众传播学研究的里程碑［M］. 北京：中国人民大学出版社，2003.

德弗勒·洛基奇. 大众传播学理论［M］. 杜力平译. 台湾：五南图书出版公司，1991.

丁超. 新闻不能制造——访中国人民大学教授陈力丹［EB/OL］. http://

www.crta.net.cn/lilun/ShowArticle.asp？ArticleID=1519.

冯广超. 数字媒体概论 [M]. 北京：中国人民大学出版社，2004.

高丙中. 社团的兴起及其合法性问题 [M]. http：//www.chinanpo.org.

郭庆光. 传播学教程 [M]. 北京：中国人民大学出版社，1999/2003.

郭镇之. 对"四种理论"的反思与批判 [J]. 国际新闻界. 1997，19（1）.

哈罗德·拉斯韦尔. 世界大战的宣传技巧 [M]. 张洁，田青译. 北京：中国人民大学出版社，2003.

赫伯特·阿特休尔. 权力的媒介 [M]. 北京：华夏出版社，1989.

何海燕. 浅析《报刊的四种理论》[J]. 新闻潮，2009，（3）.

黑格尔. 历史哲学 [M]. 王造时译. 上海：上海书店出版社，2006.

胡正荣. 传播学总论 [M]. 北京：北京广播学院出版社，1997.

黄成炬. 媒介社会学 [M]. 北京：中国人民大学出版社，2007.

黄鹂. 论网络传播功能的特点 [J]. 华中理工大学学报（社科版），2000（2）.

黄琳斌. 政府公务员"新闻执政力"调查及分析 [J]. 青年记者，2006（23）.

吉姆·麦克纳马拉. 管理者公共关系手册 [M]. 刘海梅，张迎新，等译. 北京：中央编译出版社，1999.

江剑伟. 当代大学生媒介消费行为统计分析 [J]. 华东船舶工业学院学报（社会科学版）. 2003（3）：92-94.

蒋宏. 信息社会环境下的重要课题——公民传媒素养教育 [C] //蔡国芬等编. 媒介素养. 北京：中国人民传媒大学出版社，2005.

兰斯·班尼特. 新闻：政治的幻象 [M]. 杨晓红译. 北京：当代中国出版社，2005.

李希光. 畸变的媒体 [M]. 上海：复旦大学出版社，2003.

马基雅维里. 君主论 [M]. 张志伟译. 西安：陕西人民出版社，2001.

麦奎尔. 大众传播理论 [M]. 上海：复旦大学出版社，2003.

麦奎尔·麦奎尔大众传播理论（第四版）[M]. 崔保国，李琨译. 北京：清华大学出版社，2006.

尼尔·波兹曼. 娱乐至死 [M]. 章艳，译. 桂林：广西师范大学出版社，2004.

彭兰. 网络新闻传播结构的构建和分析（上）[J]. 国际新闻界. 2003，（1）.

彭兰. 网络新闻传播结构的构建和分析（下）[J]. 国际新闻界，2003（3）.

芮必峰. 西方"媒介哲学"评介［J］. 新闻与传播研究，1996，3（4）.

塞伦·麦克莱. 传媒社会学［M］. 曾静平译. 北京：中国传媒大学出版社，2005.

邵培仁. 传播学［M］. 北京：高等教育出版社，2000.

施清彬. 香港报业现状研究［M］. 香港：香港中国新闻出版社，2006.

斯坦利·J. 巴伦. 大众传播概论［M］. 北京：中国人民大学出版社，2005.

宋小卫. 西方学者论媒介素养教育［J］. 国际新闻界，2000，22（4）：55－59.

陶然. 网络传媒对大学生信息获取以及思维力式的影响分析［J］. 新闻与传播研究，2002，9（1）：43－52.

托马斯·霍布斯. 哲学家与英格兰法律家的对话［M］. 姚中秋译. 上海：上海三联书店，2006.

王波. 从日本"记者俱乐部"看日本报纸［EB/OL］. http://www.zjol.com.cn/05cjr/system/2003/06/19/001682965.shtml.

王一川. 当代大众文化与中国大众文化学［J］. 艺术广角，2001，（2）.

威尔伯·施拉姆，弗雷德里克·赛伯特，西奥多·彼得森. 报刊的四种理论［M］. 北京：新华出版社，1980.

威尔伯·施拉姆. 传播学概论［M］. 北京：新华出版社，1984.

沃纳·赛佛林，小詹姆斯·坦卡德. 传播理论起源、方法与应用［M］. 北京：华夏出版社，2000.

郗彩红. 西方大众社会理论中"大众"概念的不同义域［J］. 学海，2007，（4）.

徐雁龙. 当领导遭遇媒体［J］. 决策，2007，（3）.

雅克·拉康，让·鲍德里亚. 视觉文化的奇观［M］. 中国人民大学出版社，2005.

叶铁桥，马慧娟. "封口费"事件触动新闻教育界［N］. 中国青年报，2008－11－27.

约翰·斯坦福. 人类传播理论［M］. 北京：清华大学出版社，2003.

张国良. 传播学原理［M］. 上海：复旦大学出版社，1995.

张慧元. 大众传播理论解读［M］. 苏州：苏州大学出版社，2005.

张玲. 新世纪中国大学生就业首选企业调查［N］. 科技日报，2005.04－19.

张隆栋. 大众传播学总论［M］. 北京：中国人民大学出版社，1993.

郑杭生. 社会学概论新修 [M]. 北京：中国人民大学出版社，2002.

朱世达. 当代美国文化 [M]. 北京：社会科学文献出版社，2001.

外文文献：

Altschull, J. H. *Agents of Power: The Role of the News Media in Human Affairs*. White Plains, New York: Longman, 1984.

Breed, W. Social Control in the Newsroom: A Functional Analysis. *Social Forces*, 1955, 33. Reprinted in W. Schramm (Eds.) *Mass Communications*. Urbana: University of Illinois Press, 1960.

Chlidern, T. and Post, J. *The Information-poor in America*. Metuchen, N. J.: Scarecrow Press, 1975.

Clausse, R. The Mass Public at Grips with Mass Communication. *International Social Science Journal*, 1968, 20 (4).

Cook, T. D., Appleton, H., Conner, R. F., Shaffer, A., Tamkin, G., and Weber, S. J. *"Sesame Street" Revisited: A Case Study in Evaluation Research*. New York: Russall Sage Foundation, 1975.

Cooley, C. H. *Social Organization*. Charles Scribner's Sons, 1909.

Curran, James, and Park, Myung-Jin. Beyond Globalization Theory. In James Curran and Myung-Jin Park (eds.) *De-Westernizing Media Studies*. London: Routledge, 2000.

Danielian, L. H., and Reese, S. D. A Close Look at Intermedia Influences on Agenda Setting: The Cocaine Issue of 1986. In P. J. Shoemaker (ed), *Communication Campaigns about Drugs: Government, Media and the Public*. Hillsdale, N. J.: Lawrence Erlbaum. 1989.

Entman, R. M. Framing U. S Coverage of International News: Contrasts in Narratives of the KAL and Iran Air Incidents. *Journal of Communication*, 1991, 41 (4).

Fischman, J. F. Views of Network News. *Psychology Today*, 1985, (7).

Funkhouser, G. R.. Trends in Media Coverage of the Issues of the 60s. *Journalism Quarterly*, 1973, 50.

Gans, H. *Deciding What's News: A Study of CBS Evening News, NBC Nightly News, Newsweek, and Time*. New York: Vintage Books, 1979.

Gans, H. Are U. S Journalists Dangerously Liberal? *Columbia Journalism Review*, 1985, (11 – 12).

参考文献

Gaye, Tuchman. *Making News*(日语版). 东京:东京大学出版社,1978.

Gerbner, G. and Gross, L. P. The Scary World of TVs Heavy Viewer. *Psychology Today*, 1976, (4).

Gerbner, G. L., Gross, M. M., and Signorielli, N. The Mainstreaming of America: Violence Profile No. 11. *Journal of Communication*, 1980, 30(3).

Gerbner, G. L., and Gross, L. P. Living with Television. *Journal of Communication*, 1976, 26, (2).

Goffman, E. *Frame Analysis: An Essay on the Organization of Experience*. Philadelphia: University of Pennsylvania Press, 1974.

Griffin, R. J. Energy, Education, and Media Use: A Panel Study of the Knowledge Gap (Paper presented at the annual meeting of the Communication Theory and Methodology Division, Association for Education in Journalism and Mass Communication). San Antonio, Texas, 1987.

Katz, E. and Lazarsfeld, P. F. 人际影响(日文版). 竹内郁郎,译. 东京:培风馆,1956.

Katz, E. The Two-Step Flow of Communication: An Up-to-date Report of a Hypothesis. *Public Opinion Quarterly*, 1957, 21.

Katz, E., Blumler, J. G. and Gurevitch, M. Utilization of Mass Communication by Individual. In J. Blumer and E, Katz. (eds.) *The Use of Communication*. Beverly Hills, Calif.: Sage, 1974.

Katz, E., Gurevitch, M. and Haas, H. On the Use of the Mass Media for Important Things. *American Sociological Review*, 1973, 38.

Katzman, N. The Impact of Communication Technology: Promises and Prospects. *Journal of Communication*, 1974, 24.

Klapper, J. T. *The Effects of Mass Communication*. New York: Free Press, 1960.

Lasswell, H. D. The Structure and Function of Communication in Society. In L. Bryson (ed.) *The Communication of Ideas*. New York: Harper and Brothers, 1948.

Lazarsfeld, P. F. and Merton, R. K. Mass Communication, Popular Taste and Organized Social Action. In W. Schramm and D. F. Roberts (eds.) *The Process and Effects of Mass Communication*. Urbana: University of Illinois Press, 1948.

Lippmann, W. *Public Opinion*. New York: Macmillan, 1922//日文版,岩波书店,1978.

McCombs, M. E. and Shaw, D. L. The Agenda-Setting Function of Mass Media. *Public Opinion Quarterly*, 1972, 36.

McCombs, M. E. and Shaw, D. L. The Evolution of Agenda-Setting Research: Twenty-five Years in the Marketplace of Ideas. *Journal of Communication*, 1993, 43 (2).

McCombs, M. E. Elaborating the Agenda-Setting Influence of Mass Communication. 庆应义塾大学新闻研究所年报, 1976, 7.

McManus, J. H. *Market-Driven Journalism: Let the Citizen Beware?* Thousand Oaks, CA: Sage, 1994.

McQuail, Denis. *McQuail's Mass Communication Theory*. London: Sage, 2000.

McQuail, Denis. *Towards a Sociology of Mass Communication*. England: Penguin, 1972.

Mendelsohn, H. *Mass Entertainment*. New Haven, CT: College and University Press. 1966.

Mills, C. W. *The Power Elite*. Oxford University Press, 1956. //日语版, 鹈饲信成, 译. 东京: 东京大学出版社, 1958.

Noelle-Neumann, E. and Mathes, R. The Event as Event and the Event as News: The Significance of Consonance for Media Effects Research. *European Journal of Communication*, 1987, 2.

Palmer, J. News Production. In A. Briggs and P. Cobley (eds.) *The Media: An Introduction*. London: Longman, 1998.

Powell, A. C. Diversity in Cyberspace. (Address presented to the Association for Education in Journalism and Mass Communication.) Washington, D. C., 1995.

Price, V., Tewksbury, D., and Powers, E. Switching Trains of Thought: The Impact of News Frames on Readers' Cognitive Responses. *Communication Research*, 1997, 24 (5).

Reiner, R. Media Made Criminality. In M. Maguire and R. Reiner (eds.) *The Oxford Handbook of Criminology*. Oxford: Oxford University Press, 1997.

Robinson, M. J., and Helms, Jesse. Take Stock. *Washington Journalism Review*, 1985 (7).

Rogers, E. M. Communication and Development: The Passing, of the Dominant Paradigm. *Communication Reasarch*, 1976, 3.

Schramm, W. How Communication Works. In W. Schramm (ed.) *The Process and Effects of Mass Communication*. University of Illinois Press, 1954.

Schudson, M. *The Power of News*. Cambridge, Massachusetts: Harvard University Press, 1995.

Sharp, E. B. Consequences of Local Government under the Klieg Lights. *Communication Research*, 1984, 39.

Shoemaker, J., and Reese, D. *Mediation the Message*. Longman Publishers USA, 1996.

Shoemaker, P. J. and Rees, S. D. *Mediating the Message: Theories of Influences on Mass Media*. New York: Content Longman, 1991.

Sigal, L. V. *Reporters and Officials: The Organization and Politics of Newsmaking*. Lexington, MA: D. C. Heath, 1973.

Tichenor, P., Donohue, G., and Olien, C. Mass Media Flow and Differential Growth in Knowledge. *Public Opinion Quarterly*, 1970, 34.

Wanta, W., and Elliott, W. R. Did the "Magic" Work? Knowledge of HIV/AIDS and the Knowledge Gap Hypothesis. *Journalism Quarterly*, 1995, 72.

Weaver, D. and Wilhoit, G. C. Trends in Professionalism of U. S. Journalists, 1971 to 1992. Paper presented at the 1994 International Association for Mass Communication Research, 1994.

Weaver, D. H. and Wilhoit G. C. The American Journalist: A Portrait of U. S. News People and Their Work. Bloomington, IN: Indiana University Press, 1986/1991.

Weir, T. The Continuing Question of Motivation in the Knowledge Gap Hypothesis. Paper presented at the annual meeting of the Communication theory and Mass Communication, Washington, D. C., 1995.

White, D. M. The Gatekeeper. *Journalism Quarterly*, 1950, 27.

Wright, C. R. Functional Analysis and Mass Communication. *Public Opinion Quarterly*, 1960, 24.

Wright, C. R. *Mass Communication*. New York: Random House, 1959.

竹内郁郎. 大众传播的社会理论（日语版）. 东京：东京大学出版社，1996.